■本著作受安徽工程大学引进人才科研启动基金资助，项目编号2012YQQ04

# 儒学传统与
# 文化综合创新

刘 伟 著

RUXUE CHUANTONG YU
WENHUA ZONGHE CHUANGXIN

中国社会科学出版社

图书在版编目（CIP）数据

儒学传统与文化综合创新／刘伟著 . —北京：中国社会科学出版社，
2013. 9
ISBN 978 - 7 - 5161 - 3253 - 1

Ⅰ. ①儒…　Ⅱ. ①刘…　Ⅲ. ①儒学—关系—文化发展—研究—中国
Ⅳ. ①B222. 05②G12

中国版本图书馆 CIP 数据核字（2013）第 224066 号

| 出 版 人 | 赵剑英 |
| 责任编辑 | 罗　莉 |
| 责任校对 | 王雪梅 |
| 责任印制 | 李　建 |

| 出　　版 | 中国社会科学出版社 |
| 社　　址 | 北京鼓楼西大街甲 158 号（邮编 100720） |
| 网　　址 | http://www. csspw. cn |
| | 中文域名：中国社科网　　010 - 64070619 |
| 发 行 部 | 010 - 84083685 |
| 门 市 部 | 010 - 84029450 |
| 经　　销 | 新华书店及其他书店 |

| 印　　刷 | 北京市大兴区新魏印刷厂 |
| 装　　订 | 廊坊市广阳区广增装订厂 |
| 版　　次 | 2013 年 9 月第 1 版 |
| 印　　次 | 2013 年 9 月第 1 次印刷 |

| 开　　本 | 710 × 1000　1/16 |
| 印　　张 | 15. 5 |
| 插　　页 | 2 |
| 字　　数 | 259 千字 |
| 定　　价 | 46. 00 元 |

# 立足现实，开新传统

## ——《儒学传统与文化综合创新》序

陈寒鸣

长期以来，我一直在认真思考作为中国传统思想之核心的儒学，其真精神、真生命和真价值究竟何在？这些年来国学热兴，复兴儒学的呼声日高，使这个问题愈益强烈地萦绕于我脑际，更促使我去思考：身处 21 世纪的当今社会之中，我们应如何适应现实需求，并随社会发展之大势，显扬儒学的真精神、真生命和真价值，从而真正实现儒学的复兴和开新？

几年前，为纪念孔子诞辰 2560 周年，我曾写过一篇《关于儒学现代发展的有关问题》的文章。文中提出"在纪念孔子诞辰 2560 年之时，我们最为关注的是孔子开创的并且在其后历史发展过程中逐渐成为中国传统思想文化之核心的儒学，能否在现代社会生活条件下实现现代性的转化？若有此可能，究竟怎样才能使其转化？实现了这种转化的儒学又能在当今中国社会生活和文化建设中发挥什么样的作用？如何使其发挥应有作用？"在求解这些问题的过程中，我意识到，一部儒学史生动而有力地表明：儒学具有一种能够适应现实社会的发展变化而及时作出自身调适，从而不断创新性发展的内在生命力。正是这种内在生命力，使得儒学能够适应不同历史发展时期的社会生活实际需要。在中国历史上，之所以不是别家别派，而只是，并且也只能是孔子所开创的儒学久踞思想文化领域的宗主地位，支配着数千年来中国社会的精神生产和再生产活动，并成为绝大多数中国人日常生活中自觉或不自觉奉守的思想与行为的准则，其奥秘就在这里。因此在文章中我提出："儒学从来就不是空虚之学，而是适应着中国社会现实需要的体用兼具、内外无二、本末一贯的'实学'。"历史上，真正的儒者倡扬的乃是同现实社会实际生活紧密联系的体用兼赅之学，而"经世致用"、"学以致用"的实践理性或实用理性则是儒学固有的内在精神。正由于儒学具有这种内在精神，它才能在历史上自觉地随应社会的发展变化而不断调适自身，并因此显示出强劲的、万古常新的内在生命力。

由孔子开创的儒学构成了一个具有实践性格而待外求的心理认知模式，并成为一种民族性的文化—心理结构。由之我得出结论："既然儒学具有一种能够适应现实社会的发展变化而及时进行自身调适，从而不断创新性发展的内在生命力，那末，对于当代中国人来说，问题的关键并不在于儒学能否在现代社会生活条件下实现现代性的转化，而在于究竟怎样才能开出儒学发展新路，在实现儒学现代化的同时，使儒学在现代社会生活中发挥作用。"在文章最后，我强调："实现儒学的现代化，谋求儒学的现代发展，并使之在当代中国社会文化建构中发挥作用，其关键并不在相应于近现代以至当代的西方哲学、思想和文化而从纯理论层面上对儒学作出这样或那样现代性的诠释，而在于切实体认儒学固有的内在精神，重振儒学的内在生命力，依据当代中国社会生产生活实践来开辟儒学的发展新路，逐渐形成、发展起同当代中国社会现实需要相适应并能反映当代中国广大民众利益的新儒学。"

几年过去了，我在那篇文章中提出的基本观点没有丝毫改变。尤为欣喜的是，刘伟博士近成《儒学传统与文化综合创新》一书，书中提出的一些问题及对这些问题的看法，如"儒家强调的是如何尽最大能力去改造世界，尤其是儒者自身在政治生活中发挥积极作用，通过处理所谓'群己关系'来实现社会理想。自从孔子创立儒家学派以来，实践被视为第一位，而著述立说则是无奈之举，或者说是退而求其次的表达个人理想的方式"；"儒家研究心性学说的目的在于推进修齐治平的事业。在这个过程中，孔子的形象得到了不同程度的塑造。'孔子素王'标志着儒家内部对孔子的最高级别的尊崇。尊崇的背后隐藏着儒家参与政治生活的诉求。面对王权的巨大震慑力，儒家想要有所作为，就必须善于革除弊政，展示自己的治世才能"；"儒家已经告别了帝制时代'王官学'的身份，褪去了备受推崇的光华，成为信息时代的'百家言'。面对现代社会的要求，儒家不能将着力点全部放在理论转型、话语转换和解释方法创新上，而是应该重新组建自身与社会大生产之间的契合关系。儒家必须完成实践方式的转换，真心实意地走出帝制时代的阴影，走进现代民众的生活：不仅要对经义、礼制和信念进行一番损益，更要对现时代的社会需求做出准确的判断，构建'新礼俗'，服务于广大平民，促进社会发展和文明进步"。凡此等等均与我颇相契合，使我有吾道不孤之感。因此，刘伟博士索序于我，我欣然从命，在向读者诸君推介这部极富识见和价值的书的同时，还想借此在刘伟博士已就如何透过颜元"习行"之学而远绍孟子"大丈夫"精神以开新儒家心性传统作了颇多讲论之外，再不揣浅陋地进一步谈些自己的看法，以就教于刘伟博士和读者诸君。

　　儒家有着很深厚的讲论"心性"的思想传统。心性论是儒学乃至以儒学为核心的中国传统思想文化中的重要内容。孔子虽然没有系统阐明心性论，但在他看来，"谁能出不由户？何莫由斯道也？"（《论语·雍也》）修"德"是人之为人应尽之道，且"朝闻道，夕死可矣"（《论语·里仁》），对"道"之闻知、体认与践行乃人之为人的本分。他将西周"以德配天"观念转化为践仁知天，即谓"天生德于予"（《论语·述而》），复言："下学而上达，知我者其天乎？"（《论语·宪问》）从而使得修德行仁既以天生之"德"为依据，又是与天合一之路径。孔子这样从人自身寻我依据的做法，实为儒家心性论之肇基。嗣后孟子基于"性善"论而畅言心性，以为"人性之善也，犹水之就下也"（《孟子·告子上》）；而人性之善，当下即表现为恻隐、羞恶、恭敬（即辞让）、是非之"四端"，此四端成为仁、义、礼、智的根源。人们的道德践行必须以自身为目的，最终要达到"由仁义行，非行仁义也"的境界。这就使儒家心性论基本定型与大体成熟。两千余年来，以程朱陆王为主要代表的历代儒家学者不断阐述、推扬孔孟之说，遂使儒家心性论日臻圆熟。

　　尽管在历史上，儒学或儒家的心性论曾表现为各种理论形态，但既然儒学深深扎根于中国现实社会生活土壤之中，而又体现出强烈的实用理性的精神特质，那么，自孔孟以来儒家所讲求的心性论也就绝非所谓纯学术或纯理论性的玄谈。讲"心"论"性"，是要在对"道"有真切体悟和受用的基础上，对实际个人的当下修养实践有所指引，而任何一个实际的人又都绝非孤立的超然的个体之人，必然是生活于现实社会生产生活实践之中，处于一定的人伦关系之中的社会关系的总体。直面人生，深入社会，基于民众，指导实践，开引未来，这成为儒学的承当，而凡对此有了真正承当的儒家学者，其所提出的思想必然体现出时代精神。这样，儒学或儒家的心性论也就必然地要同现实的社会生产生活实践以及作为这实践主体的现实的普通民众有着内在的紧密联系。惟其如此，张载所谓"为天地立心，为生民立命，为往圣继绝学，为万世开太平"才成为历代真正儒者持守的坚定信仰。基于对这种历史事实的了解和体察，我向来认为"儒学与中国社会生活"实在是个很值得深入研究的重要课题。

古圣昔贤俱往矣，生活在 21 世纪的我们如何揭扬儒学的真精神、真生命和真价值？纯粹学术的理论研究固然有必要，这有助于从客观知识层面上了解儒学，但如此所了解的只是儒学之外象而绝非儒学的真精神、真生命和真价值。我想，我们应"学圣人之意而不取其迹"，应像历史上的那些真儒那样承担起"直面人生，深入社会，基于民众，指导实践，开引未来"的使命，开新儒学以复兴儒学的真精神、真生命和真价值。明代中后叶，崛起于社会底层的王艮（心斋）结合百姓日常生活来阐发阳明的"良知"说，把儒学价值转化成为普通百姓自觉接受的思想观念。他及由他开创的泰州学派，作为一个历史范例，至今仍给我们颇有教益的启发。

当我们众多学人还高居于象牙塔中以各种各样的理论范式对儒学进行所谓纯学术研究，并创制出一部部看得人莫知所云的鸿篇巨著的时候，是不是不仅仅我们的儒学研究已与现实的社会生产生活实践以及作为这实践之主体的普通民众渐行渐远，而且在远离的行程中日益丧失了儒学的真精神、真生命和真价值？

这实在令我很是忧虑，我们为什么不以"直面人生，深入社会，基于民众，指导实践，开引未来"的担当意识来揭扬儒学的真精神、真生命和真价值呢？中国儒学开创者孔子的思想学说，主要是礼和仁，或称为礼学和仁学，二者是互相联系的。礼学是孔子对于诗书礼乐传统的继承，但他又不拘守于礼制的某些形式，而对之加以修正，更充实以仁的精神，从而使礼学突破旧式礼制、礼仪的框架，成为一门具有普遍性形式的政治伦理学；仁学则是孔子依据礼乐文化传统所做的理论创造，是反映社会变革时代精神的一种新的哲学。因此，在孔子所创儒学中，真正具有最根本、最普遍意义的，并因而在儒学中有核心地位或发挥主导作用的，乃是他依据礼乐文化传统开创的、反映着社会变革时代精神的"仁"学。孔子所谓"仁者人也，仁者爱人"，就是对人之所以为人的价值观的确立，此乃作为中国文化传统之核心的儒学道德主体性确立的标志。而孟子所谓"孔子曰'道二：仁与不仁而已矣'"，则是对孔子所创儒学根本之道的最精辟的概括。孔子所创并为孟子承扬而成为中国儒学根本之道的"仁"

学，绝非玄虚之谈，而是能够在现实社会生活中发挥关键性作用的基本文化精神，孟子所说"三代之得天下也以仁，其失天下也以不仁，国之所以废兴存亡者亦然"，就是对此最好的说明。《论语》记载着孔子论"仁"的话，从积极与消极两个方面揭示了孔子所创儒家"仁"学蕴涵着的人道精神要旨。"爱人"、"己欲立而立人，己欲达而达人"，是从积极方面而言的，而"己所不欲，勿施于人"则是从消极方面而言。无论从积极或者消极方面看，"仁"学都表示出一种对人充分尊重与关爱的价值取向，"仁"学的建构都是以尊重人、关爱人为根源与出发点的。

满怀忧患意识，读到刘伟博士的这部书，我感到欣喜。刘伟博士服膺侯外庐学派的治学精神与价值取向，致力于中国思想史与社会史的研习，独立思考，是一个勤奋的后生小子。在学界前辈的指引下，深入学习张岱年先生的文化综合创新理论，将其多年成果总结为《儒学传统与文化综合创新》一书，对一些问题展开了全面讨论。人们或许未必完全同意他的观点。事实上，这部书也一定没达到尽善尽美的境界。但我敢说，在时下众多有关儒学的出版物中，这部别开生面的书为揭扬儒学的真精神、真生命和真价值，进而为开新儒学传统，复兴儒学的真精神、真生命和真价值，作出了十分可贵的探索和努力。愿刘伟博士的这部著作早日面世，希望这样的书能再多出一些！

是为序。

2012 年 3 月 28 日于天津

# 目　录

# 导　言

　　今天，如何看待儒学的历史地位和时代价值，已经成为亟须回答的理论问题。我们尚未完全走出冯契先生所讲的"古今中西之争"，不能以一种狭隘的民族文化心理来对待日新月异的世界变化。中华民族的伟大复兴离不开世界。文化交融势在必行，外来学术思想的译介、诠释与传播，对每一个国家和民族来讲都是常见的文化现象，但必须牢固树立民族文化的主体地位，为选择性地吸收外来文化做好基础工作。马克思主义中国化是马克思主义基本原理与中国革命建设的具体实践、中国传统文化结合之后的成功典范，构成了一个富有生命力的文化综合体，为儒学的发展提供了新的参照和思想补充。文化综合创新论的主旨就是妥善处理马克思主义中国化、中国传统文化尤其是儒学与西方思潮之间的关系，坚持马克思主义的指导地位，"古为今用，洋为中用"，在批判继承的前提下创新文化，服务于当前的文化改革发展的伟大事业。

## 一　文化综合创新势在必行

　　帝制时代结束以后，作为"意识形态国家机器"的儒学，失去了可供依附的政治体制，最终退出了历史舞台，但它留给世人的遗产有待于认真清理。这条道路十分漫长，其间充满了反复和曲折。然而应当以什么样的态度对待儒学呢？固守儒学在帝制时代的完整形态，无论在理论还是实践上，都是天方夜谭。那么儒学是应该作为彻底打倒的对象，还是作为批判继承的文化要素？这个问题至关重要。

　　构建新文化，不能凭空捏造，更不能照抄照搬，而是要站在本民族传统的根基上，推陈出新，创造一套能够推动民族国家社会进步的完整的文化体系。在构建新文化的过程中不仅要提防"全盘西化论"的渗透，更要排除"东方文化优越论"的误导。张岱年先生的"文化综合创新论"为我们指明了一条可供选择和参照的道路。

儒家必须正视现时代的"文化综合创新论"。从文化的"常"与"变"来看，本民族固有的文化属于"常"，外来文化的不断渗透融入属于"变"，"变"与"常"的互相融通，构成了一个文化综合体。这个文化综合体是与时俱进的。列宁在讨论"关于无产阶级文化"的相关问题时指出，"马克思主义这一革命无产阶级的思想体系赢得了世界历史性的意义，是因为它并没有抛弃资产阶级时代最宝贵的成就，相反却吸收和改造了两千多年来人类思想和文化发展中一切有价值的东西。"① 在这个文化综合体中，本民族固有文化能否发挥主导作用，决定着文化的未来走势。不能因循守旧，必须通过创新来延续生命；不能狭隘封闭，必须通过综合来拓宽视野。在张岱年先生看来，"东方文化优越论"的复古主义倾向与"全盘西化论"的民族虚无主义、历史虚无主义的倾向，都是错误的。与这两种较为极端的文化观念相比，"综合创新论"的态度和方法最切实际，因为"'综合创新论'要求正确认识中国传统文化与古代文化及近代文化，正确认识人类文化的全部成就，同时更要发挥创造的思维，进一步探索自然界与人类生活的奥秘，有所发现，有所发明，建立新的文化体系，这一任务是巨大而艰难的，然而前途是光辉的"②。当我们整理儒家遗留下来的文化陈迹时，必须思考这样一个问题：这些文化陈迹中是否蕴含着能够为今人使用的有效成分？如果回答是肯定的，那么就应该做好筛选和提炼工作，从这些文化陈迹中提取那些能够经得起历史检验的合理成分。

文化综合创新，必须建立在充分掌握古今中外一切优秀文化成果的基础上，吐故纳新，激浊扬清，为现代人创造崭新的文化财富。张岱年先生借用"古为今用，洋为中用"这两句话表达自己对"文化的体用"问题的基本看法，指出："这所谓用不是体用之用，但与体用之用也不无联系。文化的体用问题，是否可以讲'今中为体，古洋为用'呢？今中为体，就是以社会主义思想体系为体，其中包含对中国固有的优秀传统的批判继承；古洋为用，就是在科学技术方面尽力学习西方，同时在艺术方面

---

① 《列宁选集》第 4 卷，人民出版社 1995 年版，第 299 页。

② 张岱年：《张岱年全集》第 7 卷，河北人民出版社 1996 年版，第 14—15 页。

兼采民族形式。"① 只有把握好文化综合创新的度，我们才能有条不紊地推进各项工作。大致说来，可以将这种文化观概括为"古为今用，洋为中用，批判继承，综合创新"，自觉区别于国粹派、全盘西化派、中体西用派和西体中用派。正如方克立先生所言，"这种文化主张和文化态度并不是今天才有的，而是一部分先进的知识分子，早已自觉不自觉地意识到，曾用不同的语言方式表达出来，并且积极地探索实践着的一个正确的文化方向。"② 今天，我们亟须做的就是朝着这个正确的方向不断前进，以具体的实践的方法解决思想史上的复杂问题，汲取可供批判继承的有效成分，深化学术研究，推动理论发展。

现时代亟须正确处理马克思主义与儒学之间的关系，换句话说，就是如何积极稳妥地推动以马克思主义为指导思想对儒家思想进行批判地继承这一艰巨的文化建设工作。儒学必须自觉接受马克思主义的改造，赢得进一步发展的机遇，进而完成理论形态的现代转换。儒家讲究"时中"。当前最大的"时"就是马克思主义中国化促成了中华民族的独立与富强，人民当家做主人，享有前所未有的幸福。儒学应当积极把握这个"时"，及时肃清残存的封建遗毒，以真诚的态度实现自我改造和理论革新，将"苟日新，日日新，又日新"的发展愿望落到实处。改弦更张，才有前途；复古更化，只会走进死胡同，彻底沦为历史的陈迹。

## 二　心性之学是儒学传统现代转换的内在动力

在儒学的理论调适的进程中，尤其是唐代中期以后，心性一直构成"扩充"的动力。今天以马克思主义基本理论对儒家的心性之学进行批判性的研究和建设性的改进，应该给予"主静"和"主动"两个学术系统准确的历史定位。如何在"主静"与"主动"之间寻求恰当的结合点，有效地开发心性学说的丰富资源，是批判继承的重要任务。

从思想史的角度来看，儒家对于"心"的理解经历了许多过程，衍生出很多问题。众说纷纭，必须加以取舍。以孟子所讲的"心"作为开端，讨论性善问题，发掘"大丈夫"精神，阐述张载的"心统性情"观

---

① 张岱年：《张岱年全集》第 6 卷，河北人民出版社 1996 年版，第 129 页。
② 方克立：《方克立文集》，上海辞书出版社 2005 年版，第 259 页。

念，从《礼记·乐记》讲的"人之生也静"，经由汉唐儒家的不断阐发，到周敦颐、二程、朱熹等道学家那里，"主静"的理论体系完全成熟，成为影响明清两代学者修养的基本方法。与"主静"学说相对立，"主动"的修养方法也有其传承的脉络。剖析作为"实理"的性善学说在阳明后学中的位置，结合明末清初的学术状况，进而在"主静"学说之外，勾勒颜元的"主动"思想，以实践哲学的思维方式解读"习行"，为马克思主义的"劳动"概念的介入奠定理论基础。颜元对宋儒的"主静"学说进行激烈的批判，甚至由此追究王朝鼎革的政治责任。这在一定程度上违背了历史事实。诚然，宋儒受到了佛教的影响，在很大程度上采取了所谓"印度方法"，正如张君劢所说的那样，"吾以为宋儒主静，乃受印度佛教瑜伽派之影响，既欲有所体验，自不能采用印度方法。若谓此主静之方法不足以救亡，此与吾国人之重文轻武有关。此种风气之养成，由于历代帝王收天下兵器，不许人民习武之所致，其责在历代帝王，宋儒之静坐，乃其至小之一因素而已"。① 由此可见，颜元过度贬低宋儒"主静"学说，有失偏颇。

从颜元的"习行"到所谓"动的天人合一"，中国古典哲学终于摆脱了"主静"观念的束缚，开始正面回应近代以来勘天役物的社会活动。批判地继承不仅是一种方法，更是历史演进的内在逻辑。中国哲学史上的动静问题也是在综合创新的轨迹中不断得到解决。从先秦诸子到五四新文化运动，综合创新都在不断地进行，用"正—反—合"的思维方式解释这一问题，就会发现：

> 原始的正，是孔墨，是主动，益、刚，人为的。墨虽反儒，然其最根本的思想与儒无疑殊，只比儒更刚更动。初次的反，是老、杨，主静，损、柔，反人为。初次合，在汉代，但仍是一个停顿的合。再次的反来自印度，即佛教，比老、杨更极端。再次的合，便是宋明道学。其后又有反，是颜李，排斥老、杨、佛氏及汉宋诸儒的思想，往刚、动、益的方面走。继之又从外来了一个有大力量的反，即西洋哲学，西洋哲学本非纯一，而总起来可说是偏于刚劲的，此反打破了中国之旧传统，而亦做颜李的援军。今后的思想，当是吸收了西洋思想

---

① 张君劢：《义理学十讲》，中国人民大学出版社 2009 年版，第 35 页。

以后的新的合，而必亦是原始固有的积极精神之复活。①

　　张岱年先生以"正—反—合"的解读方式勾勒了中国哲学史上的动静问题，将先秦时代孔、墨两家的基本精神概括为"动"，即主张"动、益、刚"，这就是所谓"原始的正"，与此相反，老子、杨朱之学"主静"对"原始的正"构成反动，主张"静、损、柔"，一动一静，在汉代得到统和，构成第一组"正—反—合"；佛教的大规模传入，打破了第一组"正—反—合"，"主静"的程度比老子、杨朱之学还要厉害，与中华固有文化产生剧烈的冲突，最终实现了佛教中国化，同时促成中国固有文化的转型，形成了宋明道学，构成第二组"正—反—合"。至此，"主静"成为中国思想界的中坚力量，诉诸内心世界，丧失刚猛精神。积文积弱的局面，牢不可破。闪电撕裂黑夜的长空，预示着一个全新时代的到来。颜元将老子、杨朱之学彻底推倒，全力以赴，破斥佛教，打破宋明道学家所谓"道统"观念，张扬"主动"精神，开启了一个新传统。这是对前两组"正—反—合"的抗击。然而这场抗击很快就成了另一场燕赵悲歌。"主静"的学说被列为帖括正宗，恒钉馆阁更能吸引士人。无论八股制艺，还是稽古敏求，都成为羁縻英雄豪杰的工具。直到西方列强打开中国的大门，外部世界天翻地覆的变化激发了有识之士的理论创作的热情，这才发现原先的学说不中用了，需要革新。革新有渐进，有急进，二者都发现了旧文化的痼疾，只不过认识程度、治疗方案和未来预期不同罢了。不破不立，不塞不流。前两组"正—反—合"已经无法解决时代问题了，必须吸纳新的智慧与知识，积极促成新的融合与发展。从哲学层面来讲，就是批判地吸收西方哲学的合理成分，推动民族文化的创新进程，创造能够促成社会变革的新文化。

　　从孟子"先立乎其大"入手，考察"心"在性善问题上的重要性，进而延伸到以"心"作为主宰，统合所谓性情问题，其间涉及阳明后学的一些问题，随后转入对"主动"或者"习行"观念的研究，接续颜元的讲法，从"主静"转向"主动"，为实践哲学的发展注入新的活力。这里所说的实践哲学，已经不是传统意义上的践履之学，而是马克思揭示的"改变世界"的学问。我们不能简单地将颜元的"主动"思想解释为马克

---

① 张岱年：《张岱年全集》第 1 卷，河北人民出版社 1996 年版，第 193 页。

思主义所讲的自觉能动性，而是应该历史地客观地对其进行研究和评价，为"创造的转化"提供丰富的理论素材。

# 三　从四个方面探讨儒学传统的基本内容

儒学传统的内容相当丰富，需要各学科的从业人员对它进行深入发掘。由于知识背景和价值取向等方面的差异，对儒学传统的把握程度也有很大的差异性。结合理论的现实意义和目前的学术状况，至少应该从四个方面对儒学传统进行解析。

1. "孔子素王"与儒家的政治诉求

儒家的政治理想是不断推进修齐治平的实践活动。在这个过程中，孔子的形象得到了全面的塑造。"孔子素王"这一特殊形象的出现，标志着儒家内部对孔子的尊崇达到了顶峰。尊崇的背后隐藏着儒家的政治诉求。在王权的笼罩下，儒家想要有所作为，就必须善于革除弊政，展示自己的治世才能。作为"历代帝王专制之护符"的孔子已经不是孔子本人，而是一种权力符号。这种权力符号的解释权和使用权都归统治者所有。一旦有人侵犯了这种权力符号，将会遭遇灭顶之灾；而那些希望有所作为的儒者不得不利用这种权力符号来包装自己的政治观点，推出所谓"孔子改制"一类的"非常异议可怪之论"。与其说是孔子"素王"、"改制"，倒不如说是这些人假借孔子的名义做自己想做的事情。在历史上，类似的尝试层出不穷，但屡屡失败。这就促使我们继续深入研究传统政治与儒家之间的内在关联，探寻跳出历史怪圈的道路。

2. 制度儒学的传统

儒家从一开始就非常注重参与政治生活，不但强调个体对权力运作的积极影响，而且还主动提出构建符合王道精神的制度架构。三代的圣王政治在很大程度上是后世美化的结果：洗净其中不合乎儒家社会理想的成分，阐发那些能够为当下的政治改革提供借鉴的内容。于是经典文本变成了改革者维护自己观点的合法性依据。既然儒家参与政治，那么就要遵循一定的"游戏规则"，最大限度地将其转化为有助于维护自身利益的权术。儒家有着一套较为成熟的权术，它既可以被称为"儒术"，又可以被称为"儒家道术"。儒家以此作为手段，协调自身与各方力量之间的关系。道德理想必须转化为实际的权术，否则便无法介入政治生活。然而新的问题就由此产生：当获取现实权力的认可以后，儒家还能在多大程度上秉持自己的道德理想，或者说置身于制度框架的儒家能否避免官僚主义的侵蚀？这是任何信奉"学而优则仕"的人都无法回避的问题。

当儒家介入政治生活以后，必然会与现实统治者发生若干关系，是完全屈从于王权统治呢？还是运用固有的学术资源对王权加以限制？这是摆在历代儒家面前的一道难以骤然解决的难题。为了解决这道难题，历代儒家做出了许多有意义的尝试。其中最引人注目的就是不断解释圣人的言行，从中抽取能够祛除特殊时代弊病的资源，对其做出进一步发挥，力求形成一套日渐完善的圣人正义论，借以限制王权。在儒家设计的制度框架中，上自天子，下至庶民，都要以德行作为人生的指导方针。在两千多年的帝制时代，儒家鼓吹的孝治观念在很大程度上影响了社会成员的日常生活。在孝治的思想模式中，衔接家族与国家的纽带就是"孝"。孝治巧妙地将个人的道德修养推延到政治生活，为现实统治者推行"以孝治天下"的政治方略提供了理论依据。尊崇圣人，鼓吹孝治，成为礼教的主要特征。

历史上，儒家曾经构建了一套完整的静态的伦理秩序。这套伦理秩序是亚细亚形式的突出写照，"亚细亚形式必然保持得最为顽强也最长久。这取决于亚细亚形式的前提：单个人对公社来说不是独立的，生产的范围限于自给自足，农业和手工业结合在一起，等等"。① 然而这套伦理秩序在漫长的岁月中逐渐僵化，逐渐丧失了生命活力。当西方列强用"坚船利炮"打开"天朝上国"的古老大门时，历代儒家津津乐道的"仁术"丧失了威力，圣人之道也无能为力。面对如此震撼人心的变局，儒家不免捉襟见肘，试图通过不断调适礼制来接受、容纳进而消化西方的社会制度。这一点集中体现在从廖平、康有为到熊十力，这几位极具代表性的学者对所谓"《春秋》礼"的解释上。这些儒家学者在不同历史时期对儒家的礼制进行了创造性的诠释，力图证明礼教背后隐藏的真精神和真价值与当时的主流意识形态并不冲突。然而这些理论尝试最终都无法与现实相吻合，只能以失败告终。如果不完成对封建礼教的彻底解构，片面地进行所谓现代性的解读，最终只能得出一些看似光鲜的不古不今的制度设想。这些设想是现代版的"复古更化"，是对腐朽文化的深情留恋。留恋腐朽的

---

① 《马克思恩格斯文集》第 8 卷，人民出版社 2009 年版，第 136 页。

东西，无异于对现代人的戕害。

### 3. 儒家意识形态理论的传统

历史上的儒家非常注重"风"在社会生活中的作用。从统治者与民众之间的关系来看，统治者将一套完整的道德观念灌输给民众，以求国家社会的长治久安。儒家在这个过程中发挥着协助作用。从某种意义上说，"风"已经成为儒家意识形态理论的代称。在传统社会中，儒家非常善于操作"意识形态国家机器"，从家族伦理到政治生活，到处都能看到儒家的影子：积极在社会生活中论证并普及儒家礼制的合理性，促成技术统治与礼制统治的互动与结合，以隐蔽的方式引导民众的生活方式，将道德伦理的观念引入艺术精神之中，以士人作为维护意识形态完整性的主体，企图在"治民"的基础上要求民众对现实统治者报以"心服"的态度。历史上的儒家不仅拥有一套完善的意识形态理论，更积累了丰富的政治实践经验，为今人研究帝制时代的意识形态问题提供了充分的材料。在处理儒学与马克思主义之间的关系时，方克立先生提出的支援意识形态和主流意识形态的观点为我们提供了重要的参照。马克思主义的主流意识形态的地位必须得到进一步的强化，儒家的意识形态理论可以被改造成一种能够符合当前实际需要的支援意识形态。支援意识形态是主流意识形态的素材来源之一，服务于主流意识形态。

### 4. 儒家的宗教向度

从历史的角度来看，儒家富含宗教成分，并对包括佛教、道教、基督教、摩尼教等宗教展开了全面批判，坚持自孔子以来的"人文"传统。与基督教的宗教观念相比，儒家似乎还不具备完整的宗教形态，以至于利玛窦等人企图将儒家纳入基督教的信仰体系之中，以所谓"成全了的儒家"——基督教来改造中国人的信仰体系。这种情况在近代社会重新出现，引起了许多儒家学者的高度关注。因而，关于儒家宗教性的研究以及儒家判教理论的阐发成为维护儒家地位的有效手段。可以说，近代以前的儒家是否具有宗教的身份并不重要，关键问题在于儒家今后能否像基督教那样，成为具有全球影响力的宗教，走出华人世界的畛域，向其他民族传播极具"人文"色彩的信仰与价值观念。这不仅是一项有待深入研究的理论问题，而且还是许多人试图加以解决的实践问题。

与创建"孔教会"的宗教活动有所不同，梁漱溟的乡村建设理论就是一种探索方案，无论成功与否，其中蕴含的道理值得今天的学者继续深入发掘。然而固有的儒学资源并不能遏制这些极为复杂的势力，只有马克思主义的自觉的"武器的批判"，才能揭示宗教问题的根源，才能有效地防止许多不良事态的蔓延。在理论界和意识形态领域，马克思主义必须保持绝对的优势地位，发挥自身的批判能力和改造能力，从而为民族、国家和社会的未来发展扫清障碍。重建儒教的尝试，将是一场新的闹剧，必将遭到失败。

儒学世俗化只是儒家试图摆脱现代困境的一种尝试，而不是最终目标。儒家不曾在神圣与世俗之间划分一条明晰的界限，本来不存在什么世俗化问题。儒家与世俗化的相遇则是近代以来基督教文明进入中国的产物。虽然儒家在价值取向、学术思想和组织形态等方面区别于天启宗教，但仍旧无法回避世俗化对自身构成的威胁。世俗化的最大特色就是削减神圣性，强调世俗力量对人类生活的全部重要领域的控制。儒家强调积极入世，将人的问题视为头等大事，这在很大程度上能够迎合世俗化的要求，但是却不能因此丧失自身对神圣价值的追求。此外，儒学世俗化不能照搬基督教的模式，防止出现假借神圣名义而酿造纷争的不良动向。假使儒家在世俗化尝试中丧失了真精神和真价值，那无异于自寻灭亡。对西方宗教试图构建所谓"全球伦理"的理论设想与实践动向，儒家必须保持清醒的头脑，不能自甘沦为异质文化的附庸。

# 四　儒学传统能够为马克思主义中国化提供丰富的文化素材

从总体上讲，儒学已经告别了帝制时代"王官学"的身份，褪去了备受推崇的光华，成为信息时代的"百家言"。面对现代社会的要求，儒学不能将着力点全部放在理论转型、话语转换和解释方法上，而应该重新组建自身与社会大生产之间的契合关系。儒家必须完成实践方式的转换，真心实意地走出帝制时代的阴影，走进现代民众的生活：不仅要对经义、礼制和信念进行一番损益，更要对现时代的社会需求作出准确的判断，服务于广大平民，促进社会发展和文明进步。

回顾历史，一味地"除魅"是不可取的，盲目地"复古更化"更是行不通的。只有对儒学传统进行全面审度，取其精华，弃其糟粕，从中发掘整理出那些符合社会主义核心价值体系的积极健康的内容，自觉投身于文化改革发展的具体实践，才能迎来儒学的新生。悠久的古代文明值得骄傲，今天的学者应该站在前人的基础上勇于创新，抛却"托古改制"的幻想，驱散"全盘西化"的迷雾，直面当前以及未来的真实需求，做好我们这一代人应该做好的事情。这才是正道。

古人曾经以"不愿做道统中乡愿矣"自勉，强调学问与生命的相对独立。当我们深入研读那些佶屈聱牙的著作时，首先想到的应当是如何解决"具体的历史的人"的现实问题，而不是沉浸在浩瀚的故纸堆中，试图寻求只鳞片爪，以供帮闲或是消遣。回顾高瑞泉教授对"文化传统"一词的理解，"文化传统乃是屡经历史变动而仍然保持某种同一性的文化因素，是在现实中活动着的历史，是在革故鼎新、消化吐纳的流程中呈现为代代积累、前后相因的文化脉络"，① 我们似乎应该慎重对待儒学传统，对其进行一番较为全面的批判性继承，从而获取推动现实进步的有效力量。儒家的历史地位和时代价值究竟是什么？这恐怕不是几篇文章所能说清楚的，更重要的是要用实践来检验。

在告别帝制时代主流意识形态的身份以后，儒学的处境非常艰难。走出困境的康庄大道就是自觉接受马克思主义的改造。这是历史的大趋势，时代的大背景，人民的大心愿，更是有识之士的大手笔。在马克思主义中国化的整体化进程中，儒学应该成为文化综合创新的重要材料。从实质上讲，儒学的现代转换就是如何更好地接受马克思主义的改造，不断克服自身的局限性，将"仁"的文化传统归入"具体的历史的人"的社会实践，推进马克思主义中国化和中国哲学马克思主义化的双向互动。具体地说，应该是更好地维护马克思主义的主流意识形态的地位，发挥好儒学作为支援意识形态的积极作用。

---

① 高瑞泉：《中国现代精神传统——中国的现代性观念谱系》，上海古籍出版社 2005 年版，第 1 页。

# 第一章

## 从心性之学到"主动"的社会实践

在儒学传统中，"心"不仅具有灵明不昧的特征，还有推动实践的有效作用。儒家的心性之学，不仅开创出"主静"的路子，而且还酝酿了生机勃勃的"主动"学说。这一点在颜元那里表现得尤为明显：与宋儒侧重阐发"主静"相比，颜元看重"动"的一面。如果借用体用关系来思考"心"的"动"、"静"，就不难发现，"静"作为体，必须在"动"中实现自身的价值。人是这样的，天道也是如此。天道生生不已，变动不居，可以被视为大化流行的过程。这个过程就是"动"。"动"中蕴含的便是"仁"。儒家讲的"仁"，并非停留在抽象层面的空谈，而是必须借助社会实践而不断展开的道德理想。无论是宋儒讲求的"主静"，还是颜元呼吁的"主动"，都是提升社会成员道德修养的基本途径，二者难分高下。如果以实践哲学的目光重新阅读颜元的著述，就会发现其中蕴藏着非常强大的精神动力，能够将"心"转化为"习行"，为认识世界和改变世界提供理论支持。当然，这种理论支持只是实践哲学的原材料，有待进一步发掘和创新。

## 第一节 儒家的"大丈夫"气概

如果从西方人的观念来看，儒家强调的"大丈夫"精神也是一种男性气概。"大丈夫"精神，是真正的儒家必须具备的优秀品质。现时代，必须挺立儒家的优秀传统，以孟子呼吁的"大丈夫"精神作为感召力量，增强中华民族的自豪感、自信心和凝聚力。在多元文化的历史阶段维护民族文化的主体地位，为中华民族的伟大复兴提供精神动力和智力支持。

**一　可以将"大丈夫"气概理解为"智"、"仁"、"勇"**

"智"、"仁"、"勇"就是儒家所谓"三达德"。三者缺一不可。儒家在塑造中华民族精神方面发挥了巨大的作用。在社会生活中，极具聪明才智的人比比皆是，但不一定怀有儒家的仁爱之心、社会责任感和为天下万世谋福利的魄力。具备仁爱的人，富有智慧与勇气，既要学会保全自己，又要最大限度地经营具体事务，面对艰难险阻毫不畏惧，才能成就辉煌的事业，否则空谈仁爱，毫无用处。勇气是个体生存的必要品质，但是它不能独立存在，必须与仁爱、智慧相结合，否则只会流为莽夫的行径。因而，真正的儒家必须同时具备"智"、"仁"、"勇"这三方面的条件。

从经典文本来看，孔子所说的"仁者不忧，知者不惑，勇者不惧"（《论语·宪问》），正是对儒家精神的彰显。当然，这里所说的"不忧"、"不惑"、"不惧"只不过是从否定负面情况来展开论述的，而《中庸》所讲的"舜其大知也与！舜好问以好察迩言。隐恶而扬善。执其两端，用其中于民，其斯以为舜乎！""回之为人也，择乎中庸，得一善，则拳拳服膺，而弗失之矣"与"子路问强"正好是对"智"、"仁"、"勇"的阐发。从实践优先的角度来看，"好学"是通向"智"的有效途径，"力行"是实现"仁"的必由之路，"知耻"是砥砺勇气的最佳手段。三者同时具备，才能塑造君子人格。

在儒家的观念世界中，圣人完全具备"三达德"，能够担负起协调人伦的最高任务。这是任何社会成员都无法比拟的。但是从修养的进程来看，普通社会成员希冀贤人的才能，贤人极力达到圣人境界，圣人则与天地万化融为一体。鼓吹"大丈夫"精神，有助于激励普通社会成员的意志，使其步入超凡入圣的道路。

**二　"大丈夫"区别于"小丈夫"**

无论外部环境如何艰难，时运如何不济，"大丈夫"都不会怨天尤人，更不会自怨自艾。"大丈夫"有着"时止则止，时行则行"的气度。当现实条件允许自己施展治世才能的时候，"大丈夫"义无反顾，当仁不让，敢于担当天下道义；面临生存困境，甚至无法见容于世人的时候，"大丈夫"取法"天地闭，贤人隐"的境界，为圣贤学问做好充足的储备工作。"大丈夫"与时偕行。与这种气度相比，"小丈夫"气量狭小。当他们的观念、想法与方案不能为掌权者认可的时候，就横生愤懑，怒气冲天，感觉自己的价值受到极度蔑视，对周围的人事报以怨恨与憎恶。这种行径为孟子所不齿。孟子明确表达自己的观点，"予岂若是小丈夫然哉？谏于其君而不受则怒，悻悻然见于其面，去则穷日之力而后宿哉？"（《孟子·公孙丑下》）可见，"大丈夫"与"小丈夫"的区别在于气度、涵养与人生境界。进一步说，就是有没有"任重而道远"的担当意识。"大丈夫"以天下为己任，进退顺逆，都不能改变他的理想，更不能挫败他的勇气；"小丈夫"将道义视为经营自己事物的工具，鄙吝贪婪，患得患失，时运通达，欣悦喜乐；周遭不利，愤愤不平。二者之间，相去甚远。孟子对"伯夷清"、"柳下惠和"表示不能苟同，主张以孔子的"圣之时"作为人生追求。"清"极易流为狭隘，"和"极易流为"不恭"。只有"时中"，才能向世人指明一条康庄大道。

当然，必须对伯夷之"清"、柳下惠之"和"作进一步追问：如果二者有意以"清"、"和"作为自己的行动准则，那么就会出现诸多偏颇与不足，甚至有作伪之嫌。倘若"清"、"和"出于二者的自然天性，毫无造作与标榜，那么将这种特立独行的品质发挥到极致，也能超凡入圣。"圣"的意思是通达。成圣的路径千差万别，最终的境界却是殊途同归。但是，后人不能徒然仰慕伯夷之"清"、柳下惠之"和"，而将自己的生命境界与实践方式引上偏僻的道路。作为"圣之时者"，孔子更能为后人提供取法的榜样，那就是所谓"无可无不可"，用孟子的话来讲，就是"仲尼不为已甚者"（《孟子·离娄下》），其中既包括儒家所讲的"时中"，又指代洒脱自如的生命情调。孔子一生干七十二君，不得其志，但从未放弃自己的远大理想。当公山氏相召，孔子发出"吾其为东周乎！"的豪言壮语，准备捕捉时机，推行自己的治世方案，历尽艰辛，成就素王的品质。孔门圣贤从不畏惧苦难，居无求安，食无求饱，颠沛流离，信守大道。在他们的精神世界中，爱慕义理能够让内心充满喜悦。这种喜悦是任何权势与财富无法替代的。

儒家在艰难困苦中保持"乐"的状态，其实是对宇宙生命的契合：生生之德充盈于天地之间，浸润万物，动静进退，都是"仁"的呈现。这种体验与基督徒忍受苦难有着明显的不同。马丁·路德将忍受苦难视为人与耶稣发生关联的重要事件，指出："除非人先忍受了苦难，即他更与基督接近，又因从基督得到的能力，能以胜过苦难，他就不知道如何利用基督受苦之道。人必须本着这个精神才明白基督受苦之意义，又可指导如何在他的生活上实践出来。"① 儒家以孔子的言行作为准则。孔子具备"时中"的优秀品质。一切圣王也是如此。人生最大的苦恼来源于贪欲。面对食色与富贵的诱惑，很少有人能够保持清醒的头脑。最大的富贵莫过于身居王位，经营天下，然而尧、舜能够退位让贤。生存与死亡是最有力量的两种本能。与天道变化相对比，生死变化犹如寒来暑往，自然平常。

然而，许多人贪恋世间的名闻利养，不敢正视生存与死亡，以至于产生种种妄想。一旦想通了个中道理，就会不动其心。从究极层面来讲，一切差别变化，最终归于大化流行，毫无增减。无论富贵还是贫贱，对本体都没有任何作用。圣王禅让，不以权位拖累身心。现实生活中缺乏真正的君子，更多的只是"乡愿"。"乡愿"以好好先生的姿态应对一切事务，曲意逢迎，左右逢源，以似是而非的价值观念引导众人，最终消解一切值得信奉的道德信条，将整个社会视为满足个人私欲的工具。对比"乡愿"的陋习，狂、狷之徒的行为更有矫正世风的积极作用。儒家讲的"中和"，药性平平，无法根除许多顽疾，必须借用狂、狷之徒的猛药，才能根除顽症。根除顽症之后，以礼乐作为规范与疏导的途径，促使社会生活朝向健康的方向发展。

### 三　儒家主张"名教"，在中道的基础上设定分别正邪的标准与堤防，目的在于劝善防恶

人都有一死，圣贤与暴徒都不例外，但是圣贤的价值高于暴徒。人生难免很多拖累与劳顿，学问与功名利禄都是沉重的负担，但是学问享有较高的地位。世风日下，"跖教"与"愿教"盛行，前者明火执仗，肆行无忌，后者诈伪行善，还不敢公然颠覆伦理道德。因而，许多儒者宁愿暂时选择乡愿的行径，而不愿赞同"跖教"的做法，也就是说，"末世皆乡愿、盗跖，而宁容乡愿，以诈者善也。究竟为善即有恶，有真即有伪。恶愿者，细分则恶其乱德也；再细分之，为德亦乱性矣"。② 奸诈之徒善于以外表的良善掩饰内心的险恶。但是，从对待的角度来看，有善必有恶，有真必有伪。乡愿的最大危害在于丧失原则、败坏德行，即所谓乡愿

---

① 马丁·路德：《马丁·路德文选》，中国社会科学出版社 2003 年版，第 251—252 页。
② 方以智：《东西均·公符》，庞朴：《东西均注释》，中华书局 2001 年版，第 103 页。

"乱德"。从超越对待的高度来看，善恶都具有片面性，与恶对待的善在很大程度上遏制了人与生俱来的性善之理，即所谓"德亦乱性"。

如果从正名的角度来看，传统社会中的"儒"已经无法适应现代的生活方式，更无从解决现代社会的具体问题。然而这并不等于说儒家已经丧失了对现代社会的干预能力。儒学是日新又新的学问，积极入世，这一点决定了儒家必须不断调整理论与现实之间的关系，促进理论形态的转化，从而解决更多的具有实际意义的问题。"儒"仅仅是对一个特殊的社会群体或者从业人员的统称，并不能因为某些社会成员自称为"儒"，就将其视为能够担当义理价值的"大丈夫"。即便有些人自称儒家，口诵仲尼之言，处处以圣贤自居，热衷于政治生活，我们也不能贸然将其视为真正的儒家。

儒家参与政治生活与政治生态能否得以改善并没有必然联系。国家治乱与儒家参与政治有着密切的关系，但必须对此作进一步分析。在有些情况下，儒家行使治理国家的权力能够实现长治久安。有时适得其反，激化矛盾，酿造更深层次的社会危机。问题的关键不在于某些社会成员是否自我标榜为儒家，而是需要进一步看清这些人是否真心服膺儒家的义理价值，坚守儒家的道德信念，身体力行，为传承圣贤血脉而披肝沥胆。质言之，信奉儒学，表里如一，是判别真伪的标准。现实情况，不容乐观：有些小人摇唇鼓舌，将自己装饰为儒家，以此作为攫取权力的捷径，不仅混淆视听，更对儒家的社会实践构成极大的阻力。这正是李觏担心的历史问题。

儒家理想中的政治生活必须保障社会成员的福祉，不能随意以暴力侵扰民众的生计。儒家并不像无政府主义者那样对国家机器表示强烈的厌恶，而是主张以积极的态度促成权力运作朝向健康的方向发展。政治生活必须以"法度"作为人人必须遵循的信条，但必须对"法度"的功用与价值导向作出明确的界定。"法度"必须正视人类的合理欲求，为生命的延续与发展提供保障。作为类存在的生物，人类不仅具有各种与生俱来的自然欲求，更有情感方面的需要，"法度"不能与良性的情感背道而驰。当然，必须反对任何形式的徇私枉法。儒家所要维系的"人情"是能够促成社会和谐的美好情愫，而不是邪僻苟合的迎来送往。贯穿于儒家所谓"人情"观念的终极价值是"善"，这一点区别于乡愿与肆无忌惮者所谓的人情世故。程颢在《晋城县令题名记》中阐述了儒家政治学说的起点，

"夫图治于常久者，虽圣知为之，且不能仓卒苟简而就，盖必本之人情而为之法度，然后可使去恶而从善。则其纪纲条教，必审定而后下；其民之服循渐渍，亦必待久乃淳固而不变。"① 王道理想的实现不能一蹴而就，必须循序渐进。先要确立作为根本原则的"纪纲条教"，为政治生活提供坚实的根基，而后逐步推行。

### 四　儒家的"六艺之道"是"大丈夫"的学问

"大丈夫"相时而动，刚健有为，胸怀广博，才能卓越，以天下为己任，正是对"六艺之道"的展现。马一浮在《群经大义总说》中讲述"六艺之道"的功用，认为儒家讲求的知行关系、万物之理、心性学说都能在"六艺之道"中找到依据，"吾人欲究事物当然之极则，尽自心义理之大全，舍是末由也。圣人用是以为教，吾人依是以为学。教者教此，学者学此"。② 可以说，"六艺之学"不仅能够概括中华民族的一切文化成果，更能吸纳外来文化的长处，在综合创新的过程中发挥积极的作用。马一浮认为，"六艺之道"是开放的、民主的、自由的、先进的文化，具有顽强的生命力。"大丈夫"也具备这些优点。即便身处困境，声名不为世人所知，也不会因此而气馁颓丧。相反，独立不惧，遁世无闷，相时而动，为国家和民族作出应有的贡献。独立人格提升到终极就达到圣人境界。履险若夷，砥砺身心。

儒家勾画了超凡入圣的路径，但是必须以"正始"作为实践的开端。"正始"就是"先立乎其大"，也就是挺立道德主体，激发"善性"蕴含的巨大力量，也就是说"先立乎其大者，谓生而有善性也"。③ 这不仅是对孟子思想的解读，也是对儒家修养功夫的概括。"先立乎其大"离不开"心"的作用。在儒学传统中，"心"有体用，陈淳曾经对这个问题展开讨论，指出："具众理者其体，应万事者其用。寂然不动者其体，感而遂通者其用。体即所谓性，以其静者言也；用即所谓情，以其动者言也。"④ 可见《易传》所谓"寂然不动，感而遂通"被用来解读"心"的体用关

---

① 程颢、程颐：《二程集》，中华书局1981年版，第461—462页。
② 刘梦溪主编：《中国现代学术经典·马一浮卷》，河北教育出版社1996年版，第136—137页。
③ 赵岐：《孟子注》，《汉魏故注十三经》，中华书局1998年版，第101页。
④ 陈淳：《北溪字义》，中华书局1983年版，第11—12页。

系。大致说来，"心"之体为"性"，"心"之用为"情"，"心"对"性"、"情"构成主宰与统摄的作用。

这种观念在张载那里得到了准确地概括，那就是"心统性情"。陈淳对"心"进行的体用关系的解读，其实是对张载"心统性情"的进一步说明。张载之前涉及"心"与"性"、"情"之间关系的观点很多，各有千秋，但是很少有学者能够像张载那样直入堂奥，既能够恪守儒家的性善传统，发掘"心"的涵义，为"复性"提供切实有效的路径，又能出入佛老，为儒家思想注入新的活力，使得自己的生命学问成为承前启后的重要环节。当然，张载没有将自己的理论重心放在如何阐发"心统性情"的奥义上，而是积极关注礼乐制度的调整，以便解决日益严峻的社会矛盾，更好地为社会成员谋求福利。

## 第二节 "心统性情"的理论来源及其归宿

张载"心统性情"的心性学理论，继承了儒家分判"心"、"性"的传统思维，遵循孟子的性善论，吸取荀子对于性情的分析，同时沿袭了《大乘起信论》（本书引用的是真谛译本）"一心开二门"的思维方式，重新整合儒家心性论的思想材料，构建出一套能够回应中国佛教心性思维的理论框架，将心性学说外化为礼乐制度的重建。至于《大乘起信论》的真伪问题，[①] 虽然很重要，但与本节主旨相去甚远，因而姑且不论。

从社会生活的角度来看，"心"相当于张载礼学中的民众力量，"性"

---

① 吕澂在《大乘起信论》的辨伪方面做了很多工作，从文本流变、义理结构、名相错位等方面展开论证，断定它是一部伪论。在他看来，"中国隋唐的佛学，受了《起信论》似是而非的学说影响，不觉变了质，成为一种消极的保守的见解，并且将宇宙发生的原理，笼统地联系到'真心'上面，而有'如来藏缘起'之说，又加深了唯心的色彩。这些都丧失了佛学的真精神，成为统治者利用的工具"（《吕澂佛学论著选集》第1卷，齐鲁书社1991年版，第368页）。吕澂参照了日本佛教学者的研究成果，对佛教中国化之后的重要典籍进行全面研究，发表了《起信与楞伽》、《大乘起信论考证》、《楞严百伪》等重要作品，掀起了一场全面的怀疑主义的佛学研究思潮。这一阵营的佛学家主张恢复佛学的本来面目，扫除"伪经伪论"的"流毒"，为深入研究佛教中国化的基本历程提供了丰富的素材。吕澂之后，牟宗三继承了这一观念，借以说明中国古典哲学的理论架构。于是，"伪论"的"一心二门"被解释成中国古典哲学的特色。这可以看作是哲学史的吊诡之处。至于《大乘起信论》的真伪问题，学界很难达成一致，也就各抒己见了。

的具体内容则是"封建"、"丧服"等礼制条目，"情"则对应于移风易俗，使得社会成员的活动符合儒家基本的道德规范，借以削弱佛教在社会伦理层面的影响力。综观"心统性情"的理论架构，"心"与"性"有着本质上的区别，蔡元培先生指出："从前学者，多并心性为一谈，横渠则别而言之，曰'物与知觉合，则有心之名'。又曰：'心者统性情者也。'盖以心为吾人精神界全体之统名，而性则自心之本体言之也。"① 张载分判"心"、"性"的做法，成为沟通二程与朱熹的桥梁，并且在朱熹的诠释体系中得到充分发挥，成为宋明理学中具有决定意义的命题之一。因此，可以说，张载的"心统性情"是理学与礼制的统一体，是儒家理论在社会转型阶段所采取的一种自我调整。

## 一　思孟学派与一心二门之间的理论对比

孟子提倡性善，人性是善，天地大化之性也是善。孟子赞成曹交的说法，认为"人皆可为尧舜"，理由是"尧舜之道，孝弟而已矣。子服尧之服，诵尧之言，行尧之行，是尧而已矣"（《孟子·告子下》）。这仅仅是外部的相同或者相似，并没有深入其核心部分。孟子设定"心"的概念，以此概括凡圣，涵摄理义。孟子继续陈述自己的观点，从"心"的层面来讲述"人皆可为尧舜"的内在理路。

在孟子看来，常人与圣人之间存在着所谓"心之所同然"，也就是一般所说有着本然状态的共同点。常人和圣人的心都有其共同之处，其内容无外乎"理"、"义"，这是一切社会成员共同具有的本觉状态。圣人的高明之处就在于优先得到"心之所同然"，即先一步把握这些"理"、"义"。在孟子的视野中，人的崇高价值可以归结为希贤成圣。既然常人和圣人的"心"中都蕴含着"心之所同然"，圣人事先得到这些"理"、"义"，以此作为经世之权，付诸实践，那么常人想要成为圣人，就必须发觉"心"中的"理"、"义"，必须培养对它们的爱好，以求增强能力，提升境界。孟子打了一个比方，认为"理"、"义"在自己心里的地位，就像家养禽畜的肉，鲜美滑嫩，非常可口。这一点类似于西方人所讲的爱智慧。

在佛教经典翻译过程中，大量使用"法"（亦作"灋"，意思是取

---

① 蔡元培：《中国伦理学史》，《蔡元培全集》第 2 卷，中华书局 1982 年版，第 82 页。

象）这个概念，囊括宇宙万事万物的一切现象，其中当然有众生的
"心"。作为中国佛教的宗经之论，《大乘起信论》将"法"诠释为众生
心，这里所提到的众生应该是十法界众生，从地狱、饿鬼、畜生一直到菩
萨、佛，都有这样的"心"，这个"心"统摄一切世间法和出世间法。从
这个"心"中间显示出大乘佛教自觉觉他、自利利他的基本精神。大乘
佛教的基本精神显示于"心"。进一步细分，"心"显现两种"相"，一
种是"心真如相"，一种"心生灭因缘相"。前者示现"摩诃衍体"，后
者示现"摩诃衍自体相用"。

摩诃衍体隐藏于众生心，众生从其自心出发，慧解智证，明了其体，
次第修持，达到相应的果位。孟子则直接宣说"从体"，"体"本来无所
谓大小，由于得"体"之人的综合条件不同，才有"大体"、"小体"之
分。人在天赋面前有其主动性、自觉能动性，能够得到"体"之大者，
则成就大业。能够先立其大，则小的功用自然兼具。具有这种气魄的人，
就是孟子心目中的"大人"。当然，也有学者将"从其大体为大人，从其
小体为小人"理解为心理结构与社会地位方面的差异，"大体谓心思，小
体谓耳目四肢。大人谓劳心者治人，小人谓劳力者治于人。大人、小人皆
以位言也"。① 而在孟子看来，"耳目之官不思，而蔽于物。物交物，则引
之而已矣。心之官则思，思则得之，不思则不得也。此天之所与我者。先
立乎其大者，则其小者不能夺也。此为大人而已矣"（《孟子·告子上》）。
意思是说，心之官与耳目之官的最大区别，是心具有思维能力和内在的认
知能力，这些都来自于上天的赋予。

"真如自体相"在诸佛、菩萨、声闻、缘觉及其他众生心中无增无
减，恒常不变，具足一切功德。如来藏实质上是指，真如在烦恼中，涵摄
如来果地一切功德，因而具足体用之相。一心是一真法界，遍照一切法，
平等无碍，其妙用不可思议。从儒家方面来看，孟子则进一步由"心"
的概念演化出所谓"良能"和"良知"，以此作为对"心"的说明。孟
子说："人之所不学而能者，其良能也；所不虑而知者，其良知也。孩提
之童无不知爱其亲者，及其长也，无不知敬其兄也。亲亲，仁也；敬长，
义也；无他，达之天下也。"（《孟子·尽心上》）结合上下文，疏通义理，
我们会发现孟子所讲的"良能"和"良知"是一种先验的道德意识，也

---

① 宋翔凤：《孟子赵注补正》，《丛书集成续编》第 15 册，第 264 页。

就是内在的道德判断能力。二者都是心体的妙用。由此，涉及"心"的体用。"心"体的内容是"理"、"义"，其用在于发端"五常"，开启"良能"、"良知"，推己及人，各尽其分。其中蕴含体用一如的思想，由此"一心"开出"二门"。《大乘起信论》解释分，有云："显示正义者。依一心法。有二种门。云何为二。一者心真如门。二者心生灭门。是二种门皆各总摄一切法。"这里所讲的"依一心法，有二种门"，是依据"一心"（也可以称作"总心"）的"心真如相"和"心生灭相"而开设的。开设是随顺方便，力图能够用"心真如门"和"心生灭门"赅摄一切法，心二者之间存在着二而不二的体用关系。真如门显示的是性体，心生灭门体现的是相用。性体摄相用，即摄一切法，摄用归体；相用摄体，亦摄一切法，摄体以成用。二者互摄，平等无碍。

孟子也在"心"上做功夫，将"仁"解释成"人心"，应当说明，这里所讲的"人心"是人的本觉之心。与本觉之心一体，"义"是成就觉悟的必由之路，这类似于《大乘起信论》中所讲的"修行信心"，"义"的内容就是礼乐精神与礼乐制度相互促进与不断调整。我们必须遵循孟子本人的具体说法来探讨"心"的二重性，孟子指出："仁，人心也；义，人路也。舍其路而弗由，放其心而不知求，哀哉！人有鸡犬放，则知求之；有放心而不知求。学问之道无他，求其放心而已矣。"（《孟子·告子上》）孟子将"心"分判为"人心"与"放心"。如前所述，"人心"就是本觉之心，而"放心"则与"人心"相反，是指迷失了"人心"，也就是掩盖了"理"、"义"的心理状态。孟子以丢失鸡犬尚知寻求作为譬喻，认为丢失"人心"更应该得到关注。儒家的"学问之道"不是别的，而是重新找回"放心"。

显然，"人心"与"放心"是相对待的，但是不能因此就武断地认为孟子讲的是二元论，毕竟"放心"这个概念是搭建通往"人心"的桥梁，也就是把握"理"、"义"的必要途径，而非究竟之理。既然"心"有"人心"和"放心"之分，转化"放心"能够回复"人心"，其间有一个转化的过程。孟子要求通过道德主体的实践促成"仁"，也就是寻回孟子所讲的"人心"。这就像天地化育、谷物生长一样，不断走向完善与成熟。

究竟如何促使内心的"仁"不断走向完善与成熟呢？这牵涉到儒家的道德修养以及礼乐精神。诚如孟子所言，仁、义分别代表人心与人路，仁就像是五谷的种子一样，加以培植关照，使其成熟，义可以看作是如何培植关照。儒家对人的理解是一个全面的实体，既有肉体方面的因素，又有精神方面的因素。喜怒哀乐不仅可以被转化为道德情感，更重要的是能够从中体现儒家的"中"道。对"中"道的抉择、把握和利用，成就所谓"用"，所以《说文解字》中讲到"用，可施行也。从卜从中"。看来，只有把握了"中"，才能全方位地体验儒家所勾画的礼乐精神。按照其理论基调，人性本善，人心本觉，仁义内在而见乎其外，不存在所谓告子的"仁内义外"，更反对墨家的"仁外义内"。①儒家的态度在《中庸》中表现得最为突出，有云："喜怒哀乐之未发，谓之中；发而皆中节，谓之和；中也者，天下之大本也；和也者，天下之达道也。致中和，天地位焉，万物育焉。"（《礼记·中庸》）这一段论述中所讲的"喜怒哀乐"都是儒家所谓的"情"。"情"的状态分为两种，即"未发"和"已发"。未发状态的情是"中"，亦即"天下之大本"，就这个层面而言，精神状态的寂然未动与天下之本成为一体，具有"统一"和"同一"两种含义。情的已发状态是合乎礼乐制度的具体条目，内外一如，符合儒家"中节"的要求，从而达到"和"的境界，这被看做"天下之达道"。从"天下之大本"到"天下之达道"的不断展开，是心性向外部世界的扩充，尤其是逐步符合儒家设定的道德伦理规范。以"心"摄"性"、"情"，就道德实践而言，道德情感在心的支配下显得秩序井然。这是孟子学说中间的始觉成分。

从《大乘起信论》修行信心分的简要目次来看，由"一心"开出"二门"，"真如"、"生灭"之间互相涵摄，二者的体用关系落实到社会生活，将"六度"整合成"五门"，就是把"禅定"和"智慧"和合为"止观"，进行具体的修行实践，临命终时还有阿弥陀佛净土作为导归。与此相比较，孟子标举常人与圣人所共有的"心"，阐明"心之所同然"是"理"、"义"，"求放心"之后发觉"人心"，也就是"仁"，同时遵循"人路"，也就是"义"。"仁"与"义"都由内见乎外，落实于道德情感与道德实践就衍生出"恻隐之心"、"羞恶之心"、"恭敬之心"、"是非之心"，进而恪守"五常"，践履德行，实现作为天下之达道的"中节"，修己治人，神圣其道，以先知先觉启发后知后觉，最终实现儒家的社会

---

① 王应麟：《困学纪闻》，辽宁教育出版社 1998 年版，第 175 页。

理想。

由上述，我们着重考察了"心"、"性"、"情"三者之间如何构成二重性的一元论。"人心"就是"仁"，求其"放心"，由"人心"看出"心"的一元论性质。人性是天地万物之性的一种表现形式，性善必须由"人心"显现出来。人的生命活动和社会生活呼吁相应的道德伦理作为节制手段，从"未发"到"已发"是道德理性不断渗透到社会生活每一个角落的过程，"未发"之大本必须付诸"已发"之达道，反之亦然，二者之间成就了潜藏的体用关系。

## 二 荀子学派有关"心"的"一"、"二"性质的论述

在荀子的思想体系中，天下之道与圣人之心都是以终极的"一"出现的，也就是，"天下无二道，圣人无两心"（《荀子·解蔽》）。这相当于《大乘起信论》所讲"本觉"心体，也就是不变。然而，天下之道有待于圣人之心方能完全显现，毕竟"道者，非天之道，非地之道，人之所道也"（《荀子·儒效》）。"人之所道"的具体内容就是儒家所强调的礼义，附带自然界的变化规律，这相当于生灭门，随缘显现事理。既然"道"是由人来认识、揭示和遵循的，那么人究竟应该怎样去认识"道"的呢？荀子认为，人之所以能够认识和把握"道"，凭借的是"心"所具有的道德判断力和认知能力。那么，"心"具有哪些功能、属性和特征使得自身具有这种认识能力，荀子将其概括为"虚壹而静"，并且分别论述，"人何以知道？曰：心。心何以知？曰：虚壹而静。心未尝不臧也，然而有所谓虚；心未尝不两也，然而有所谓壹；心未尝不动也，然而有所谓静"（《荀子·解蔽》）。荀子将"心"的"臧"与"虚"、"两"与"壹"、"动"与"静"统一起来，这是儒家礼学中所特有的理论形态。这三组对立统一的关系，其实可以概括为"心"的"一"与"二"之间的关系。

最能引起后儒争论的"人心惟危，道心惟微，惟精惟一，允执厥中"（《尚书·大禹谟》）与荀子的论述在本质上是一致的。"心"本来就是"一"。由于对"道"的把握和体认水平不同，权且分为"人心"与"道心"。一分为二之后，还有合二为一。以"惟危"为主要特征的"人心"和以"惟微"见长的"道心"最终实现统一，那就是通过精一执中来进行把握。荀子借用舜执掌政权的治理艺术来论述自己观点的合理性，"昔

者舜之治天下也，不以事诏而万物成。处一危之，其荣满侧；养一之微，荣矣而未知。故道经曰：'人心之危，道心之微。'危微之几，惟明君子而后能知之"（《荀子·解蔽》）。在这段论述中，荀子认为，舜治理天下，坚持专一于"道"，精神境界达到精深细微的程度，从而能够统摄天下的万事万物。由此可见，"惟危"、"惟微"之间对立统一的条件是也只有明德君子方能认知和把握。在此基础上，荀子进一步提出"体道"的概念，即认识和把握"道"，按照"道"的内容和要求进行实践活动。"体道"的极致就是通达天地万物，明了屈伸变化，具有这种能力的人被称作"大人"。

　　荀子在讨论"心"的问题时，也采用了类似于"一心二门"的方法，即判别"道心"与"人心"。前者相当于孟子所讲的"人心"，后者对应于孟子所讲的"放心"。圣人之功在于把握"精一"的"道心"，制礼作乐，维系社会秩序。儒家对"情"的详细界定最早见于荀子，"形具而神生，好恶喜怒哀乐臧焉，夫是之谓天情"（《荀子·天论》）。进一步说，"性之好恶喜怒哀乐谓之情"（《荀子·正名》）。荀子将情的内容限定为"好恶喜怒哀乐"，这与《礼记·礼运》中所讲的"何谓人情？喜怒哀惧爱恶欲七者，弗学而能"基本相近。以"道心"治"人心"，以礼义规范性情。因为在荀子的理论中，人性恶，以此推进，由性中分别出来的情也是恶，必须接受礼义的管制。而礼义则是圣人之"伪"，也就是圣人凭借"道心"设的。圣人无二心，但是为了治理群萌，必须从"心"分出"道心"和"人心"，以圣人的"道心"管制常人的"人心"，"人心"存在于性情，人性恶，故而圣人制礼作乐，要求全体社会成员必须遵守。否则，就要遭到王者的刑杀诛伐。可以说，在荀子那里已经具备了"心统性情"的思想要素。只不过，荀子着重于讲述"道心"是如何约束常人的。

　　前面探讨了思孟学派、荀学在理论层面上与中国佛教的相通之处。接下来，我们将从史料记载方面剖析张载是如何整合这些思想资源的，也就是试图揭示张载与思孟学派、荀子学派以及佛老之间的关系。一般认为，张载对儒家思想的深入探究起自《中庸》，这是受到范仲淹的启发。与历代会通儒、释的思想家相同，范仲淹重视《中庸》的理论价值，将其看作"名教可乐"的入门书。张载本人儒学思想的形成，应当以研习《中庸》作为开端。《中庸》所讲的"性"、"道"、"教"、"未发"、"已发"、

"中节"与《孟子》所讲的"心"、"性"、"天",以及荀子"隆礼义",还有王弼的"性其情"等,共同构成"心统性情"在儒家方面的思想来源。"又访诸释、老,累年究其"是其援引二家思想的明证,然而宋明儒家往往隐晦其说,使得后人无法从具体的文本材料加以推敲。因而,我们的钩沉工作只能从理论结构上进行剥离、分类和还原,试图发明真相。另外,必须说明的是,张载所处的时代推崇"圣人可学可至",这是竺道生、谢灵运之后的理论创新,或者说是《大乘起信论》盛行之后的思想成果。

在"心统性情"的思维模式中,性与情之间关系是体用关系,情必须交由性来支配驾驭,方能符合儒家礼乐精神的要求。这一点可以追溯到王弼对于《易传》所作的注解。《乾·文言》曰:"乾元者,始而亨者也。利贞者,性情也。"王弼注云:"不为乾元,何能通物之始?不性其情,何能久行其正?是故,始而亨者,必乾元也。利而正者,必性情也。"①我们可以从中看出,只有"性其情",方能"久行其正",已经为后世儒家如横渠、伊川,以性为心之体,以情为心之用,提供了理论基础。心、性、情三者是一个统一的整体。心为主宰,性情为体用。

张载的"心统性情"和程颐的"性即理"被朱熹视为"颠扑不破"的真理。现存有关"心统性情"的哲学史料,是后人在编辑《张子全书》时从其他理学家的著述中节选、编排出来的,其中多数是朱熹向其门生弟子的讲解。现在择取《张子语录》中有关"心统性情"的重要材料,用来分析该命题与"一心二门"的贯通之处,首先看朱熹的转述:"性、情、心惟孟子、横渠说得好。仁是性,恻隐是情,须从心上发出来。横渠曰'心统性情者也',性只是合如此底。"②很明显,朱熹非常推崇张载对于"性"、"情"、"心"三者关系所作的处理,而举例论证张载"心统性情"的合理性。在朱熹看来,孟子讲的"仁"属于性,"恻隐"属于情,二者都是从心中发出,故而从发生学角度来看,"心统性情"这个命题是成立的。朱熹并没有停留在这个层面,而是进一步指出"统犹兼也",就是说,心兼有性情这两种状态。性处于"寂然不动"的静止状态,情呈现为合乎礼乐制度的运动状态,二者都是从心发出的,因而接受心的统

---

① 王弼:《周易注》,《汉魏古注十三经》,中华书局1998年版,第2页。
② 张载:《张子语录》,《张载集》,中华书局1978年版,第339页。

摄与管辖。在朱熹的多次讲解中并没有将"心统性情"与中国佛教"一心二门"的理论架构对应起来。明确指出这两个命题之间关联的是马一浮。

### 三　"心统性情"与"一心二门"之间的对应关系

马一浮首先阐明《大乘起信论》中以不生不灭与生灭合和作为阿赖耶识，不生不灭对应于心统性情中间的性，生灭对应于情，阿赖耶识则相当于心。心统性情与阿赖耶识摄藏不生不灭与生灭具有对等意义。这种解读方式见于张立民对马一浮的观点的记述：

> 师尝谓："《起信论》不生不灭与生灭和合名阿赖耶，可与横渠心统性情之说同会。"据此，则不生不灭者性也，生灭者情也，不生不灭与生灭和合者心也。
>
> 说得心生灭门，觉不觉二义。要知《起信论》一心二门，方是横渠本旨。性是心真如门，情是心生灭门。心体即真如，离心无别有性。故曰唯一真如。然真如离言说相，才说性时便已不是性了。向来说性，只说继之者善。此却是生灭门中觉义也。①

马一浮直接点明《大乘起信论》的"一心二门"是张载"心统性情"本旨。其中，"性"即是心真如门，"情"即是心生灭门，心体即真如，由心体发挥妙用就是心生灭门中所显现的觉悟，而究即意义上的真如，则是离却一切言诠，超越一切对待的，就是通常所说的一法界无差别。不生不灭与生灭之间的关系有合和与不合和。二者合和生一切染法，二者不合和生一切净法，一切染法与一切净法皆摄于真如。就"心统性情"而言，性是大化流行在心中的体现，同时为心认知。离开心的认知与体验，就无所谓性。马一浮延续张载的思路，将"心统性情"这一命题与《易传》中"一阴一阳之谓道，继之者善也，成之者性也，仁者见之谓之仁，知者见之谓之知"沟通起来，由情中见性就是"继之者善"，就是所谓"生灭门中觉义也"。之所以能够"继之者善"，全在于性所发挥的妙用，即"成之者性也"。对于"道"的认识，可谓见仁见智，就像

---

① 刘梦溪主编：《中国现代学术经典·马一浮卷》，河北教育出版社1996年版，第499页。

众生看到的摩尼宝珠一样，颜色各异。张载本人亦作相似解释，认为使得天道"继继不已"的动力因是所谓性，不同的实践主体由于自身条件不同，所体验、认识和显现出来的天道亦有所不同。然而各自的确禀受天命，只不过存在着见道与否的差异。

儒家的道德理想是内外世界的统一体，之所以分说内外，只不过是为了言诠之便。内在的道德世界外化为礼乐制度的不断调整和自我道德实践，这就将目光转向对情的关注，如前所述，张载秉承《中庸》所强调的"中节"，认为情本来无所谓善恶，只有失去礼义约束的情才有恶性。因此，发挥自身性善的功用，使得情欲宣泄能够遵循合理途径，也就是王弼所讲的"性其情"，才是由迷失走向明了，提升生命气象的正大道途。对此，马一浮有着深切的体认："情本非恶，因好恶无节而成恶。好恶无节，即是妄想执著……依《起信论》一心二门，性是心真如门，情是心生灭门。乃有觉与不觉二义。随顺真如，元无不觉，即是性其情。随顺无明，乃成不觉，即是情其性。"① 按照中国化佛教的说法，觉悟的含义是指在本觉的作用下，不断修证，遵循始觉的道路，精进不已，最终回归本觉状态。本觉是众生与佛陀共同具有的天真佛性，属于性德。始觉是指依据本觉之理，起真实修，对治烦恼习气，令其消灭无余之妙智，属于修德。整个修习实践的过程就是"随顺真如"，这与儒家的"性其情"异名而同实。而"随顺无明"，起惑造业，深陷迷途而不知返，则可以用儒学术语中的"情其性"加以概括。

王弼注解《易传》时将性情关系设定为体用关系，要求"性其情"以求"久行其正"，这是儒家礼乐精神的内在要求。张载秉承"性其情"的传统，"以《易》为宗"，继续深化对性情关系的探究，将《中庸》的"中节"思想引入有关性情的讨论，认为情是实际存在的，表现为喜怒哀乐，情之发动倘若能够"中节"，亦即遵循礼乐制度，指出：

> 以利解性，以贞解情。利，流通之义，贞者，实也；利，快利也，贞，实也；利，性也，贞，情也。情尽在气之外，其发见莫非性之自然，快利尽性，所以神也。情则是实事，喜怒哀乐之谓也，欲喜

---

① 刘梦溪主编：《中国现代学术经典·马一浮卷》，河北教育出版社 1996 年版，第 507—508 页。

者如此喜之，欲怒者如此怒之，欲哀欲乐者如此乐之哀之，莫非性中发出实事也。①

张载将"利"解作"流通"、"快利"，"性"的含义就扩充为自然快利，这与《易传》中所讲的大化流行实现统一；将"贞"诠释为"实"、"实事"，"情"的实存就得到认可。情必须从性中自然流露出来，"美利天下"。张载坚守孟子的性善论，主张性是纯善，这区别于荀子的性恶论、董仲舒、刘向、扬雄、郑玄等人的性善恶论。就情而言，李翱直接提出性善情恶的观点。这就促使我们考察张载是如何看待情的善恶？张载是宋代的尊孟派。与以往儒家的态度不同，他没有简单地将情判定为善恶，而是分别对待。然而孟子没有论及情之善恶，张载只好将自己的看法寓于疏通孟子的论述。张载的疏通工作借助于《中庸》的"中节"，中节之情是善，不中节之情是恶，这基本符合思孟学派的内在理路。我们再次回顾一下张载的思路，性是纯善，情之善恶有待于中节与否。既然如此，人如何认知、把握纯善和中节就成为张载必须关注的问题之一。为此，张载将孟子、荀子所讲的"心"进行新的诠释和发挥，以"心"统摄"性"、"情"，"心统性情"这个吸收和改造中国佛教理论的命题应运而生。

## 四　"心统性情"与"理一分殊"具有同构性

"理一分殊"在儒家思想发展史上具有一个从礼学向理学的转变过程。程颐用"理一分殊"来概括张载《西铭》的核心思想时，仍旧是祖述孟子，从儒学传统的"一本"来反对墨家的"二本"，强调丧服制度的稳固性以及儒家与墨家伦理的根本区别，此时的"理一分殊"所关注的仍旧是礼乐制度的问题而不是形而上学的争论。朱熹自觉地将"理一分殊"转化为理学命题，重新为儒家伦理提供合理性的论述。这种从哲学高度来进行的诠释学实践，为意义本体的不断彰显解除了具体的已经趋于崩溃的礼乐制度的束缚，将具体意义上升为普遍意义，然后回归儒家现实的具体的社会生活，为儒家思想的全面展开以及社会秩序的重建提供强有力的理论支持。近代民主思潮的滥觞以及它在中国社会的进一步发展，正是延续朱熹的诠释学方向继续推进理论创新。

_____

① 张载：《横渠易说》，《张载集》，中华书局 1978 年版，第 78 页。

　　"心统性情"与"理一分殊"具有同构性。"理一"和"性"相当于"一心二门"中的"心真如门","分殊"和"情"对应于"心生灭门"。"心统性情"是儒家心性论的缩影,将心性推及宇宙万物,则可以与儒家的宇宙论相沟通,这就必然将理论视野拓展为"理一分殊"。当然,作为宇宙论的"理一分殊"是朱熹整合周敦颐、张载和二程思想以后的理论产物,与程颐理解的"理一分殊"有着重大的差异。程颐视野中的张载礼学可以概括为"理一分殊",是因为他熟知张载的礼学贡献。可以说,"心统性情"外化为张载的礼学思想,即反映儒家礼乐精神的"理一分殊"。其进步之处在于由重民思想发展出民主思想的萌芽,具体表现在张载对于《周礼》一书的重视。

　　张载精通"三礼",特选《周礼》以致太平,这与张载"民我胞与"的思想相互发明,既可以体会到孟子仁政思想的价值,又能维护必要的社会秩序。与其他推崇《周礼》的学者不同,张载强调"心"的重要作用,例如论述天官的职能时,说:"天官之职,须襟怀洪大方看得。盖其规模至大,若不得此心,欲事事上致曲穷究,凑合此心,如是之大必不能得也。"① 这与《大乘起信论》中所讲的体大、相大、用大完全吻合,张载本人对此并不隐讳,并且公开以佛教的说法作为佐证。由"心"分布官职,裁成政治与社会生活中的具体事务,必须将仁心与才能相结合,这是"心统性情"的具体展现。再者,张载论述如何实行《周礼》中所设定的井田制时,认为君主必须本着仁爱之心,在精明果敢的宰相的辅助下,才能推行井田制。否则,只会侵害民众的利益。

　　在张载那里,"心统性情"外化为礼乐制度的重建,推崇以官制呈现天道的《周礼》,提倡"宗子"之说,协调权力分配,阐发儒家选举的进步思想。儒家的心性学说与社会理想是一体化的,后者强调人民的主体性。大致来说,《周礼》一书将天道具体化为官职设置,通过天地春夏秋冬六官组建政府,将政治合理性归结为与天道相合,同时注重发展民众教育事业,进行基层选举,"《周官》之制,首重学校之教民。欲使人人有议政之识,故《周官》之规,首重乡里之选。凡此皆伸民权之本也"。② 伸张民权,是儒家思想中的进步成分,也是张载赢得后人尊重的关键所

---

① 张载:《经学理窟》,《张载集》,中华书局1978年版,第248页。
② 李妙根编选:《国粹与西化:刘师培文选》,上海远东出版社1996年版,第16页。

在。至于张载与卢梭之间究竟有多大的相似之处,刘师培也不能骤然下定论。

张载进一步发挥礼制对于王权的约束意义,这一点见于《西铭》所说的"大君者,吾父母宗子;其大臣,宗子之家相也"。张载将大君降为宗子,这样一来,臣与君主之间的亲疏关系不及父子、夫妇。作为大君下属的官员,则丧失了父母官的地位,仅仅是宗子的家相。于是,民众就成了政治运行和社会机制中主导力量,自天子以至于庶人,必须"性其情",以德性和才能赢得社会成员的尊重。因为张载尊孟,相信"人皆可为尧舜",信赖"心"的统摄力量和能动作用,以道德理想(仁心)、神圣价值(天道)和约束机制(礼乐制度)保障民权。重新呼吁重民思想,为后世民主思想的发展提供理论素材。

张载的"民吾胞与"观念为近代以来民约思想的广泛传播奠定了理论基础,也有助于儒学走出"四民"框架,走向人民群众主体地位。从民本向民主的发展或者说转换,必须经历一个艰难而又漫长的过程,其间会出现许多似是而非的说法,需要我们认真加以鉴别。如何处理圣贤、师道与民众之间关系,已经成为当前亟须解决的理论问题。早在周敦颐那里,"孔颜之乐"已经与"师道"学说融为一体,强调圣人在社会生活中拥有绝对优势,对一切社会成员具有教化的权力。这与帝制时代儒学扮演国家意识形态的角色密切相关,而不是放之四海而皆准的原则。历史的发展早已将这些设想置于博物馆。我们应该回顾"孔颜之乐"与自然法会通的基本问题,加深对"圣贤君子"政治诉求的认识,消除疑惑,提升思想理论的实际水平。

## 第三节 "孔颜之乐"与自然法的会通

在周敦颐的观念世界中,"孔颜之乐"是一种境界论,以"主静"、"无欲"作为修养的基本方法,最终达到圣人境界。圣人洞察天道,教化民众,掌握最高的治理权。这构成周敦颐的"师道"理想。在"师道"理想中,最佳状态是"君"与"师"的重合,即圣王治理民众,教化民众;如果二者之间出现了无法弥合的裂缝,那就退而求其次,以"师"的身份改良社会、风俗和人心,为以后的社会变革积蓄实力。人对天道的体认与天道本身有着一定的区别。从自然法的角度来看,周敦颐的理论架构饶有兴味。天道为构成人性、公共生活秩序和社会治理提供合法性依据。这构成了自然法的基本要素。

周敦颐的社会治理思想基于个体与礼乐的协和，以"诚心"作为个体"端身"的根本，进而成就"治家观身"，最终推衍到"治天下"。这是对《大学》的"三纲领八条目"的再次说明——个体的修养承载着家国天下。从个体修养的角度来看，"孔颜之乐"是非常值得向往的理想境界。周敦颐对圣人境界进行了全面概括和高度赞扬，指出："道德高厚，教化无穷，实与天地参而四时同，其惟孔子乎！"① 圣人洞察天道，制礼作乐论刑，以道德贯穿社会治理，以自然法支配人定法，有效地克服权力运作过程中的不良倾向。由此构成周敦颐的社会治理思想的基本框架。此外，周敦颐理解的"孔颜之乐"与僧佉之学存在着密切的关系，需要对其进行深入研究。

## 一　"孔颜之乐"是一种境界论

在道学家那里，与其说"孔颜之乐"是对孔子和颜回生命境界的探求，倒不如说是自己内心世界的向往与期待。圣人境界不过是印证自己修养的尺度，不过这个尺度是无法用客观化的标准加以确定的。"孔颜之乐"是一种内证的乐趣，如果非要以"合内外之道"的思维方式对其加以解读，就必须先满足这样一种前提条件：研究者必须达到这样一种境界，与圣人之心契合，否则就是无端揣测，甚至是胡言乱语。

道学家的境界论带有明显的直觉主义色彩，强调体认功夫的重要性，将具体知识放在第二位，形成了别具一格的"气象"。这种"气象"被视为由内而外浸润的结果，即所谓"德润身"。道学家追求的"德"不是僵化的道德信条，而是完全融合在生命中的道德理念和道德情感，或者说是以情理交融的心态推动自身的修养。情理交融是变化之道的表现形式之一。这才有了河南程氏将易学与"孔颜之乐"放在一起讨论的说法。程氏曾向周敦颐请教易学。周敦颐以探求"孔颜之乐"作为提升境界修养的基本方法，从而拉开了道学家偏向于内在修养的帷幕。后来，程氏向门生弟子讲述自己早年求学的经历时，指出："昔吾受《易》于周子，使吾

---

① 周敦颐：《周敦颐集》，中华书局 1990 年版，第 42 页。

求仲尼、颜子之所乐。要哉此言！二三子志之！"① 程氏讲述了自己的为学次第，并要求追随者沿着这条道路继续前进。

周敦颐思想中的圣人与自然法有着密切的关系。在西方文化传统中，自然法观念建立在天性之自然的基础上，强调法律的完整性必须建立在对人性的全面理解和尊重的基础上。正如刘师培分析的那样："此即良知之说。盖人生而具有天然之理，即有分所当为。法律者，本人心之所同然而定者也，故为一国所遵守。"② 天然之理，只能被圣人全面把握；良知也不是人人都能洞察的，只能有待于圣人对其进行描述。尽管人人都有体认天道、彻察良知的机会，但实际情况却千差万别，不一而足。或者用一句话来概括，那就是能够洞察天道、揭橥良知的人就是圣人。当然，这是一种抽象人性论的解释，并不能代表绝对真理。

圣人洞察天道，天道生生不已。为学有次第：常人仰慕贤人，贤人向往圣人。周敦颐的人生理想是"志伊尹之所志，学颜子之所学"。③ 伊尹事功显赫，自视为"先知先觉"；颜回则是孔门之中最善于学习的，最能契合圣人境界的。从固有法系的角度来看，以儒家思想为主干的中国法系经历最初的神权法，进入了"抽象的天意政治之自然法"，经由历代儒家学者的阐发，确立了自然法的基本精神。天道可以从不同的角度加以解读，无论《诗经》所谓"维天之载，无声无臭"，《尚书》中的"洪范九畴"，还是《易传》陈述的"夫圣人者与天地合其德"，都是对"抽象的天意观念"的具体化解读。由此可见，圣人与自然法有着密切的关系，"圣人为谁？不外先知先觉者，而能知自然规律所在，为'人定法'之所本"。④ 从逻辑层面讲，由圣人发明自然法的基本观念，以此作为制礼作乐论刑的依据，从而实现自然法与人定法的有效结合。

从为学次第来讲，圣人不仅是贤能们努力学习的榜样，更是梦寐以求的理想境界。前面已经讲过，圣人境界只能用"心"去体认，任何思量与揣度都是无济于事的。如果单从文字层面来探究圣人境界，那么所谓"毋意，毋必，毋固，毋我"似乎留下了更为广阔的诠释空间。这种修养

---

① 程颢、程颐：《二程集》，中华书局1981年版，第1023页。

② 刘师培：《〈中国民约精义〉案语》，见李妙根编选《国粹与西化：刘师培文选》，上海远东出版社1996年版，第49页。

③ 周敦颐：《周敦颐集》，中华书局1990年版，第23页。

④ 陈顾远：《中国法制史概要》，商务印书馆2011年版，第52页。

方式突出了减法的实际用途：剥去缠绕在灵明外面的束缚，排除困扰身心的念头，让主体处于一种清爽静谧的状态。这种状态与虚无、寂灭有着根本上的不同：它与生生之德融为一体，与大化流行相融无碍。个体生命与宇宙生命贯通在一起，一切夭寿、得失与悲欢离合都被超越。处于这种境界的人，不再是满怀疏离感的悲剧角色，而变成了自己的主人。这个主人不一定掌控权力、财富和名望，但却能以淡然的态度应对一切顺逆进退。无论外界发生怎样的变化，这个主人一直处于快乐之中。

"孔颜之乐"究竟是什么？这个问题的答案，应该先从"颜回喜好的学问是什么？"以及"它的意义是什么？"这两个问题中寻找。问题的答案并非一成不变，各家有着不同理解。程颐在《颜子所好何学论》一文中讲得非常清楚。相传胡瑗看到这篇文章时感到非常惊诧，对程颐的观点表示赞叹。程颐点破颜回的学问真谛，对孔子赞叹颜回"好学"的原因进行剖析，指出：

> 圣人之门，其徒三千，独称颜子为好学。夫《诗》、《书》、六艺，三千子非不习而通也，然则颜子所独好者，何学也？学以至圣人之道也。
>
> 圣人可学而至与？曰：然。学之道如何？曰：天地储精，得五行之秀者为人。其本也真而静，其未发也五性具焉，曰仁义礼智信。形既生矣，外物触其形而于动中矣，其中动而七情出焉，曰喜怒哀惧爱恶欲。情既炽而益荡，其性凿矣。是故觉者约其情使合于中，正其心，养其性，故曰"性其情"。①

程颐告诉我们，"人"禀赋五行的灵秀之气，这在秦汉时代已经成为共识。五行与五常之间的格套关系也早已深入人心，尽管存在着不同的解释方式。人的形体与外部世界发生关系，就会激发"七情"，即所谓"喜怒哀惧爱恶欲"，它们与"人之性"相背离。这种背离不是脱离。只要依靠道德主体的自觉，约束身心，使得"七情"的发动合乎礼制的要求，从简约的层面讲，就是用"五常"制衡"七情"，使其合乎中正之道，从而达到"正心"、"养性"的目的。这一修养方法，其实就是王弼所讲的

---

① 程颢、程颐：《二程集》，中华书局1981年版，第577页。

"性其情"。这种修养方法对后世的影响非常深远，以"性"支配"情"，由"情"复归"性"，更加看重道德主体的内在体验，至于实际行为则服从于具体的礼制条目。由此产生了一个困扰儒家很久的问题：体认功夫无有穷尽，"至于何处？"遥遥无期，具有统治意义的具体的礼制条目基本处于僵化状态，整个社会由此也呈现为静态的封闭的格局。在民众之中，"孔颜之乐"并没有多大市场，取代它的是极为混杂的民间信仰。即便标榜圣贤境界的泰州学派和太谷学派，也将这些内容视为少数人特有的精深学问，尤其充斥着宗教色彩，更将大多数人拒之门外。

对广大社会成员来讲，"成圣"的机会是平等的，但并非人人都能够在今生或者现实世界中达到圣人境界。这种观念无异于在境界论基础上勾画了一幅极具平等色彩的理论蓝图，随即又在现实世界中认同所谓差等性，让很多人空欢喜一场而后对它失去信心。在民间社会里，禅宗和道教的心性学说占据着更大的空间。

汤用彤先生认为，程颐撰写的《颜子所好何学论》一文的核心观念是"此学乃圣人之学"，"好学"的目的在于"成圣人"。这一核心观念可以从两方面加以解读：一是圣人的境界是一种学问，并未脱离普通人的生活；二是普通人可以通过不懈努力，把握这种特殊的学问，从而达到圣人的境界。颜回之所以备受推崇，就在于他能够身体力行，检点身心，不断朝向圣人的境界奋进。尽管先秦时代就有所谓"人皆可以为尧舜"的说法，但是结合具体语境来考察这一观念，就会发现，它强调的是对圣王礼制的遵从，而不是突出"学"的特殊价值。或者说，先秦时代的"人皆可以为尧舜"所讲求的"学"，与程颐所讲的"学"有一定的差异。汤用彤先生结合中国思想史上有关"成圣"的论述，对程颐的观点加以评论，认为："宋学精神在谓圣人可至，而且可学；魏晋玄谈盖多谓圣人不可至不能学；隋唐则颇流行圣人可至而不能学（顿悟乃成圣）之说。伊川作论适当宋学之初起，其时尚多言圣人可至而不能学。伊川之论反其所言，安定之惊或亦在此。"① 由这段分析可以看出，程颐的理论贡献在于直言"圣人可学可至"，为普通人实现超凡入圣的理想打开了方便之门。

"圣人可学可至"的观点，在陈确那里得到了全面的阐发。陈确在

① 汤用彤：《魏晋玄学论稿》，《汤用彤全集》第 4 卷，河北人民出版社 2002 年版，第 96 页。

《圣人可学可至论》一文中指出："圣人非人耶？亦人也。使圣而非人也则可。圣亦人也，则人亦尽圣也，何为不可至哉！虽圣乎，于人之性曾无毫末之加焉；则人之未至于圣者，犹人之未完者耳。"① 陈确的基本逻辑是这样的：圣人是人，普通人也是人。在同属于"人"这一问题上，二者有着共同点。既然二者有共同点，那么普通人可以通过修养功夫而达到超凡入圣的目的。从圣人的境界来看，它并没有超出"人之性"的范围；从普通人的状态来看，它的最大问题在于亟须进行自我完善，日新又新，臻于至善。我们是否可以这样理解：圣人的境界是完全意义上的"人之性"，普通人的状态是有待于完善的"人之性"。

这样一来，圣人和普通人都从属于作为最高理想的"人之性"，到达圣人的境界就是实现完美人格，也就是将"人之性"扩充到极致，做一个完整意义上的"人"，即所谓"诚"。在周敦颐那里，完整意义上的"人"是圣人，圣人的本质就是"诚"。"诚"不是空洞的概念，而是贯通天人的道德理想的根源，即所谓"诚，五常之本，百行之源也"。② 以人性作为天道的基本内容，由此可以延伸到对自然法的第一要素的探究，"（1）存在着一种人性，并且，这一人性对所有人来讲都是共同的；人天生就具有智力；因此，也有能力决定自己追求的目的。（2）因具有人性，或者说具有可知性需求赖以存在的本体性构造，所以，人必然拥有与其本质构造相一致的目的；对于所有人来讲，这一目的都是相同的"。③ 道德律充分反映了抽象人性论的基本内容，因而具有适用于所有人的内在要求。

质言之，天道统摄一切事物，为人类社会的公共生活规则提供合理性依据。天道不是空洞的概念，而有其"大根大本"的基本内容——《易传》讲的"乾元"。"乾元"是"诚"的源头，"诚"是"圣人之本"。圣人之所以为圣，就在于"诚"。作为公共生活规则的"五常百行"，以"诚"作为本源，实现对人类社会的约束与引导。由此奠定了自然法的基础。

本来，"孔颜之乐"是一种人生境界，只有达到这种境界的人，才能

---

① 陈确：《陈确集》，中华书局 1979 年版，第 151 页。

② 周敦颐：《周敦颐集》，中华书局 1990 年版，第 15 页。

③ 雅克·马里旦：《自然法理论与实践的反思》，中国法制出版社 2009 年版，第 17 页。

对它进行评论。如果将问题停留在这个层面，圣人和普通人之间就会出现鸿沟。对于普通人来说，圣人的境界就没有什么意义。程颐鼓吹"圣人可学可至"，无异于在圣人和普通人之间架起一座桥梁，向世人指出：圣人的境界不仅是可以到达的，而且有明确的道路可供遵循。与魏晋清谈中的"圣人不可至不能学"相比，程颐的观点无疑是对普通人的鼓励；与"圣人可至而不能学"或者说是"顿悟乃成圣"相比，程颐试图消除禅宗的直觉主义的影响，将圣人境界与好学连为一体，实现了方法与目的的统一。"顿悟乃成圣"的观点固然高妙，很能突出东方智慧对于"觉悟"的推崇，但是它却将方法降至很低的层面，甚至忽略了"学"的应有价值。从根性方面来讲，利根之人能够随时随地体认高妙的境界，在机缘成熟时完成"顿悟"，中人以下都很难消除困惑，更不必说深入堂奥了。

### 二　从幸福观角度解读"孔颜之乐"

"孔颜之乐"的"乐"是一种精神境界，只能靠主体的内在感受加以把握。它区别于一般的欣喜，不以具体事物的有无而发生变化。主体的生存境遇可能发生变化，但是这种"乐"却能作为生命的支柱屹立不倒。对于主体来说，这种"乐"是活泼泼的，是非常受用的。这种"乐"是主体发自内心的真诚的快乐，是超越喜怒哀乐的切身体验。可以说，"孔颜之乐"不是单纯的欲望满足，或者功利性的博取，而是生命的极大愉悦。

一般人所理解的"乐"，往往局限于欲望的满足。锦衣玉食，良田美宅，养尊处优，穷奢极欲，在很大程度上诱惑着一般人，激发感官需求，以至于犬马享受着比人还高的待遇。这在儒家看来是极不可取的。儒家提倡"众乐"，认为广大社会成员在满足合理的生命欲求的前提下不断完善自己的精神生活。"乐"不是少数人放纵欲望，而是大家一起过着合乎理性的生活。当物质财富极大丰富时，"乐"体现为合理分配基础上的人文兴盛；当生计艰难时，"乐"体现为安贫乐道，信守道义，毫不动摇。

孔子内心世界中的"乐"，不因生活条件的变化而出现任何折扣。正如他所说的"饭疏食饮水，曲肱而枕之，乐亦在其中矣"（《论语·述而》），从孔子所讲述的自己对"乐"的体验可以看出："乐"不是对简朴生活的热爱，而是本来具有的境界不会因为生活条件的改变而出现变化。在社会生活方面，儒家推崇礼乐教化的积极作用：不仅以规范约束社会成员的行为，而且注重个体的内心调适。当客观条件无法满足礼乐的要求时，内心调适就显得尤为重要。孔门弟子中，颜回以"克己复礼"闻名于世，以孔子的"四勿"之教，即"非礼勿视，非礼勿听，非礼勿言，非礼勿动"，作为修身方法，即便在贫困潦倒时也能保持内心的愉悦，这一点得到孔子的赞扬，"一箪食，一瓢饮，在陋巷，人不堪其忧，回也不改其乐"（《论语·雍也》），从这一点看来，圣贤理想中的"乐"与生活条件并没有太大的关系。无论孔子的"乐亦在其中"还是颜回的"不改其乐"，都是一种境界，或者内在修养，一般人很难达到。

既然讲到"孔颜之乐"是一个境界论的问题，那么不同的人对此将有不同的体认结果，尤其是其中的"乐"最耐人寻味。孔子、颜回已经作古，无法验证后人对他们的境界所作的种种理解与诠释。不能排除这样一种情况：后人将自己体验的"乐"挂在"孔颜之乐"的名下，或者用相关语句表述出来，作为契合圣人境界的标志。

如果说"孔颜之乐"是特殊人物独有的乐趣，那么除了这二位古人以外，旁人是无法重复或者完全体验他们的乐趣的。作为思想史的研究者，我们在探索这种乐趣的时候，往往不自觉地采取了文献串联的方法，重新打造了一个似乎能够自圆其说的结构，将特有问题与固有史料结合起来，表达自己对前人思想的理解。例如，冯友兰先生就是以《识仁篇》的核心思想来解读"孔颜乐处，所乐何事"这一基本问题的，在他看来，程颢主张的"仁者，浑然与物同体"是最为通透的境界论，因为程颢以体用论的方式对"五常"进行重新解释，以"仁"为体，"义"、"礼"、"知"、"信"为用，以本来具足的作为本体的"仁"作为"乐"的泉源，凭借孟子所讲的"万物皆备于我"，强调"反身而诚"的功夫，最终将身心提升到"大全"的高度，以此统摄"物"、"我"，既要避免抽空主体、逢迎外物，又要防止固执己见、忽略外物，而是以与生俱来的道德觉悟贯通内外，彻底消除"习心"的不良影响。"习心"与"本心"相对，是困惑与烦恼的源泉。只要人的肉体还存活，那么"习心"就会不断发生作用。程颢以克服"习心"作为功夫，认为"良知良能元不丧失，以昔日习心未除，却须存习此心，久则可夺旧习。此理至约，惟患不能守。既能体之而乐，亦不患不能守也"。① 消除积习，不能一蹴而就，需要长期

---

① 程颢、程颐：《二程集》，中华书局1981年版，第17页。

用功，直到洞察"良知良能"的肇端，体认"仁"的乐趣，从而信守天理，任运自如。可见，程颢体认的"乐"，不是一个单纯的理论问题，而是道德实践的结果；不是客观的理论法则，而是道德主体消弭主观与客观之间界限的结果。可见，以"乐"为外在表现的"合内外之道"，关注的并不是自然科学意义上的"物"，而是与道德心相对的"物"，因而无法产生西方近代的认识论转向。

从伦理学角度来看，"孔颜之乐"强调在现实世界中过"幸福的生活"。这里所讲的现实世界，既不是大乘佛教以"一实相印"衡量下的"现实"，又不是基督教建立在否认世俗世界基础上的那个虚构的神圣世界，而是历史的具体的人赖以生存的这个世界。这个世界有许多不尽如人意的地方，甚至充满苦难与匮乏，然而道学家并没有划出一道鸿沟，借以分割现实世界与理想世界，而是以一种肯定的态度面对人生与社会。在谈论"乐"的时候，"道学认为快乐幸福的生活是修养的一种副产品，并不是'希贤、希圣'的主要目的，'希贤、希圣'的主要目的是要做一个合乎人的标准的完全的人。完全的人自然有这种幸福，但是一个完全的人是自然而然地有这种幸福，而并不是为了这种幸福而要做一个完全的人"。①冯友兰先生以幸福观来解读"孔颜之乐"，探讨了"完全的人"的理论价值，这是对陈确以"人之性"统合圣人与普通人的说法的进一步发展。

再探讨"孔颜之乐"的性质。在道学的传承中，河南程氏继承了周敦颐的学术，以"主静"作为境界论的主导观念，他们所宣扬的"孔颜之乐"也是一种"主静"的乐趣。"主静"是二程与周敦颐之间一以贯之的思想。这种思想见之于周敦颐与程颢的人生态度与诗歌作品，体现在程颐以静坐授徒的实际操作中，并且一直延续到朱熹的理论构建。在周敦颐的视野中，"主静"和"无欲"是一体的，二者共同见证了完善人格，也就是"人极"。塑造完善的人格，离不开教育和师友砥砺。儒家理想中的"教"与"学"是同一的，既然"圣人可学可至"，那么圣人的境界也是可以教出来的。在冯契先生看来，"人极"就是人之所以为人的标准，"其要求是在人伦关系上以仁义中正为准则，在自我修养上则能'主静'、'无欲'。正是以此为目标，所以应'志伊尹之所志，学颜子之所学'（《通

①　冯友兰：《中国哲学史新编》第7册，《三松堂全集》第10卷，河南人民出版社2000年版，第65—66页。

书·志学》）：伊尹一心想帮助圣君治天下，行仁义之道；颜渊则一心想学圣人，'不迁怒，不贰过'，非常注意自我修养"。① 周敦颐以伊尹、颜回作为人生楷模，希望能够成就事功与德业，其实是借用古人的事迹表达了一种"内圣外王"的期待罢了。从周敦颐、二程、王龙溪、方以智到太谷学派，这种期待一直萦绕在很多人的心头，但却无法真正实现。

　　不过，应该指出的是，周敦颐所讲的"无欲"是有特殊含义的，适用于特殊人群。对于一般的劳苦大众来讲，谋生已经成为问题，基本的生存欲求都无法满足，根本没有心思去超凡入圣。从社会分工和身份来讲，从事体力劳动的社会成员被儒家视为"小人"，从事脑力劳动的统治者被儒家视为"君子"，"小人"奉养"君子"是天经地义的事情。毋庸讳言，传统社会的最大弊端是"君子"与"小人"之间的生活水平差距太大，前者很多时候穷奢极欲，后者经常食不果腹。理论家用"无欲"学说规劝前者，或许可能培养出几位有节制的"君子"，防止淫威泛滥。反之，试图用"无欲"学说钳制后者，那么将会加剧社会的不平等、不公正和不人道，无疑是对弱势群体的变相迫害。此时的儒家思想就很容易被改造为"专制之护符"，或者成为戴震谴责的"以理杀人"的凶器。可见，作为"君子"体贴出来的"无欲"学说不能随意施加在"小人"身上，否则极易诱发深层次的社会矛盾。

### 三　"师道"的政治意味

　　周敦颐非常期望圣人拥有统治权的社会形态。在这种理想社会中，圣人不仅掌握着真理的话语权，而且享有最高的权柄和威严。社会生活中的一切人事都统摄在圣人的手中，并且遵循圣人发明的"道"、"术"，丝毫不容紊乱。圣人制礼作乐，操持生杀大权，洞察天道变化的轨迹，从中推演出人性的基本内容，将二者融合起来为政治生活提供原理依据。周敦颐将"性"解释为"刚柔、善恶"的中和状态，也就是最高的善的基本内容。与此相反，偏离中和状态，则表现为恶，确立了善恶标准之后，就能充分行使赏善罚恶的权力。在周敦颐那里，圣人推行教化的目的在于促使民众改恶从善，回到中正仁和的原初状态，进而实现人伦协和的社会理想，即所谓"师道立，则善人多；善人多，则朝廷正，

---

① 冯契：《中国古代哲学的逻辑发展》（下），上海人民出版社 1985 年版，第 746 页。

而天下治矣"①。圣人既要担任现实世界的统治者，又要扮演教化者的角色，集"君"、"师"于一身，由此确立了完全意义上的"师道"。

周敦颐对伊尹、颜回的崇敬，其实是对以"天道—人性（圣人）—礼乐"为基本架构的社会理想的憧憬。按照黄百家对周敦颐"志学"对象的理解，"伊尹之志，虽在行道，然自负为天民之先觉，志从学来。颜子之学，固欲明道，然究心四代之礼乐，学以志裕。元公生平之瘰瘵惟此"。② 伊尹"五就汤，五就桀"，最终成为殷商的股肱大臣，被孟子称为"圣之任者"；颜回是孔门中以"德行"著称的"好学者"，追问"为邦"的道理，即便没有机会施展治世才能，也修身复性，以卓越的精神境界感召后人。圣贤治世无异于乌托邦，在头脑中徘徊良久，久久不能挥去，总是看不到它的实际效果。自然法能够为社会治理提供价值导向与理论依据，却无法直接通向人伦臻治的太平盛世。从理论经由实践到达理想社会，其间充满了艰难挫折，不能一蹴而就。只能通过不断调适具体的施治手段，才能为毕成其功创造诸多便利。

**四　"孔颜之乐"是"无我"吗？**

"孔颜之乐"是一种"主静"的乐趣，强调"无欲"的重要性，希望能够开拓一条圣贤治世的道路。梁绍辉先生对周敦颐思想中的"主静"和"无欲"进行了详细的比较，指出："周敦颐虽然主静，但更提倡无欲。静虽是成圣的重要修养方法，但无欲才是成圣的根本性条件。故周敦颐提倡'无欲故静'。静是无欲的表现，而无欲则是静的来源，静是条件；无欲方能静，静必须无欲。"③ 这种建立在心性学说基础上的社会理想能否得到实现，恐怕连为数不多的道学家也不敢骤然下定结论。

如前所述，孔子以"四毋"之学教育弟子，其中最为有趣的就是"毋我"，这个"毋我"能否解释成"无我"？进而推求，"孔颜之乐"能否被解释成"无我"？这种解释方式既牵扯到儒家内部的分派问题，又涉及儒学与佛教的理论差异和价值取向等问题。因而很难得到全面解答。不过，有一点值得注意，那就是孟子讲的"万物皆备于我矣。反身而诚，

---

① 周敦颐：《周敦颐集》，中华书局1990年版，第20页。
② 黄宗羲：《宋元学案》第1册，中华书局1986年版，第487页。
③ 梁绍辉：《周敦颐评传》，南京大学出版社1994年版，第300页。

乐莫大焉"能否与"孔颜之乐"连接在一起？或者说，二者在境界论上是否共通？在程颢那里，孟子的"乐莫大焉"与"孔颜之乐"是一体的，可以实现共通。这一点可以从后人所谓《定性书》中看出。然而章太炎却不赞同这种理解方式。在他看来，孟子的"乐莫大焉"类似于印度的"神我之见"，而"孔颜之乐"则属于"无我说"，二者有着天壤之别。

以僧佉之学解释"孟子—周敦颐"一系的学术传承，是章太炎的一大创见。这一条学术传承，从孟子的"万物皆备于我"开始，经由周敦颐理解的"见其大"，到陈献章静坐之际"收拾此理"，成为中国哲学史上的神我说。章太炎认为，孟子的学说中断一千多年，直到周敦颐那里才得到传承，最明显的证据就是，传说中的鹤林寺寿涯禅师授予的四句偈："有物先天地，无形本寂寥，能为万象主，不逐四时彫"。这首偈子由《宋元学案》的作者转引自晁公武《郡斋读书志》，只不过将《老子》所讲的"有物混成，先天地生，寂兮寥兮，独立不改，周行而不殆，可以为天下母"中的"天下母"改为"万象主"。一词变动，相差千里。章太炎以唯识学名相对"天下母"和"万象主"进行解读，认为前者是从依他起自性来讲的，对应于阿赖耶识，后者是从遍计所执自性来讲的，对应于外道的神我说，寿涯的学说在周敦颐那里得到了发挥，尤其以所谓"见其大"来解读颜回的境界，"天地间有至贵、至爱可求，而异乎彼者，见其大而忘其小焉尔。见其大则心泰，心泰则无不足；无不足，则富贵贫贱，处之一也。处之一，则能化而齐，故颜子亚圣"（《通书·颜子》）。这里所说的"见其大"被章太炎解释为"见到神我"，区别于"小我"。与"无我"学相比，"神我"是不彻底的不通透的，必须向前一步，用"凿通后壁"的方式打掉最后一道障碍，提升境界。这一点见于章太炎对孟子、周敦颐、陈献章的学术品评，认为他们应该：

> 得孔、颜为师，自知克己，自知无我，自知有无所立卓尔，不得，则终身不离婆罗门僧佉师境界，然于得失宠辱生死之变，固已尘芥视之。其于四端，则如火之然，如泉之达矣，可不谓至贤乎？盖见神我者，充实之谓美，充实而有光辉之谓大也；证无我者，大而化之之谓圣也。故以为人非顿悟，则有得乃无得之门，神我则无我之渐耳。①

---

① 章太炎：《菿汉昌言》，辽宁教育出版社 2000 年版，第 79 页。

以"克己复礼"作为进入"无我"境界的途径，这个过程可以视为"我"的不断消解。孟子的"万物皆备于我"、周敦颐理解的"乐其见"、陈献章体认的"理"，都是"我"，确切地说，应该是僧佉派所讲的"神我"。从佛学角度来看，章太炎偏重于从真常唯心系的理论来理解唯识学，将《大般涅槃经》所谓"常乐我净"之"我"解释为"如来真我"或"大我"。在这种观念体系中，"如来真我"是去掉"人我执"与"法我执"之后的"我"，而不是僧佉派所谓的"神我"。孟子讲的"四端"，即"恻隐之心，仁之端也；羞恶之心，义之端也；辞让之心，礼之端也；是非之心，智之端也"（《孟子·公孙丑上》），已经洞察"神我"的功用，进而加以扩充，成就非凡。"四端"是进入圣人境界的阶梯，"神我"是"无我"的前期准备。从"四端"上升到"四毋"，从"神我"发展到"无我"，就很顺当地完成了由"外"至"内"的转变。章太炎的意思是说，这个过程正是以"渐修"成"顿悟"，二者的差别仍然是境界论层面的问题。

从章太炎的观点来看，在学术理路方面，孔子、颜回构成一个"无我"的学术传统，孟子开启了类似于"神我"的学术传统，二者之间存在着明显的差异。这一点与周敦颐、二程对原始儒学的理解有着很大的不同。

当然，将颜回与孔子视为同一学术系统的观点在王龙溪那里已经得到阐述。在他看来，颜回是孔子学问的"嫡传"，这套学问的精髓就是"良知"。然而问题在于"良知"是孟子揭示出来的，用来解释"良知"的"性善说"也是孟子鼓吹的，如果将这套学问冠以颜回的名义，那似乎有超越历史材料的嫌疑。王龙溪将颜回视为孔子学问的"嫡传"，根据在于"明睿所照，默识心通"，这是境界论上的会通，缺少史料依据；将子贡、子张视为"支派"，理由是"多学而识，由于闻见以附益之，不能自信其信"，这是一种推测，并不能确切反映二者的学术的全貌。王龙溪之所以这样讲，不过是为了占据道统上的优越地位，为本门赢得更多的话语权。在他那里，"良知"是孔门学术的"本"，经济、礼乐是"迹"，颜回得到了"本"，子贡、子张得到的是"迹"，大致说来，"良知不由闻见而有，而闻见莫非良知之用。多识者所以畜德。德根于心，不由多识而始全，内外毫厘之辨也。颜子没而圣学亡，后世所传者，子贡、子张一派学术，沿流至今，非一朝一夕之故。先师所谓良知之旨，乃千圣绝学，孔门之宗子也"。① 孔子与颜回不能复生，无法为王龙溪的观点作证；子贡、子张早已作古，不能为自己的学术辩白。剩下的只是后人的推测。境界论凭借的是内证，缺乏客观的标准。这是中国哲学的一大异彩，也是明显的缺陷。

如果今人仍旧追求"孔颜之乐"的境界，那只能将自己体认的感受与古人的文字表述加以对比，寻找二者的契合点，从"心"的角度加以融通。面对这种情况，我们不免会产生下面的疑虑：现代人能否全面理解古人，或者说超越时空的"心"的层面的认同能否成立？如果认为现代人可以享有"孔颜之乐"，那么这种充满直觉主义色彩的感受由谁来证明？这些问题恐怕不是日常语言所能回答的。此外，建立在天道性理基础上的自然法观念能否促使儒家走向现代化道路，必须以实践结果来说明。

## 第四节　"实理"与"先立乎其大"的彰显

儒家讲的学问是"实学"，阐发的义理是"实理"。这一点在明代显得尤为突出。从儒学史的角度来看，阳明心学冲决了被官方奉为正统的程朱理学，将"心"上升到了前所未有的高度。后世学者在"致良知"和"四句教"等理论问题上展开了激烈的辩论。但是有一点不能回避，那就是不管"心"的位置有多么重要，它也无法抹杀"性善"之理。因为"性善"之理是"实理"，也就是真实不虚的。"先立乎其大"就是挺立道德主体与生俱来的"心"。这个"心"与大化流行相互贯通，是性善的具体呈现。然而阳明后学对"心"的理解不尽相同，各抒己见，异彩纷呈。其中最为突出的莫过于方以智的曾祖父方学渐。他开启了别具一格的心学传统，被视为泰州学派的"歧出"者。从家学渊源来看，方以智承袭这种传统，以易学的叙述方式推动了这种学说的发展，将其拓展为能够吸取各家优点的开放式的学问。与王艮重视"身"的观点相近，方以智曾经以"心其天地，即身其天地矣"② 来概括人与天地之间的关系。在儒家经典体系中，《周易》为"六经"之首。易道讲求"易简"，能够表明圣贤创立德业的社会理想。

---

① 王畿：《王畿集》，凤凰出版社 2005 年版，第 225 页。
② 方孔炤：《周易时论合编》卷四，《续修四库全书》第 15 册，第 315 页。

方学渐（1540—1615），字达卿，号本庵，弟子私谥明善先生，是桐城方氏易学的开创者。他自幼好学深思，中年以学术闻名于皖江、东吴，晚年更是孜孜不倦、毫无懈怠。从学术谱系来看，方学渐师从耿定理，属于阳明后学中的左派人物，方学渐对王龙溪的"心"、"意"、"知"、"物"的"无善无恶"学说非常不满，主张以"易简"作为体认道德本体的途径，认为阳明学的宗旨就是"致良知"，其核心价值仍然是"性善"。在王阳明的众多弟子中，王心斋和王龙溪的影响面较广，二者大量援引禅学来修正阳明学。① 方学渐对《易传》中的"易简"思想进行创造性的诠释，认为阳明学的宗旨是"致良知"，只要发明"本心"，就能回归到"圣凡一如"的本来状态。方学渐阐发"易简"奥义，有其特定的问题意识，就儒家内部而言，王龙溪"无善无恶"学说导致儒家价值理想的失落；与儒学并行的禅宗、道家思想也对"性善"学说构成威胁。方学渐与以顾宪成、高攀龙为代表的东林学派讨论"性善"学说，评判诸子得失，融通阳明学与朱子学，促成道学在明代后期的新发展。

## 一 破斥王龙溪的"四无说"

方学渐确立"性善"作为阳明学的宗旨，反对王龙溪的"四无说"，认为"性善"学说是真真切切的实学，而不是在空虚支配下的理论阐发。"今人看实字太浅，但知实事之实，不知实理之实，遂谓真实不若虚空之妙。夫万事万物皆迹也，所以主宰万事万物者理也，未有实理而无实事者也。知理之为实，则知空虚之非矣"，② 就是说，"实"不仅能够在事实中体现自身的价值，更应该以实理的形式支撑儒家的理论体系。自然界与人类社会中的实事必须以实理作为最高主宰。儒家与佛、老的最大不同应该见之于对"真实"与"虚空"的态度。在方学渐的视野中，佛、老颠倒黑白，将"真实"的名义赋予"虚空"，将最高的价值源泉设定为"虚空"，以"虚空"统摄一切事物，将这种理论观念落实到人类社会的公共生活规则方面，必然导致失控与混乱。

钱德洪确信阳明学的核心观念是"良知"，极力推崇王阳明接引后学的"四句教法"，即"无善无恶心之体，有善有恶意之动，知善知恶是良

---

① 岛田虔次：《中国近代思维的挫折》，江苏人民出版社 2008 年版，第 44—45 页。

② 方学渐：《心学宗》卷四，《四库全书存目丛书·子部》第 12 册，第 189 页。

知，为善去恶是格物"，认为不能改动其中任何内容。王龙溪在《天泉证道记》中明确反对这种说法，认为："体用显微只是一机，心意知物只是一事，若悟得心是无善无恶之心，意即是无善无恶之意，知即是无善无恶之知，物即是无善无恶之物"，① 也就是说，《大学》中所讲的"心"、"意"、"知"、"物"只不过是同一事物的不同表现罢了，从最高境界或理想状态来看，四者的本质属性都是"无善无恶"。只有达到这一最高境界，方能领会阳明学的真谛。② 在方学渐看来，王龙溪的见解与禅宗的"顿悟"思想有着共同的本质，即空谈一种超出"人伦物理"的"妙悟"，与阳明学的宗旨背道而驰。由此逆推，《天泉证道记》中所阐述的心学思想是对王阳明学说的篡改，而这篇文章本身可以看作是良知学说方面的伪作。章太炎从学术史的角度对王阳明的学说进行逐一研究，从中剥离前人的观点，认为"知行合一"之说出自程颐，"无善无恶"之说出自胡宏，王阳明不过善于会通这些观念罢了。在章太炎看来，"夫其曰'人性无善无恶'，此本诸胡宏，（胡宏曰：'凡人之生，粹然天地之心，道义完具，无适无莫，不可以善恶辨，不可以是非分。'又曰：'性者，善不足以言之，况恶邪？'）而此类者也，陆克所谓'人之精神如白纸'者也"。③ 姑且不论胡宏、王阳明与洛克之间是否存在着理论的共通性，就阳明学的核心观念而言，章太炎认为"致良知"是王阳明的独到见解。

方学渐认为，阳明学的宗旨是"致良知"，良知就是人人皆有的"本心"，所谓"本心"就是"本来之心"，也就是以仁、义、礼、智为内容的道德心。"本心"对于所有社会成员是平等的，人人都能够认识"本心"，发明"本心"。修养功夫的重要性就在于能够帮助道德主体革除欲心、习心，回归到没有染污的灵明状态，最终达到"识其本心"的目的。方学渐视野中的"易简"是方法与真理的统一，几乎可以涵盖儒家的基本信念，甚至可以将其视为儒家道统的实质所在。他将"易简"视为与"一"、"中"、"天理"、"人心"相即的方法和真理。在儒家思想中，"一"既可以被视作天地分判、阴阳开阖的生生之道，也可以理解为人与宇宙创化的和谐统一，意味深长，非言语所能完全表达。"中"可以理解

---

① 王畿：《王畿集》，凤凰出版社 2007 年版，第 1 页。

② 钟泰：《中国哲学史》，辽宁教育出版社 1998 年版，第 280—281 页。

③ 章太炎：《訄书》（重订本），生活·读书·新知三联书店 1998 年版，第 151 页。

为"皇极"或者"大中之道"，恒常亘古，并且有体有用，能够落实于人伦日用，形成中庸之道。"天理"则是儒家的道德理想或道德的形上学，客观存在于天地之间，是人必须遵循的道德法则。方学渐在这里使用的"人心"并不等同于"人心惟危"的"人心"，而是相当于"道心惟微"的"道心"，或者说对应于孟子所讲的"求放心"而得到的"本心"。

方学渐偕同东林学派力挽阳明后学偏空的狂澜，针砭王龙溪一派的"无善无恶"学说，昌言孟子"性善"思想，并以此作为阳明学的核心观念，提倡"妙悟"，拒绝空疏，以"人伦物理"作为心学的最终落脚点，从而确立"致良知"的方向为体认"性善"的道理。无论"心"、"意"、"知"、"物"，其义理都统摄于"易简"之理。不惟如此，即便朱子学与阳明学的差异，也能通过"易简"之理加以协调。可以说，"易简"之理，体用兼备，回归《系辞传》中的"寂然不动，感而遂通"，天地万物，圣贤德业，都能由此而发明其真理，落实到儒家"内圣外王"之道。尽管先天德性对所有社会成员来讲都是平等的，但是个人的后天呈现却相去甚远，这就需要"做功夫"、"致良知"，回归纯善的本来面目，而学者的职责在于揭示"致良知"的途径。"致良知"的方法是随时随地识取"本心"，灵活自如，动静不失其时，这就是"当下识取本心"。但是这并不能说明"当下"等同于"本心"，以灵明状态反观"当下"，看到的往往是愚妄颠倒。所以必须砥砺身心，在"识取本心"方面痛下功夫。

假如说"性其情"能够通过"妙悟"之后的灵明之心加以把握，那么通常意义上的"格物"是不是也能纳入"妙悟"的理论形态之中呢？一般说来，朱熹、王阳明在"格物"方面存在着巨大的差异。王阳明按照朱熹提示的方法，今日格一物，明日格一物，但是最终感觉这种"格物"观念过于涣漫，不能彻察道德本体。但是阳明学强调的"格心中之物"却容易流于空疏。高攀龙对此有着较深的忧虑，他认为，"妙悟"观念在应事接物方面存在着许多弊端，不如朱熹"穷事物之理"来得真实切近。方学渐站在维护阳明学的立场上，断定任何事物都是"心之事"、"心之物"，万事万物的意义之所以能够突现，其根据就在于"心"，毕竟事物之理有待人心之灵明方能呈现。"天下"与"吾心"是相即的，认识"天下"之理必须返回"吾心"，确切地讲，应该复归"本心"。在这层意义上讲，阳明学的"妙悟"与朱子学的修养方法——"默坐澄心，体认天理"是一致的。至于王龙溪的心、意、物、知"无善无恶",都是对"妙悟"的误解和偏离,只不过属于"落虚见"的情况,或者流于偏空,都不是真正的"妙悟"。

只有将"性善"解释为"实理",才能将儒家的道德学说体系建立在磐石之上,抵御来自各方面的攻击。既然"性善"是"实理",那么体认"实理"的方法和途径也必然是实践。这又在下学与上达之间的关系方面深化了对于"易简"的认识。也就是说,通达"易简"之理是做功夫的基本路径,目的在于提升生命境界,建立德业,改善社会成员的生存环境。

## 二　平议"三教"

就圣人的迹象而言,孔子做到了尽性、知命,很少将个人的生命境界付诸言诠,而是强调在"下学"方面做功夫。相比之下,老子"尊命",却以牺牲"性"作为"复命"的基础;佛教对"性"有所看重,却无视"命"的地位与作用,即便言辞纵横、逻辑细密,也难以掩盖其理论方面的缺憾。不惟明代中后期的释、道在"下学上达"、"性命"方面存在着不足之处,就是先秦诸子也有明显的偏失。方学渐认为,阳明学所谓"本心"已经将仁、智统合为一个整体,之所以见仁见智,因为仁者、智者站在各自不同的立场上,以较为偏颇的意见作为体认的标准,误将自身体验当作"本心之全体",被一个"见"字蒙蔽。虽然仁者、智者无可厚非,但任何理论偏误都是不可取的。

明代中后期的思想问题通常以心性学说的形式展开,批判佛老思想也是由此入手。回顾黄宗羲引述的《桐川语录》原文的记载,不难发现,方学渐推崇儒家的心性学说,借以指责佛老两家对心性的误读。尽管"心"、"性"是三家共用的词语,但是作为各自学说的概念,其内涵却相去甚远。方学渐认为,只有儒家才能真正把握"心之全体",也就是洞彻人心的"有无"与"隐显",而佛老之徒却流于偏颇,前者横扫一切事物尤其是人道,后者企图将个体清静建立在规避社会责任的基础上,将天下大事视为身外之物,最终将理论引向歧途。方学渐对此有着深刻的认识,指出"人心合有无隐显而一之,儒者见心之全体,故曰:'仁,人心也。'又曰:'仁,人也。'释氏见心之空,不见空之所自,故于人道,一切扫而空之。老氏见心之虚,不见虚之所含,故推天下国家而外之"。① 儒家有着强烈的淑世安民的情怀，以天下为己任，在关键时刻力挽狂澜，救民于水火之中，即使不能成功，也要为天下苍生奋袖振臂，甚至取义成仁。佛老对于"心"的理解已经深陷误区，更不必论其对"性"的误读。在鉴别正确与错误之前，应该确立明确的标准，借以衡量相关学说。方学渐将儒家所理解的"性"设置为标准，在他看来，儒家所讲的"性"是指"性善"，构成"性善"的核心价值是实体的善，不是逻辑假设，更不是虚无缥缈的幻想。

方学渐将"心"的"有无"、"隐显"纳入统一体之中，反对任何形式的偏颇。在此基础上，为"心"增添了丰富的内涵，强调"心"具有义理，也就是"性"。儒家主张"性善"，是对"性之本原"的准确概括。儒家所讲的"性"是生生之德的同义语，无论是静态的位置还是动态的化育，都是"性善"的呈现。不惟作为万物之灵的人具有"性善"，就连天地万物也都蕴含"性善"的义理，即"天地位焉，万物育焉"的动力来源和价值归宿。方学渐确信"'位'、'育'总归于善"。佛氏认为山河大地皆为虚妄，一切归之于空，连空的观念也空掉。老氏注重精神气的作用，炼神还虚，化精为气，将清虚之气视为"性"。二者与儒家的心性学说相去甚远，也可以说是相形见绌。

三家都讲求"一"，而所指代的对象完全不同。儒家所讲的"一"是指"理"，即所谓实理；佛氏所讲的"一"是指"空"；老氏主张"宗一"，不过是死守清虚而已。即便强调修养功夫，以"静"为例，儒家在静中体验到了真实不虚的天理，并以天理作为身心的主宰；佛氏虽然有寂静的说法，却将理论与实践引向"寂灭枯槁"；老氏主张清静无为，不过善于"专气致柔"，毁弃天理，弃之如敝屣。可以说，三家都讲求"心"、"性"、"一"、"静"，但是实际内容却有霄壤之别。

无论"偏仁"还是"偏智"，都是对"本心"的障蔽。阳明学所谓"本心"究竟呈现为怎样的状态呢？方学渐认为，"本心"是圣人与百姓共同拥有的，圣人能够发明"本心"，在生活日用中自觉发挥其功用，百姓却表现为"日用而不知"。"本心"的呈现必须借助于"妙悟"这一基本途径，其价值诉求在于儒家的"性善"观念。方学渐所要挺立的正道，就是自己所理解的阳明学的"妙悟"，确切地讲，应该是通向"致良知"

① 黄宗羲：《明儒学案》，周骏富辑：《明代传记丛刊》第 2 册，明文书局印行，第 844 页。

的"妙悟",其核心价值是"性善"学说,其经典依据是《易传》讲的"易简"。在《易传》的作者看来,"易简之德,配至善",其根本原因在于"乾以易知,坤以简能。易则易知,简则易从。易知则有亲,易从则有功。有亲则可久,有功则可大。可久则贤人之德,可大则贤人之业。易简而天下之理得矣,天下之理得儿成位乎其中矣",儒家"内圣外王"的理想可以概括为"易简",毕竟儒家所讲的"修己治人"是一种积极入世的学问,在社会层面落实为德业的建立。建德立业,必须洞察"易简"之理。"妙悟"或直觉的整体把握是体认"易简"之理的最佳途径。

儒、释两家的"妙悟"有着本质上的区别,其分水岭在于"人伦物理"。儒家讲的"妙悟"着力于"人伦物理"之内,佛家讲的"妙悟"总是试图超出名教纲常的藩篱。与禅宗的见解甚为相近,王龙溪以为,阳明学的所有言教不过是根据受教者的境界和接引机缘设定的,并不存在具有固定内容的体用关系,无论是显明还是微细,不过是机缘的表现形式,不能执为死理。与儒学偏重入世相比,佛学以智慧见长,以"无住法"教人,其缺点在于言辞诡谲,使人难以捉摸。以《老子》为代表的道家学术,善于韬光养晦,很少阐发如何最大限度地"由体发用"这一基本的致思路径。

## 三　彰显"先立乎其大"的义理价值

作为泰州学派的歧出者,方学渐在处理朱熹与陆九渊的学术差异时,并没有采取调和折中的手法,而是主张"藏陆于朱",将陆九渊倡导的"先立其大"的心学理论注入朱熹惯用的一系列名词概念中,或者更进一步,运用朱熹的理论框架来阐述心学的基本内容。这种类似于偷梁换柱的阐述方式可以避免激化朱、陆后学之间的矛盾,也为阐述自己的心学理论扫清了障碍。

"先立乎其大"是陆九渊对孟子学说的高度概括和重新理解。在孟子那里,"耳目之官不思而蔽于物,物交物则引之而已矣。心之官则思,思则得之,不思则不得也。此天之所以与我者,先立乎其大者,则其小者不能夺也"(《孟子·告子上》)。这个"大"究竟意味着什么?今人已经无法窥探其全貌了,只能根据各自的体验加以阐述。孟子所要立的不仅仅是一个有思维能力的"心",而是一种能够挺立主体生命的巨大力量。这种巨大力量能够推动主体扩充胸怀,与天地万物融为一体;能够促使主体省察自身，把握细小入微的变化。因此，这个"大"其实是人得以存在的根本，也就是人对自身有着清醒认识的依据。对这个"大"的把握，不能停留在字面涵义，必须反复加以揣摩，直到豁然开朗。

其实，这个"大"与身心本来是契合的，由于各人被种种事物干扰，这才迷失了它。当主体明白了这个"大"的意蕴，就会感觉它活泼泼地存在于宇宙和人心之中，毫无增损。陆九渊曾经结合自身体验，论述了对这个"大"的理解，指出：

> 吾之学问与诸处异者，只是在我全无杜撰，虽千言万语，只是觉得他底在，我不曾添一些。近有议吾者云："除了'先立乎其大'者一句，全无伎俩。"吾闻之曰："诚然。"①

可见，陆九渊赞同将自己的学问主旨概括为"先立乎其大"。这个"大"不是虚灵空洞，而是精神抖擞，其中蕴含着一种刚健有为的"大丈夫"精神。陆九渊鼓吹"堂堂正正做个人"、"力量宽宏作主宰"和"轩昂奋发"，充分展示了这个"大"的无限力量。在张岱年先生看来，陆九渊讲求人生道理的时候，将"发明本心"作为主旨，也就是发掘人与生俱来的"仁义礼智之心"，用西方哲学的术语来表达就是道德意识，"所谓发明本心，即彻底反省吾心固有之道德之理。象山以为生活修养须'先立乎其大者'，即先明心，收拾精神，自作主宰。一切道德义理，莫不出于此心；人只要明心，便自然能循理无违，诸德自备，无待勉强。此心即是理，如此尽此心，即穷尽天下事物当然之理"。② 陆九渊为世人展示的是英雄豪杰的气概，干净利落，痛快淋漓，和他治理军事的身份相得益彰。然而正是这种简洁明快的说教形式招致很多非议，甚至有学者将其称为禅学。方学渐将陆九渊的心学理论视为对"实理"的阐述，极力反对朱熹等人将陆九渊的心学理论视为禅学的做法。

方学渐正本清源，对陆九渊的学术思想进行重新梳理，尤其注重对"先立其大"的解释，"先立其大，陆学之要也，岂惟陆哉？千古圣贤，

---

① 陆九渊：《陆九渊集》，中华书局1980年版，第400页。
② 张岱年：《中国哲学大纲》，《张岱年全集》第2卷，河北人民出版社1996年版，第383页。

靡不以心为枢，此心之发，有邪有正。正者，本心也。邪者，失其本心也。心正则四方上下往古来今，互证皆同，远近轻重，皆不能蔽。惩忿窒欲，自有主人。陆子之学，真得孟子之旨乎？"① 在这种观念世界中，"先立其大"不惟是陆九渊学术的核心部分，而且是对儒家圣贤所传心学的准确把握。方学渐旁征博引，从往圣前贤的话语中寻求与心学相应的论断，作为佐证自己学术观念的材料，目的就在于阐明"先立其大"是心学的用功路径。"先立其大"必须善于把握"心"的发动。如果"心"的发动属于"正"的情况，也就是符合儒家的根本纲领，那么就可以将其视为"本心"；反之，如果"心"的发动呈现为邪道，那么就可以将其视为"失去本心"。值得注意的是，方学渐判别"本心"与"失其本心"的根据在于"发"，而非预先设定一个灵明不爽的"本心"。或者说，方学渐是从"发"去逆推"本心"的存在，而非以"本心"来判断"发"的"正"与"邪"。这区别于一般所谓"见成良知"。

方学渐反对"四无说"，主张以"实理"解释性善，对阳明后学展开了深入而持久的批评。这种处理方式引起了黄宗羲的不满。黄宗羲在《明儒学案》中将其列入泰州学派，并对方学渐的学术表示不以为然。在他看来，方学渐的观点"煞是有病"，即便心体的状态是空空如也，也无法否定上天"降衷"的义理价值。也就是说，"空体"并非虚无，而是主宰。作为主宰的空体能够贯通有无、虚实，与大化流行融为一体。黄宗羲为了否定方学渐的学术观念，于是极力歪曲所谓"实理"，认为方学渐所讲的"实理"是分判虚实之后的实，而不是超越虚实对待的实。综观黄宗羲对方学渐思想的误读，其中有两个方面是关节点，一是"不学不虑"与人与生俱来的欲望、习气能够混同；二是方学渐是否以"有善有恶之体"替代了"无善无恶之体"。这两个问题牵涉到如何深入研究方学渐思想的方法，因而必须加以重视。在黄宗羲看来，

> 先生以不学不虑，理所固然，欲亦有之，但当求之于不学不虑。不知良知良能之不学不虑，此继善之根也。人欲之本然而发者，是习熟之心为之，岂不学不虑乎？先生欲辨无善无恶心之体，而自堕于有善有恶之体矣，是皆求实于虚之过也。先生受学于张甑山、耿楚倥，

---

① 方学渐：《心学宗》卷三，《四库全书存目丛书·子部》第12册，第176页。

在泰州一派，别出一机轴矣。①

这种建立在误读基础上的批评有失公允。平心而论，无论是王龙溪的"四无说"，还是方学渐的"实理"，都是为善恶对待寻求一个超越的主宰，并将心体视为这个主宰的产物或呈现。二者实同名异。方学渐的目的在于，从源头上遏绝阳明后学虚无放旷的弊端。

从明代思想发展的情况来看，方学渐推崇"实理"，将性善论上升为不可动摇的神圣信条，而"实学"已经蕴含着巨大的能量。这种巨大的能量必须通过儒家的实践优先原则加以开放，最重要的是要由刚毅敦厚的儒者加以解放。历史将这一重要任务交给了颜元。儒家的实践优先原则到颜元那里才得到全面的发展。与"静坐读书"的修养方法不同，颜元以"主动"作为学问的基本精神，积极寻事去做，在事上磨炼心性，极大地推进了儒家改变世界的步伐。因而，现时代的儒家千万不要忘记"主动"的颜习斋。

## 第五节　千万不要忘记"主动"的颜习斋

颜元本身所具有的坚苦卓绝的人格品质，在其理论构建和社会实践中发挥着重要的作用。后世学者在追寻颜元哲学衰歇的原因时，指出清代中期义理、考据、词章之学的盛行，而颜元的学术存在着"其道太苦"② 的弊端，阻碍了实践优先原则在社会上的普及，但是却无法否认颜元哲学所具有强烈的历史观念和批判精神。梁启超曾经在《中国近三百年学术史》中对颜元哲学作过这样评价："自汉以后二千年所有学术，都被他否认完了。他否认读书是学问，尤其否认注释古书是学问，乃至否认用各种方式的文字发表出来的是学问。他否认讲说是学问，尤其否认讲说哲理是学问。他否认静坐是学问，尤其否认内观式的明心见性是学问"，③ 对颜元哲学的否定性思维加以总结，其侧重点在于揭示颜元的实践优先原则所具

---

① 黄宗羲：《明儒学案》，周骏富辑：《明代传记丛刊》第 2 册，明文书局印行，第 838—839 页。

② 陈登原：《颜习斋哲学思想述》，东方出版中心 1989 年版，第 19 页。

③ 梁启超：《中国近三百年学术史》，东方出版社 1996 年版，第 135 页。

有的破坏作用，而这种破坏作用的对象是汉宋以来对儒家哲学的语言诠释，或将儒家哲学导向宗教的神秘主义。

颜元（1635—1704），是清初主张实践优先的儒家代表人物之一。他一生主要生活在河北农村，以倡导和力行实学作为其哲学思想的显著特色。其成熟的著作有《存性编》、《存学编》、《存治编》、《存人编》以及《四书正误》等，弟子门人辑有《颜习斋先生言行录》、《习斋记余》等。考其一生学术演进过程，三十五岁时所作的《存性编》和《存学编》可以视作颜元哲学思想成熟的标志，可以将颜元的哲学思想划分为早期的颜元思想和成熟的颜元思想两个时期。而对颜元其他哲学论文写作时间的判断，应当以这两部著作中"总问题"的变化作为判别标准。

使用"总问题"的研究方法，从理论形态史的角度考察二者的差异性，指出理论形态的特殊统一性以及特殊差异性的具体位置。在第一个时期里（1658—1659），颜元哲学思想的主要特征是处于陆王心学和程朱理学的"总问题"的笼罩下，同时伴有相应的社会实践和修养成就；在第二个时期里（1660—1704），颜元自己的思想开始成熟完善，以实践优先原则的确立作为自己与其他儒学派别的根本区别，实现了以实践优先原则为核心的哲学和对这种哲学实践的统一，从而开创了清初儒学发展的新局面。笔者以颜元三十五岁时的诠释方法方面的质变环节作为分水岭，来考察颜元早期的和成熟的哲学思想之间"总问题"的差异，进而揭示其中所蕴涵的实践精神和创新精神。

## 一　从陆王到程朱

颜元的身世问题一直困扰着他的前半生，其父博野颜昶自幼过给蠡县朱翁，故而颜元早年冒姓为朱。在颜元早年的社会活动中，阅读史书是其思想萌发生机的开端和终身未曾放弃的学习内容。颜元二十一岁时（1655）开始阅读《资治通鉴》等史学著作，抛弃专供八股取士的帖括之学。二十三岁时（1657）学习兵法、技击，慨然有经世之志。充实的知识积累和年少所怀的壮志雄心，为颜元以后的思想发展奠定了良好的基础。二十四岁时（1658）取斋号为"思古斋"，自己号称"思古人"，认为不取法三代而谈论社会治理，终究违背儒家的道义。因而探讨井田、封建、学校、乡举、里选、田赋、阵法等"实学"，撰写《王道论》，后来改名为《存治编》。颜元早年已经注重事功，提倡兵农合一的乡村建设模式。同年，颜元向彭通问学，直接为自己的兵法、技击找到了哲学根基——陆王心学。颜元手抄陆王《语要》一册，遵循陆王心学的修证要领，力求发明本心、知行合一，这样一直延续到二十六岁。在此期间，颜元撰写《大盒歌》、《小盒歌》、《格物论》等文章，表述自己在陆王心学方面的心得与体会，认为陆九渊、王阳明分别是孔子、孟子的"后身"，以至于身边的朋友将颜元视为"真陆、王"。这是颜元思想历程中陆王心学阶段（1658—1659）的概况。

二十六岁到三十四岁（1660—1668）是早期颜元思想中的程朱理学阶段。"（二十六岁）得《性理大全》，见周、程、张、朱语录，幡然改志，以为较陆、王二子尤纯粹切实，又谓是孔孟后身也。"这就表明，此时的颜元已经从陆王心学的笼罩中走了出来，开始对程朱理学进行一番深入的考察。在这一阶段里，颜元在农业生产的空余时间中静坐读书，体认天理，他在《柳下坐记》一文中这样说："一念不敬，即一念不仁；一念不仁，即一念不如圣；一念不如圣，即一念不如天；以当前即世者，如隔万层山矣！圣人之化，化此也；颜子之不违也，不违此也；诸贤之日月至，至此也。"[①] 从这篇文章的内容来看，此时的颜元已经具有程朱理学所推崇的圣贤气象。同时，颜元又对自己思想中的陆王心学成分予以清算，自觉地成为程朱理学"道统"的捍卫者。在体验程朱理学时期，颜元的日常行为皆以朱熹《家礼》为准则，并且亲自制定"功过格"来约束自己的身心。在礼制方面，则以先秦儒家所传授的礼制为范本，剔除朱熹《家礼》中的失当之处。

三十四岁是颜元一生中最大的转折点，其恩祖母朱媪在这一年去世。居丧期间，颜元严格遵循朱熹《家礼》，毁形损体，堪称至孝。颜元为朱媪守丧的时候，受到朱翁的虐待，同时感伤父亲的出亡，自己日渐积劳成疾。这时，朱氏家族的一个成员才向颜元点明身世，原来自己并非朱氏之后。哀杀之后，颜元又开始治学，尤其重视《周礼》中所谓的"六德"、"六行"和"六艺"，认为这是孔子的"正教"、"正学"，而"静坐"、"读书"等修养方式，则是程朱、陆王受到禅宗和俗学影响的结果，严重背离了圣人之学。此时颜元的内心开始出现剧烈的冲突，是延续程朱理学，做其"道统"中的"乡愿"呢，还是实践先秦儒家著作所记述的

---

① 颜元：《颜元集》，中华书局 1987 年版，第 492 页。

"实学"？显然，颜元选择了后者，并从诠释学方面对自己以前所学的程朱、陆王学说进行了批判，同时，为儒家的心性学说安顿了相应的位置。

## 二 从"主静"到"主动"

在恩祖母朱媪去世的第二年，也就是三十五岁的那一年，颜元撰写了《存性编》和《存学编》，这两部著作向世人透露的信息是，颜元的哲学思想已经走向成熟，并且，由守丧期间的亲身体验来检讨自己的身心以及程朱、陆王学说的弊病。颜元改斋号为"习斋"，目的在于"药世"。因为当时的儒者空谈道理，缺乏实践精神，颜元为了扭转这种颓丧的学风，谨遵《论语》开章"学而时习之"的精神，崇尚"习行"，振兴儒学。这就标志着，颜元正式确立实践优先原则，其哲学思想的重心开始由心性之学意义上的人，转向作为实践主体的现实社会中的人，以向外用力纠正向内用力，以动的哲学对治静的哲学，判定陆王心学、程朱理学严重偏离先秦儒家的传统。

从三十五岁（1669）起，颜元告别了陆王心学、程朱理学的"总问题"，彻底摆脱了宋明儒家心性之学的束缚，具体表现在其诠释方法的质变方面，即以实践性的诠释学替代汉、宋以来的章句、义理式的诠释学。由此连带产生了以下三个方面的问题：

1. 回归《孟子》，对宋明儒家的心性之学进行具有终结意义的批判，认定天地之性（天命之性）和气质之性都是孟子所提倡的"性善"论。

2. 在实践优先的基础上，对儒家哲学中"习"（即实践）这一基本范畴加以诠释，实现了实践哲学与哲学实践的统一。

3. 运用实践性的儒家诠释学，确定了不同于宋明儒家的意识对象观（即颜元自己的"格物"论）。

在成熟以后的颜元哲学思想中，这三个方面是一个有机整体，其中意识对象观的变革和实践优先原则的确立是其他两个方面的坚实基础，从而建立了以"习"贯穿内外的理论体系，表明自己的哲学思想是如何区别于其他儒学派别的。而对《孟子》书中"性善"的回归，则迈开了在终结宋明儒家心性之学方面具有决定意义的第一步。

一般说来，理气关系、天地之性（天命之性）与气质之性的关系是宋明儒家讨论的主要命题之一，程朱理学认为理是纯善，恶从气来，从而将天地之性（天命之性）与气质之性打成两段，因而得出自幼而善、恶的人都是气禀的结果，将本来所具有的气质视为恶，企图通过去除"气质"来达到"善"，这无异于痴人说梦。在颜元的视野中，人的气质是作圣的基础，中于节，合于礼，则能够为社会作出相应的贡献，如果能够进一步克己存诚，担当更多的社会责任，就会超凡入圣，有更大的作为。颜元认为，作为实践的人的物质之一，气质之性并没有任何差池，而那种认为"性无恶，气质偏有恶"则存在着严重的问题，张载、二程、朱熹之所以能够得出天地之性（天命之性）为恶的结论，是因为曲意援引儒家经典来附会自己的偏见，颜元以《尚书·大禹谟》中的"十六字心法"为例，将他们的论证逻辑分解为：以"道心惟微"作为天地之性，以"人心惟微"作为气质之性，武断地将本来是浑然一体的性与气质判若两途，从而论证他们的"性无恶，气质偏有恶"的偏见。

　　既然颜元认为性和气质是浑然一体的，无所谓善恶，那么以变化气质为必要途径的道德修养将作何解释？在他看来，可以将变化气质看作是修养身心的必要途径，但是不能据此认为气质之性是恶，从而将变化气质理解为通过变化气质之恶来回归天命之性的善。在他看来，孟子所提倡的性善是不容置疑的，而才情之善亦是肯定的，"凡孟子言才情之善，即所以言气质之善也，归恶与才、情、气质，是孟子所深恶，是孟子所亟辩也"。① 那么恶究竟是从哪里来的呢？对于这个问题的回答，颜元借用宋明儒家"以水喻性"的例子，来说明人性本来是纯善的，恶来源于所谓的"引、蔽、习、染"。水的本性没有清浊之分，清浊并不妨碍水之为水所应有的性质，而现实中水的污浊程度则在于羼杂外物的多少。以此类推，人性本善，而恶则来源于外物的影响。这样就把终结心性之学的工作转化为对"引蔽习染"的讨论，也就是对实践过程与人的道德修养之间关系的探讨。

　　颜元认为，人的"性善"是先天的，"恶"是"后天所误"的结果，于是将"恶"的来源归结为"引、蔽、习、染"，也就是从实践的整体性来探讨人如何能由"善"的本性产生出"恶"的行为，这样就把实践纳入到有关人性的讨论。根据余秉颐先生对于"引、蔽、习、染"的理解，"所谓引蔽……是说人的为祸为恶，起因于不良事物的引诱蒙蔽"，"所谓习染，指人被不良事物隐蔽之后，'久之相习而成'"，"作为人们'后天

---

① 颜元：《颜元集》，中华书局1987年版，第15页。

之误'的恶行，有一个从'引蔽'到'习染'的过程"。① 如果我们深入考察，就会发现"引、蔽、习、染"的过程，正好是包括人的动机、欲望以及价值取向等因素在内的实践的过程，而判别实践活动的善恶与否的标准就是颜元所遵循的先秦儒家的礼制。同时，颜元重视内外修养的和谐统一，用实践来打通内外，而不是凿于内心的顽空，用实践来统摄宋明儒家学术中的"本体"和"良能"，以及"动"、"静"等范畴，将实践的对象和范围扩充到天地万物。可以说，颜元既强调了实践的优先性，又继承了先秦以来儒家的"隆礼"的传统，注重在促进社会生产的基础上，制定与百姓日用生活相适应的礼制，从而在社会实践中实现个人与社会、物质生产与道德修养的统一。

### 三　颜元的"格物"观念

众所周知，在任何一种哲学思想内部，意识必须有与之相应的对象，而对意识对象的理解方式则构成一般所讲的意识对象观。在儒家哲学的语词中，各派学者意识对象观的具体表现为对"格物"的不同理解。"格物"是《大学》"三纲领、八条目"（借用朱熹的说法）中的一"目"，因此必须从"三纲领、八条目"的整体性来探讨"格物"的涵义。从"平天下"到"格物"是一个由外到内（反之，则由内到外）的逐层探究的过程，对此我们必须从熟知走向理解。当我们着眼于贯穿这个实践过程的主体时，就会发现从"正心"、"诚意"到"致知"、"格物"的追溯，正是一个将道德实践转化为考察心物关系的过程。这时，意识对象观，即"格物"论才被正式发现。

颜元区别了汉宋以来儒家内部对"格物"之"格"的种种诠释，认为"王门训'正'，朱门训'至'，汉儒训'来'"，都误读了"格物"的本来涵义。因为，陆王学派着力于对"心"的发明，将"格"诠释为"正"，则"格物"就顺理成章地被诠释为"正心中之物"，也就是说，将自己头脑中形成的认识对象等同于客观存在的实在对象。在这种诠释方式中，对认识对象的理解就等同于对实在对象的理解，从而无法在现实世界中探究事物本来之理。程朱学派将"格物"诠释为对事物之理的穷至，然而穷至的方式则被局限于读书和静坐，在这种诠释方式中，事物之理穷

---

① 王茂、蒋国保、余秉颐、陶清：《清代哲学》，安徽人民出版社 1992 年版，第 265 页。

至之后，才能"致知"，以此作为向外拓展的原初动力。其弊端在于，企图一劳永逸地把握事物之理，而忽视事物之理的获取是一个不断扬弃的过程，从而执著于"穷至"，也无法正视客观世界的变化与发展。颜元则从实践的角度来阐述自己的意识对象观（"格物"论），认为应当将"格物"之"格"诠释为，"如史书'手格猛兽'之'格'、'手格杀之'之'格'，乃犯手捶打搓弄之义，即孔门六艺之教是也"，[①] 也就是从实践主体的活动来把握意识对象，将实践引入对心物关系的探讨，或者说将对意识对象观的把握融入具体的社会实践当中，在实践过程中不断深化对事物之理的认识。这样既认可了客观存在着的实在对象，把对认识对象和实在对象的认识统一起来，又维护了实践主体的主体性和能动性，从而将人的感性活动、物质活动以及其他的具体活动统一于具体的社会实践。因此，可以将颜元的意识对象观（"格物"论），看作是实践的物质观。它极大地发挥了主体的能动性，充分体现了中国哲学中的"能为"精神。

### 四　实践优先原则的确立

必须要说明的是，颜元实践性的诠释方法脱胎于儒家经典中所记载的具体的社会实践，如《尚书·大禹谟》中大禹所讲的"六府三事"，即"水、火、金、木、土、谷"和"正德、利用、厚生"，《周礼·大司徒》中所讲的"以乡三物教万民而宾兴之。一曰六德，知、仁、圣、义、忠、和；二曰六行，孝、友、睦、姻、任、恤；三曰六艺，礼、乐、射、御、书、数"。颜元用"习"对这些具体的社会实践进行概括，认为儒家经典所载之道就是不离于百姓生活日用的社会实践，并且以社会实践来诠释儒家经典中所载之道。章太炎对颜元的实践优先原则表示高度关注，认为明末清初之际，程朱之学"痿驰而不用"，陆王之学"奇觚而不恒"，儒家呈现出前所未有的衰败景象，"颜氏徒见中国久淹于文敝，故一切以地官为事守，而使人无窈窕旷闲之地。非有他也，亦不知概念抽象则然也。虽然，自荀卿而后，颜氏则可谓大儒矣"。[②] 当帖括制艺充斥书院之时，颜元也想从根本上否定这些没有实际效用的学问，力图通过教育改革，恢复儒家"虽有文事，必有武备"的传统，为国家社会培养有用的人才。但

---

① 颜元：《颜元集》，中华书局1987年版，第491页。
② 章太炎：《訄书》（重订本），生活·读书·新知三联书店1998年版，第155页。

是这些构想却随着清朝政局的稳定而逐渐失去落实的机会。至于颜元为何愿意去漳州主持书院，培养人才，这恐怕有着复杂的历史背景，有待于学界的深入考察。

颜元以"习斋"为号，标志着实践优先原则的正式确立。从颜元对《论语》中"学而时习之"的诠释，可以看出其实践性的诠释学的理论特色。颜元理解的"学"是学圣人的"明德"、"亲民"、"经济"等实学，而《诗》、《书》、《礼》、《易》、《春秋》等儒家经典，则是孔子在"不得已"的情况下"裁成习行经济谱"，也就是现代人所说的计划、方案或蓝图等；而"习"则是对这些"经济谱"的实践。在颜元的视野中，孔子传习经典的目的在于"望后人照样去做"，而汉、宋以来的儒家却误以为"纂修文字是圣人，则我传述是贤人，读之熟、讲之明，而会作书文者，皆圣人之徒矣"。对此，颜元提出了自己的看法，认为汉、宋以来儒家面临的最大问题就是没有正确理解"学"的问题，将志气消磨在笔墨文章之间，由于误解"学"，进而无法真正地做到"习"，更不必谈论什么"道"！俊秀贤能将聪明才智投入到漫无边际的空谈上，根本没有心情、兴趣和勇气去经营实际事务。一旦出现严重的社会危机或面临改朝换代，这些士人只能扼腕叹息，甚至选择自尽作为回报朝廷的方式。英雄气全无，令人悲愤不已。与这些虚弱浮躁的学问相比，颜元理解的"学"是以社会实践为主要内容的学，而"习"则是对这些具体内容的实践，"学"和"习"在时间和逻辑上都没有任何先后关系。

此外，颜元要扫清自己在理论与实践发展过程中所遇到的障碍，就必须将实践优先原则应用于对经典中所记载的圣人言行的诠释。这样，问题就聚焦为如何运用实践性的诠释学来理解圣人的言行。现存的颜元著作对这种新的诠释方式有着多处记载，例如颜元在评论《刚峰集》中所讲到的"为学在诚正，不先格致"时，认为作者并没有真正理解圣人的理论与实践，而自己对这一问题的态度是，"不知圣人之言，证以圣人之行；不见圣人之行，证以圣人之言"，[①] 即通过对圣人实践活动的理解来诠释圣人所提出的理论，通过对圣人理论的实践来理解圣人的实践活动，并且将这种诠释方法贯穿到对后世儒家的理论和实践的品评上，以判别其理论与实践是否偏离先秦儒家的传统。实践优先原则所维系的理论与实践的关

---

① 颜元：《颜元集》，中华书局 1987 年版，第 645 页。

系，是一种辨证的、以实践的整体性为向度的互动关系。张岱年先生认为："习斋的人生论之中心概念是'见行以尽性'。他以为性形是合一的，求尽性，必须于形尽之；尽性之道，在于践形"，① 所以说，颜元哲学可以视作一种"践形"哲学，因为颜元将"践形"上升为一种最高的生活准则。这就在唯物主义的基础上，肯定了颜元哲学所具有的实践优先的理论品质。我们可以说，颜元哲学所独具的批判眼光，是非常罕见的；而主张在实践中发明儒家经典所蕴涵的实践优先的精神，则更是难能可贵的。

与一般的实践哲学相同，颜元也强调实践是认识的来源，但是并不反对将读书作为认识的来源之一。在他看来，读书仅仅是儒家致知的基本途径之一，不能代替整个儒学。从书本中所获取的知识必须与相应的社会实践达成统一，将学习的内容扩充到对人类社会中的一切现实状况的改善，"六艺"与兵、农等一切有用的学问都属于"文"，都是儒家所要研习的对象。而宋儒主张的"穷理居敬"则侧重于对经典的感悟而非具体的社会实践，甚至企图一劳永逸地领悟经典中所阐发的道理，这样往往陷于空谈义理而疏于实事的困境。在"明理"和"习事"之间的关系时，颜元借用朱熹的"但有圣贤之言，可以引路"的比喻，来批判宋儒人为割裂理论和实践之间的联系，一针见血地指出了宋儒理论的症结所在：企图以封闭的理论结构涵盖具有整体性的实践，其结果必然是理论方面的叠床架屋以及实践方面的主体缺失。与宋儒相反，颜元主张将理论落实于具有物质性的实践活动中。论及实践的物质性，就必须考察颜元的意识对象观。

在颜元的以实践优先原则为主要特征的哲学体系中，理论和实践的关系并没有停留在一般所理解的前后相续的层面，即实践只不过是对一套预先设定的理论的落实或具体化，而是采用了理论和实践之间互相诠释的方法，即通过理论来指导实践，在实践过程中对理论加以不断的深化和全新的理解，而反对一味地将日益拓展的实践附着于停滞不前的理论，这是实践优先原则同朱熹提倡的"实"用的根本区别。按照陈登原先生的见解，颜元与朱熹都主张以"六德"、"六艺"、"六行"作为教育内容，但是后者却将力行转化为寻求"义理之所以然"，以"主敬存诚"替代了刻苦实

---

① 张岱年：《中国哲学大纲》，《张岱年全集》第 2 卷，河北人民出版社 1996 年版，第402 页。

践，"习斋则始终以一德一行一艺之习，谓为无所异于大人之学，君子之儒"，① 这说明颜元所认为的"大人之学"、"君子之儒"，就是贯通内外、落实于现实社会的实践主体的行为。

通过阅读颜元的著作，了解颜元的平生活动，我们会被其中蕴含的自强精神所鼓舞。自强是个人与民族能够立足于世界的精神支柱。儒家的"大丈夫"必定善于自强，"所谓自强者，非举动暴戾、言语轻率之谓，谓有贞固之精神、坚韧之志操，为学则精进不已，处世则担当义务，持久不懈也。不为私累，不为欲夺，其工夫在平日耳"。② 颜元思想的伟大之处就在于以实践作为自强的途径。无论声名显赫，还是默默无闻，都能够信守儒家的道义，用阳刚的生命展示了"大丈夫"的气节。

颜元是一位"大丈夫"，是一位刚健有为的强者。他所展示的"强"，不是好勇斗狠，胡作非为，而是志在四方，心怀天下。借用罗家伦对"强"的理解，那就是"一个人全部的机能、品性，以及其他一切的天赋，在每一个自然的阶段，都能尽善尽美的发展，而达到笃实光辉的地步才算是强。多少哲学家常讲生命的完美发展与活动（The perfect development and exercise of life）。生命是要发展的，是要向最善最美的理想发展的；生命是要活动的，是要不断的活动的"。③ 由此反观颜元倡导的"习行"，就会发现那是一条通往强大与华美的人生道路，它让文弱书生变得刚毅果断，重新步入社会实践。

颜元讲求的"习行"，不仅包含了传统士大夫所推崇的"大丈夫"精神，更具备深入劳动生活的优秀品质。在中国儒学史上，颜元对于劳动的重视超过前面任何一位学者：他不仅亲自劳动，而且以完整的理论体系讲述劳动的必要性和积极意义。这是对"大丈夫"精神的进一步完善，使它更具备人民性，为今后提升民智，改善社会风气，提供了一条切实可行的思路。

颜元强调的社会实践，或多或少存在着许多问题，例如浓厚的宗法色彩，但是它对于空谈心性、醉心帖括的恶浊士风有着振聋发聩的作用。此外，中国传统学术在逻辑学方面相对欠缺，很少对具体的学问进行概念界

---

① 陈登原：《颜习斋哲学思想述》，东方出版中心 1989 年版，第 78 页。
② 甘仲贤：《观象反求录》，《丛书集成续编》第 4 册，第 7 页。
③ 罗家伦：《新人生观》，辽宁教育出版社 1997 年版，第 24 页。

说，以至于形成一种笼统的习惯势力，把很多问题讲得很模糊。就颜元所处时代的学术界而言，"因缺少逻辑学为其准绳，乃有顾亭林'经学即理学'之说。经学以某种经书之注解为本，理学之以心与理之关系为主题，二者之主题各异，何能混而为一？乃至颜习斋之注重习行，而厌理学家之静坐，亦界限未划清之所致也"。① 即便未能以逻辑学的方法进行学术研究和观念阐发，但也不能据此否认颜元"主动"思想的合理之处，尤其是其中凸显"大丈夫"精神。

在现时代，这种"大丈夫"精神必须走出士大夫的窠臼，继续丰富自己的内容，尤其要明白这样的道理——"与生活完全结合起来的工作"、"与思想不可分离的行动"、"理论与实践的新的统一"是现时代真正的劳动的概念，是工业化大生产以来最具有生命力、说服力和影响力的学术思想，是对抽象理论的具体化，是对劳动最真切的理解与尊重，并从劳动中看到了人类社会的未来走向与希望。如果今天的人要继承颜元的"主动"精神，在全社会范围内推行"习行"的理论，那么就应该不放空言，不故弄玄虚，必须敦实劳作，在实践活动中体认"马克思的真传统"、"马克思的作为人类活动的劳动概念"，真心实意地促成儒家文化的现代转化。这才是具有建设意义的学术研究与理论创新。

---

① 张君劢：《义理学十讲纲要》，中国人民大学出版社 2009 年版，第 143 页。

# 第二章

# "孔子素王"与儒家的社会理想

　　五四新文化运动以来，两千多年来笼罩在孔子塑像上的迷信妖氛被驱散了，"孔家店"被打倒，孔子获得了新生。当然，这个过程有着种种剧痛。当我们撇开"专制护符"来看孔子在儒家内部的地位时，很多问题就会得到澄清。尽管孔子被历代帝王一次又一次地装扮，虚衔和名头达到令人眩晕的地步，"孔子实在是中国一个最不幸的人，有最圆融切实的教义，而难索解人。却被利用了两千年，至今不得解放。一方又被种种恶名集于一身"。① 但是有一点不容否认，那就是"孔子素王"的学术思想却一直受到压制，不能得到自由阐发。客观而论，"孔子素王"对君主专制构成相当大的威胁，不仅是政治批判层面，更涉及"孔子改制"的现实问题。两千多年前的孔子已经不能复生，后世的一些儒家打着"孔子素王"和"孔子改制"的旗帜，鼓吹自己的政治主张，以求博得帝王的支持。从实际效果来看，这种冠冕堂皇的变革尝试却屡屡受挫，根本原因在于虚幻的圣人形象无法抗拒强大的权力。历史证明，任何假借圣人名义的变革都是无法成功的。

　　"孔子素王"是公羊学的理论根基。从经学发展史的角度来看，公羊学对现实政治与学术思想产生了深远的影响。大致说来，共有三次：(1) 汉武帝时期的"罢黜百家，独尊儒术"是第一次巨大影响，从此确立了儒家作为"王官学"的卓越地位；(2) 康有为整合历代公羊学资源，鼓吹"孔子改制"，以开放的姿态吸纳西方的政治学说与社会思想，促进了中国的近代化转型，将中国人寻求救国道路的步伐推向前进；(3) 在公羊学的影响下，顾颉刚、吕思勉、童书业等学者对历史观和史学研究方法进行反思，提出了著名的"层层累积说"，宣告了举世瞩目的"古史

---

① 张申府：《张申府文集》第 1 卷，河北人民出版社 2005 年版，第 145 页。

辨"学派于此成立，对探求经、史之间的关系提供了全新的视角和有效的研究方法。公羊学的近代转型，不仅反映了政治格局、学术风气与社会结构的变化，更预示了儒学必须走下"王官学"的位置，重新回到"百家言"的行列，信守优良传统，完成自身转换，希望能够在未来近期获取理论重构的机会。从文化综合创新的角度来看，重构儒学不仅是一种"百家言"身份的理论探索，更是一条有待长期开辟的实践道路。如果儒学传统的生命力还有其存在的历史价值，那么它的外在形式和时代样态就必须焕然一新，不仅要赢得民众的情感认同，而且需要解决现实生活的具体问题。否则，依然是一些风雅之士吟风弄月之余的谈资。

## 第一节 "孔子素王"的历史意蕴

选择"孔子素王"作为研究的切入点，是为了更好地解决康有为遗留下来的问题。康有为生活在基督教大举进入中国的历史阶段，不免忧心忡忡，鼓吹"孔子改制"，将孔子视为儒教的创立者，力图改变国家宗教的样态，借以应付外来文化的挑战。通过整理先秦到两汉的学术史料，康有为及其弟子将孔子的形象归纳为"制法之王"、"新王"、"素王"、"文王"、"圣王"、"先王"、"后王"、"王者"，以及所谓"托王于鲁"。在如此细密的考据成果中，"素王"与"托王于鲁"之间的关系最值得品味。"孔子素王"的基本观念是孔子经世的法则寄托在经典文本之中，希望后世王者能够取法于此，真正实现儒家的社会理想。在这种信念中，孔子不仅是至圣先师，更是与尧、舜、禹、汤、文、武、周公一脉相承的圣王。孔子不仅具有学统，更有君统。后世学者迫于种种压力，出于诸多顾忌，不敢阐发"孔子素王"的意蕴，致使儒家丧失了经世的根基与勇气，整日醉心于饾饤之学，甘愿放弃致治的机会，成为趋炎附势的奴仆。

最能说明"孔子素王"的依据是孟子秉承的"《春秋》，天子之事也"（《孟子·滕文公下》）的说法。在公羊家看来，《春秋》是"圣人之刑书"，对二百四十二年的人事进行评判。孔子握有黜陟褒贬进退的大权。上至天子，下至夷狄，无逃于"素王"之斧钺。孔子作《春秋》，不是有些学者理解的"作史"，而是公羊家所谓"作经"。"作经"是圣人的权力，"作史"是史官的职分。"孔子素王"不是秉笔直书的史官，而是垂宪万世的圣王。但是，这种观念很难得到认可，以至于被故意曲解。

### 一　孔子与"王"的关系

历史上的一些公羊家盛赞王道，经常引用董仲舒关于"王"字涵义的论述来阐发自己的社会理想，一些富有革新思想的大儒为了挽回时运，"通过阐述古代的学说宣传了当时不便宣传的新学说、新观点。如康有为用《孔子改制考》、《新学伪经考》来宣传他的变法思想"。① 康有为创作的这两部经学巨著正是对刘逢禄经学思想的继承与发展，《新学伪经考》延续了《左氏春秋考证》、《穀梁废疾申何》的内在逻辑，《孔子改制考》则是对《春秋公羊何氏释例》的扩充与修订。无论是刘逢禄，还是康有为，其理论核心都是孔子为制法之王。孔子之"王"是"素王"，也就是通常所谓无冕之王。

从经典解释方面来看，"孔子素王"有时也表述为"文王"，这在《孔子改制考》里面得到全面的论证。在儒学传统中，对"文王"的称颂，经久不衰，各种文献中提到的"文王"有不同的内涵。常见的说法认为，"文王"就是武王的父亲姬昌。另外一种观点认为，"文王"是孔子作《春秋》为后世立法时的自我称谓或自我比喻。因而，对于《论语》记述孔子畏于匡的诠释，得出两种不同的结果。兹引《论语》原文，以作参考：

> 子畏于匡。曰："文王既没，文不在兹乎？天之将丧斯文也，后死者不得与于斯文也；天之未丧斯文也，匡人其如予何？"（《论语·子罕》）

按照何晏《论语集解》中引述孔安国的诠释："文王既没，故孔子自谓后死，言天将丧此文者，本不当使我知之，今使我知之，未欲丧也。"② 孔子推崇的是经过二帝、三王损益的礼乐文明，当时表现为"郁郁乎文哉"的周礼，所以他说"吾从周"（《论语·八佾》）。康有为沿用王愆期所注《公羊春秋》的说法，认为"《春秋》制文王"是孔子，这里的"文王"应指代孔子，而自己对"文"的诠释则是人道文明。在他看来："孔子上

① 任继愈：《天人之际》，上海文艺出版社1998年版，第36页。
② 何晏：《论语集解》，《汉魏古注十三经》，中华书局1998年版，第39页。

受天命，为文明之教主，文明之法王，自命如此，并不谦逊矣。"① 这样一来，"文王"似乎就成为孔子的自我称谓。孔子自比文王，为万世立法，并非不可能的事情。文王受命，开启了周代文明。孔子受命，笔削删述，自觉继承尧、舜以来的治世精神，希望促使人类告别战乱与不平等，最终实现永久和平。

在儒家经典的诠释视野中，"文王"与孔子之间有着密切的关系。然而问题的关键在于孔子是在呈现民间史家的道德良知，还是行使天子的权力？一般说来，前一种说法比较容易接受，毕竟孔子所作《春秋》被视作中国历史上第一部编年体史书，后一种说法牵涉公羊家的"非常异义可怪之论"，必须借助于"五始"之学中的"王"来加以说明。公羊家所谓"五始"是指"元年"、"春"、"王"、"正月"、"公即位"，其中"王"的出处是《公羊传》隐公元年"王者孰谓？谓文王也"。左氏学家力主《春秋》所谓的"王"是指当时的周天子，不是文王，更不是孔子。这又涉及对于经学史上一段文字的理解与解释，也就是"《春秋》制文王"的具体含义。陈立《公羊义疏》沿用臧庸《拜经日记》中的观点指出王愆期对"文王"的误读：

> 《春秋》制文王指孔子者，门子用纬说言"《春秋》之法，以孔子为文王。"《礼记正义·曲礼下》曰："《钩命决》云：'某为制法之王，黑绿不代苍黄'"，是孔子为文王之事，又或称"素王"。按纬说以孔子为文王，谓"孔子作《春秋》制法文王，俟后世耳"，非谓"孔子谓文王也"。王氏误解转为孔颖达辈取口实也。②

解读这段论述的关键在于如何理解"《春秋》制法文王"。王愆期（字门子，河东人，晋散骑侍郎，辰阳伯）的观点是"《春秋》之法，以孔子为文王"，其理论依据在于对《钩命决》的误读——孔子为"制法文王"，就是说孔子为"制法之王"，并非指孔子就是"文王"。康有为沿用王愆期的误读，以为《公羊传》中的"文王"就是孔子，在《孔子改制考》中强调"孔子为制法之王"，同时又赞同"孔子为文王"，说："《论语》：

---

① 康有为：《论语注》，中华书局 1984 年版，第 127 页。

② 陈立：《公羊义疏》，《续修四库全书》第 130 册，第 6 页。

'文王既没，文不在兹？'孔子已自任之。王恖期谓文王者，孔子也，最得其本。人只知孔子为素王，不知孔子为文王也。或文或质，孔子兼之。王者，天下归往之谓，圣人天下所归往，非王而何？犹佛称为法王云尔。"① 康有为沿用了公羊家对"王"的诠释——"天下所归往"，认为圣人亦具备这样的条件：在传统社会中，堪称"天下归往"的莫过于孔子，因而孔子应当是"王"。不过，从历史事实来看，孔子只有王者之德，而无王者之位。对此，康有为秉持儒家一贯的王霸之辨，认为孔子是"道德之王，王有万世"，而一般统治者"以力服人，只可称为霸……不得称为王也"。② 人主以力服人，圣人以德服人。王霸之辨的标准就在于此。当然，这只是道德理想主义的观点，在现实社会无法展开具体的活动。

至于孔子作《春秋》是否自比王者，还有不同的说法。章太炎对孔子自任素王的说法作出进一步说明，认为孔子不过是对春秋时期"世卿"的政治状况表示极度不满，因而作《春秋》一书来教育弟子，希望他们能够在政治方面有所作为，改变这种恶劣的权力运作形式，也就是说，"孔子当春秋之季，世卿秉政，贤路壅塞，故其作《春秋》也，以非世卿见志。其教弟子也，惟欲成就吏材，可使从政。而世卿既难猝去，故但欲借事权，便宜行事。故终身不敢妄冀帝王，惟以王佐自拟"。③ 然而事与愿违，孔子及其弟子并没能改变"世卿"这种垄断权力地位的不良局面。无奈之余，孔子只能自比为"王佐"，寄希望于后世。章太炎这种观念与早年撰写《春秋左传读》时的想法有着明显的差异。章太炎早期对"立素王之法"作出详细的解释，对"匹夫而有圣德者为素王也"的说法甚为赞同，④ 然而经历了辛亥革命之后，章太炎修改了这一观点，将孔子视为"王佐"。后来几经反复，尤其见于《国故论衡》等授课内容，前后观点相去甚远。这与当时的政治情况有着密切的关联。

对比章太炎论证的"立素王之法"与康有为《孔子改制考》之"孔

---

① 康有为：《孔子改制考》，《中国现代学术经典·康有为卷》，河北人民出版社 1996 年版，第 526 页。

② 康有为：《孟子微》，中华书局 1987 年版，第 10 页。

③ 章太炎：《菿汉雅言劄记·经学》，《菿汉三言》，辽宁教育出版社 2000 年版，第 134 页。

④ 章太炎：《春秋左传读》，《章太炎全集》第 2 卷，上海人民出版社 1982 年版，第 59—60 页。

子为制法之王考",会发现二者所用材料几乎一致。前者认为孔子"立素王之法","素王"为孔子"所自号",后者主张"孔子为素王"。我们至少可以从三个方面对后者的观念进行分析:

首先,董仲舒论述孔子作《春秋》,见素王之文。康有为的理由是"董生为汉醇儒,《汉书》亦录其素王之说,见空王志文"。其次,引用《论语纬》、《孝经纬·钩命诀》等纬书观念,认为:"孔子为素王,乃出于子夏等尊师之名。素王,空王也。"对于《论语纬》中称孔子为"素王",康有为有着自己的看法,说:"《论语》为微言,纬则其说也。素王之称,非徒公羊家,乃齐、鲁《论语》家之说,但古文家乃铲去之,宋儒误拾其绪耳。"而《孝经》家称孔子为"素王","托先王以明权",正表明"素王"是孔子的自称。最后,引用《庄子》、《淮南子》、《说苑》、《论衡》等子书,论证孔子作《春秋》"明"("立"、"制")所谓"素王之道"。① 由此可见,在孔子"素王"这一基本命题上,章太炎曾经与康有为基本达成一致,认为《春秋》所寄托的正是"素王之法"、"素王之道"。

前面的论述可以证明这样的观念——"文王既没,文不在兹乎?"中的文王不是孔子,"文不在兹乎"是孔子表明自己自觉继承文王之道,并没有自称为王。康有为对《论语》此章的过度诠释源于王愆期对纬书的误读。至于"孔子素王"或者"孔子立素王之法",这是公羊家和部分左氏学者的观点,本来无可厚非。然而问题的关键就在于如何处理"孔子素王"与"王鲁"之间的关系,毕竟董仲舒、何休对"王鲁"的理解和解释有着本质上的差异。蒋庆的另一处失误就在于混同两种"王鲁"说,阐发"《春秋》当新王"这一公羊学基本命题,进而以此作为其政治儒学的重要命题。对此我们必须作进一步剖析。

## 二 "孔子素王"与"王鲁"的牵绕

"孔子素王"的观念在汉代与"王鲁"学说纠缠在一起,引起了经学方面的争论。在帝制时代,阐发经义往往必须参照当时的政治环境,为权力运作提供合理性依据。同样是"王鲁"一词,在董仲舒、何休那里却

---

① 康有为:《孔子改制考》,《中国现代学术经典·康有为卷》,河北人民出版社1996年版,第524—525页。

有着不同的涵义。这是不容忽视的问题。就董仲舒的基本观点而言，"王鲁"是指《春秋》为王道所系，故而托王于鲁，并非以鲁隐公为受命王。何休整合"托王于鲁"、"隐公为始受命王"等内容，对"王鲁"进行创造性诠释，主张隐公为始受命王，孔子不过是将开太平之法寓于《春秋》文本与大义之中，自身并非受命王。

**首先，董仲舒的"王鲁"说是指《春秋》为王道所系，故而托王于鲁，并非以鲁隐公为受命王。**

董仲舒推崇"孔子素王"，认为孔子作《春秋》是借助编纂鲁国历史事件来阐发王道理想，以《春秋》笔削为样本来寄托改造天下的社会方案。董仲舒的"王鲁"学说，实质上是"孔子素王"的另一种表达方式。董仲舒假托孔子之口，表达这样的看法——"因行事，加吾王心焉，假其位号以正人伦"（《春秋繁露·俞序》），就是说孔子不过假借天子、诸侯、卿大夫的名号，阐发自己维系人伦的社会理想。孔子制作《春秋》，既是立一王之法，又是为万世立法。《春秋》承载着王道。王道是人之所以为人的开端、基础与最终目的。作为人类的始终，王道是协调社会秩序和自然变化的根本法则。《春秋》寄托王道，以鲁作为现实基础，用董仲舒的话来说，就是"缘鲁以言王义"，结合孔子直系血亲的传承，落实于一字一义，则有这样的概观：

> 今春秋缘鲁以言王义，杀隐、桓以为远祖，宗定、哀以为考妣，至尊且高，至显且明，其基壤之所加，润泽之所被，条条无疆。前是常数十年，邻之幽人近其墓而高明。大国齐、宋，离不言会，微国之君，卒葬之礼，录而辞繁；远夷之君，内而不外。当此之时，鲁无鄙强，诸侯之伐哀者皆言我，邾娄庶其、鼻我、邾娄大夫，其于我无以亲，以近之故，乃得显明；隐、桓、亲春秋之先人也，益师卒而不日；于稷之会，言其成宋乱，以通外也；黄池之会，以两伯之辞，言不以为外，以近内也。（《春秋繁露·奉本》）

董仲舒根据儒家服叙，将定公、哀公之际的经文义理比附于孔子父母，"至尊至高，至显至明"，大国离不言会，小国君卒，录其葬辞。就内外而言，远夷以内视之。就远近而言，诸侯伐鲁哀公，皆书"我"。而鲁之邻近，即使于鲁无亲，都明文笔书。而将隐公、桓公之际比附于孔子远祖之时,隐公元年"公子益师卒"不书日,桓公二年"三月,公会齐侯、陈侯、郑伯于稷,以成宋乱"不书日表示"远外"。在这里,有必要回顾一下清代经学家对通行本《春秋繁露》的修订:苏舆赞同卢文弨的观点,认为通行本中的"通外"应当改作"远外",故而依从凌曙本,改"通外"作"远外"。① 无论"通外"还是"远外"都不能消除董仲舒与《公羊传》之间的不同见解。就"宋乱"一事,《春秋繁露》不同于《公羊传》。后者认为,《春秋》经文之所以这样记述,是为了"内讳大恶"。"内讳大恶"是曝露鲁桓公之恶行,但不书日以讳的原因是"远也"。这里的"远"是一个表示时间的词语,因为《公羊传》指出:"所见异辞,所闻异辞,所传闻异辞"。对于这三种异辞,各家有着不同的诠释。《公羊传》哀公十四年论及《春秋》"始元终麟"时指出:"《春秋》何以始乎隐?祖之所逮闻也,所见异辞,所闻异辞,所传闻异辞。何以终乎哀十四年?曰:'备矣'。"毋庸置疑,传文中的"祖"不是祖父、祖上之祖,而是本之、据之的意思。廖平在《何氏公羊解诂三十问》中有这样的论述,"'祖'谓隐、桓在逮闻之世,再远则难征,不谓孔子之祖能逮闻隐、桓也",最主要的原因是"孔子少孤,不闻父教,何论祖训?"② 董仲舒、何休分别将"所见异辞,所闻异辞,所传闻异辞"依附于十二公所成之"三等"、"三世",并且对"三等"、"三世"有着不同的诠释。董仲舒"王鲁"观念的展开途径是其自身所理解和解释的"三等"(通常将董仲舒的"三等"与何休的"三世"都称为"三世"),将《春秋》十二公之事分为三等,将哀、定、昭三世共计六十一年列为孔子"所见",在这一等上"微其辞";将襄、成、文、宣四世共计八十五年列为孔子"所闻",在这一等上"痛其祸";将僖、闵、庄、桓、隐共计九十六年列为孔子"所传闻",在这一等上"杀其恩"。之所以这样判定,是本之于"情"。董仲舒的"王鲁"具体展现在"三等"次第中不断展开,并且沟通天道、礼制和心性,使得《春秋》微言大义落在实处,这就促使我们继续探究何休的"王鲁"说如何在"三世"中得以具体呈现。

**其次,何休的"王鲁"说是对《公羊传》创造性诠释。**

何休"王鲁"说,主张隐公为始受命王,孔子不过将开太平之法寓

---

① 苏舆:《春秋繁露义证》,中华书局1992年版,第282页。
② 李燿仙:《廖平选集》上,巴蜀书社1998年版,第147页。

于《春秋》文本与大义之中，自身并非受命王。何休认为经文中称周天子为"天王"是为了区别吴、楚等僭王。既然鲁隐公为始受命王，那么孔子素王的地位究竟如何？在"通三统"方面，何休与董仲舒的见解基本一致，认为《春秋》绌夏、亲周、故宋，当新王。这样一来，鲁侯为受命王，自然区别其他诸侯。深入考察何休的"三世"理论，探究"王鲁"如何在"三世"中展开。与董仲舒的"三等"说不同，何休的"三世"说侧重于从孔子及其血亲见闻来划分《春秋》的三个阶段，并将夷夏关系纳入其中，将何休《春秋公羊传解诂》的观点绘成图表：

| 昭、定、哀 | 所见 | 己与父时事 | 夷狄进至于爵 | 著治太平 |
|---|---|---|---|---|
| 文、宣、成、襄 | 所闻 | 王父 | 内诸夏而外夷狄 | 见治升平 |
| 隐、桓、庄、闵、僖 | 所传闻 | 高祖、曾祖 | 内其国而外诸夏 | 见治起于衰乱之中 |

这个表格是按照何休《春秋公羊传解诂》的观点绘制的，其主要内容是解释《公羊传》所谓"所见异辞，所闻异辞，所传闻异辞"。《春秋》十二公被分为三阶段，二人并无太大差异。与董仲舒的"君子之所见"、"君子之所闻"、"君子之所传闻"不同，何休将孔子及其父、王父、高祖、曾祖纳入到"所见"、"所闻"、"所传闻"的格套之中，与《仪礼·丧服》正好契合。何休道出自己的诠释方法："所以三世者，《礼》：'为父母三年，为祖父母期，为曾祖父母齐衰三月'，立爱自亲始，故《春秋》据哀录隐，上治祖祢。"① 孔子与其父对应于"所见"，孔子之王父对应于"所闻"，孔子之高祖、曾祖对应于"所传闻"。《春秋》王鲁，立一王之法，顺势而来，"所传闻"阶段的主要任务是拨乱，"所闻"阶段的主要任务是升平，"所见"阶段则是实现太平。从隐公为始受命王到哀公十四年获麟，王道大备。这样一来，《春秋》"王鲁"成为一个不断展开的整体化的辩证过程，其开端是"元"，其终结是以"获麟"作为儒家太平理想的标志。

由上述可见，董仲舒、何休不仅在"王鲁"方面有着重大差异，就"三等"、"三世"而言，也存在着非常明显的区别。蒋庆《公羊学引论》不惟混淆两种"王鲁"说，甚至将董仲舒的"三等"与何休的"三世"

① 何休：《春秋公羊传解诂》，《汉魏古注十三经》，中华书局1998年版，第8页。

揉作一团，统称为"三世"，以何休的见解来阅读《春秋繁露》，这在无形当中造成公羊学内部不同系统的混乱。在蒋庆看来，"孔子因行事加王心，假位号正人伦，因成败明顺逆，即是托鲁二百四十二年的历史为整个人类历史，借《春秋》十二世为人类历史演进之三世，以明人类道德文明发展之迹，以张新王（孔子）治世之法"。① 对于这样的论断，我们必须加以认真分析。结合前此的多方面考辨，首先可以断定，所谓"人类历史演进之三世"是何休的"三世"说，而非董仲舒的"三等"说；其次，"新王（孔子）治世之法"是董仲舒的"孔子素王"说，而非何休的"隐公为始受命王"的观点。既然如此，那么蒋庆为何要这样做呢？用他自己的话来讲，就是为了证明《春秋繁露·俞序》是"《春秋繁露》的总序，故董子论三世说中之太平世精审如此"。② 这样就形成了一个回护，即董仲舒的"三等"说等同于何休的"三世"说，其结论的展开说明似乎成为其论证过程，这无异于变换方式后的直接宣教，而非推理论证。蒋庆在论及"为何《春秋》要托王于鲁"这一关键问题时，引用刘逢禄《春秋公羊经何氏释例》中的"因鲁史之文，避制作之僭"作为依据，殊不知刘逢禄的"王鲁例"是试图调和两种不同的"王鲁"说的尝试，或者是"孔子素王"与"隐公始受命王"之间冲突的具体表现形式。

### 三 刘逢禄"王鲁例"的出现

刘逢禄以何休"王鲁"说之"名"冠于董仲舒"孔子素王"之"实"，这在新的历史时期不失时机地重新推出"孔子素王"理论，为清代今文经学的转型提供了重要的方法支持。然而，从"王鲁"到"王鲁例"的上升并不能掩盖"孔子素王"、"王鲁"与"王鲁例"之间的理论差异。这就将问题延伸到对"王鲁"与"王鲁例"之间差异的剖析。在儒家经学史上，郑玄对子夏《丧服传》的注解基本上是后世的主要参照。至于公羊家所传《春秋》大义，西汉有董仲舒，东汉有何休，二者各有千秋。刘逢禄整合郑玄的"丧服"学、董何二人的公羊学，以条例编次，进而形成自己的解经范式。在刘逢禄所立诸论之中，以"王鲁例"最为突出。刘逢禄在《春秋公羊经何氏释例》中对"王鲁例"的全貌进行勾

---

① 蒋庆：《公羊学引论》，辽宁教育出版社 1995 年版，第 256 页。
② 同上。

勒，认为"王鲁"的实质就是"以《春秋》当新王"，孔子受命制作礼乐，但是不能占据天子之位，必须假托隐公为"始受命王"，以鲁国作为样板，展示王道的基本内容，目的在于为后世王者提供一套完整的治理方案。

刘逢禄对"王鲁"的判定借用了董仲舒的观点，秉持"《春秋》当新王"的看法，其中"引史记而加乎王心焉"是对《春秋繁露·俞序》所引"孔子曰：'吾因其行事，而加乎王心焉。'"的转述。而引用"《春秋》，天子之事也"（《孟子·滕文公下》）亦是表明孔子"素王"的观念。从这层意义来讲，孔子作《春秋》是天子之事。否则，列国皆有史，史官记述，何必对言"邪说"、"暴行"？刘逢禄引用《公羊传》哀公十四年的话"以俟后圣"，只不过将原来的"制《春秋》之义，以俟后圣"改为"制新王之法，以俟后圣"。《春秋》义俟后圣，使表明异姓兴王之事，"孔子使见用当时，必不能全改周制，所谓从周是也。纵有陋弊，不便大改，惟天以夫子为木铎，制礼作乐，托于素王，乃可自我制作，托于兴王之事"。①

刘逢禄的"王鲁例"与"通三统例"统一于《春秋》始元获麟。新周、故宋、《春秋》当新王，这在董仲舒、何休那里没有疑问。问题就在于，《春秋》当新王，究竟是"孔子素王"，还是以隐公为始受命王？倘若按照何休"王鲁"说，《春秋》托王于鲁，以隐公为始受命王，那么有一个难题无法解决，即鲁侯与周天子同为姬姓，这于异姓而王不合。况且《春秋》经文仍旧将周天子视为王者，将鲁侯看成诸侯，并非何休所理解的"王鲁"。《春秋》当新王，应该是"孔子素王"的同义语。对此，刘逢禄也有清醒的认识，在《春秋赏罚格题辞》中对自己的经学诠释活动进行概括，"稗贩素王，役使先灵，匪以户卢，惟以玩经"，"经寓王法，格执圣权，犹贤博弈，吾无隐焉"。②这样一来，"王鲁例"融合"孔子素王"与"托王于鲁"两种观念，形成一套全新的理论体系。

孔子"托王"是以鲁国作为父母之国，放眼于诸夏、夷狄和整个天下，爱有等差，王法治道也是一个由近及远、由亲到疏的展开过程，其最终目的和理想状态就是《春秋》大一统。其核心价值在于以圣人正义论

---

① 李耀仙：《廖平选集》上，巴蜀书社1998年版，第418页。

② 刘逢禄：《刘礼部集》，《续修四库全书》第1501册，第171页。

来处理民众与精英之间的关系。宗教向度的经学诠释如何面对理性信念的质疑。公羊家采取宗教神秘主义的方式来诠释《春秋》经传中所蕴含的政治哲学和社会理论，万世太平之基在于礼制名分。学界耳熟能详的"《春秋》为汉制法"是汉儒常用的断语，操持权柄的圣人则是代天发意的黑帝之精，公羊先师的口传大义成为金科玉律，天命的兴衰赏罚黜陟可以从经义阐发与社会现实的互动中体现出来。孔子的形象也逐渐摆脱汉代以来古文家所制造的先师的阴霾，经典中记载的二帝、三王、周公之道，不过是孔子寄托圣王理想的陈迹，而非历史事实。

刘逢禄整合"孔子素王"与"王鲁"，然后上升为"王鲁例"，并且将"王鲁例"回归到公羊家所传之《春秋》经文、《公羊传》，形成别具一格的条例之学。"孔子素王"是董仲舒《春秋繁露》的基本论调，强调"王鲁"的实质是孔子托王于鲁，行素王之道，立一王之法，尽管《春秋》之王不过是孔子这样的空王。何休的"王鲁"观念认为"隐公为始受命王"，孔子不能拥有王位，只好托王位于鲁侯，进而阐明王道理想。也就是说，董仲舒认可孔子具有为王的资格，何休却极力回避这个问题。刘逢禄"王鲁例"实质上继承了"孔子素王"思想，将这种思想安置在何休"王鲁"说的名义，进一步规整为条例，加以阐述，促使清代今文经学的义理之学面向社会生活，以开阔的视野和开放的心灵面对新生事物。

但是，"孔子素王"很难得到现实统治者的认同，因为它提升了孔子的地位，打破了帝制时代的君权一重独大的局面，不利于独裁的全面展开。然而从维护和谐稳定的政治局面来看，"孔子素王"又是不可或缺的。从经世致用的角度来看，"孔子素王"维系着儒家学术的命脉。儒家面对陷阱丛生的政治局面，心忧苍生，四处奔走，此时"仲尼之徒"就会变成"旅人"，寻找推行仁政的机会。如果权力运行机制对社会成员的生存环境构成危害，甚至激发深层次的社会矛盾，那么"孔子素王"的形象就让位于"黑帝之精"，揭示"天命靡常"的道理，对现实统治者的恶行构成震慑。然而这种震慑在很多时候不过是权力纷争的口实或者幌子，其出发点并不是改善民生或者优化权力运作方式。这样一来，"孔子素王"的理论框架就变成了争权夺利的护符，日渐远离了孔子本人的社会理想。

## 第二节　旅人与黑帝之精的纠葛

儒家具有强烈的淑世安民的情怀。人类社会中存在诸多苦难与艰辛，成为引发儒家忧患意识的重要因素。维系人伦、促进技术革新和维护社会正义是儒家义不容辞的社会职责。儒家培养大丈夫的人格，主张立德立功，当改造社会的崇高理想不能实现时，仍旧不会放弃或沉沦，而是考虑如何立言，为后世提供借鉴。人是政治的动物，政治的最佳形态是德政。德政的最高实行者是圣王。圣王必须同时拥有德性与权位。孔子只有圣德而无权位，只能被视为素王。孔子没有将社会理想寄托于彼岸世界，而是强调"人"的价值与尊严。当统一的帝国稳固了政权之后，孔子又被塑造成"黑帝之精"，跻身于五德终始的行列，俨然成为与最高统治者齐驱并驾的上帝之子。无论"黑帝之精"还是"旅人"，都是"孔子素王"的不同表达形式。孔子形象的嬗变与儒家的出场路径有着密切的关系。

### 一　由孔子开启的诸子游说诸侯之风，是有识之士施展抱负的强有力体现

儒学传统非常注重对"旅人"的反思。从表象看，"旅人"和一般的旅行者或颠沛流离的受苦受难的人没有什么区别。但是从生命信仰的高度来看，"旅人"呈现的是鲜明的大丈夫的气度。钱澄之在注解《旅》的卦辞时引用苏君禹的说法："古者，丈夫桑弧蓬矢以射四方，而童观、窥观者，以小人女子目之，故在乡井之日少，而在逆旅之日多。孔孟一生，皆旅人也。"① 天道浑沦，得其大者为大，得其小者为小。古礼多含有深刻的意蕴，以桑弧蓬矢射向四方，表明大丈夫志在四方，不能老死乡里、不为人知。这一观念在汉代儒家那里显得尤为突出，现存纬书记述了"孔子自筮得《旅》"这一事件，其大致说法如下："（孔子）生不知易本，偶筮其命得《旅》，请益于商瞿氏，曰：'子有圣智而无位。'孔子泣而曰：'天也，命也，凤鸟不来，河无图至，呜呼，天命之也。'"（《易纬·乾坤凿度》）在儒家的政治理想中，德性与智慧是同一的，这一点在魏晋时代体现为"才性合"这一基本命题。结合纬书中的说法，圣智的实质

---

① 钱澄之：《田间易学》，《钱澄之全集》第 1 卷，黄山书社 1998 年版，第 533 页。

就是圣德，毕竟儒家典籍中的上古圣王与贤臣都在德性与技能等方面实现了同一。孔子之前的圣王，即便周公也有权位。唯独孔子"祖述尧舜，宪章文武"（《礼记·中庸》），临命终时也不过是匹夫。陈恒弑其君，孔子欲讨齐，当时也只好以"从大夫之后"作为托词。在那段礼崩乐坏、战乱频仍的艰难岁月，探讨德性的完善、政局的稳定、社会的协和，不过是奢望罢了。但孔子及其弟子一直在坚持。

回到现实政治，儒家的调和学说经常无法获得统治者的全力支持，圣德与权位之间的张力与日俱增。孔子曾经以《贲》自况，自己的尴尬处境犹如丹漆与白玉，颜色纯正，却无法获取进一步的装饰，即"以其离耶。在《周易》，山下有火谓之贲，非正色之卦也。夫质也，黑白宜正焉。今得贲，非吾之兆也。吾闻丹漆不文，白玉不雕，何也？质有余，不受饰也"（《孔子家语·好生》）。这一点可以从两方面加以分析，一方面是统治者出于权力感带来的优越性，沉湎于欲望的不断满足，不愿接受儒家的道德约束，对儒家的德政构想置若罔闻；另一方面是民众终日劳作，食不果腹，衣不蔽体，没有精力更没有机会从事儒家的德政实践。

儒家的救世观念却在孔子的言论与实践的导引下继续进行。前人对孔子救世的核心观念有着深刻的认识：

> 孔子抱圣人之心，彷徨乎道德之域，逍遥乎无形之乡，倚天理，观人情，明终始，知得失。故兴仁义，厌势利，以待养之。于时周室微，王道绝，诸侯力政，强劫弱，众暴寡，百姓靡安，莫之纲纪，礼义废坏，人伦不理。于是孔子自东自西，自南自北，匍匐救之。（《韩诗外传》第五卷，第一章）

孔子所处的时代，"丛林法则"盛行于整个人类社会。恃强凌弱，以众欺寡，上下交征利，内外多猜忌。在这种情形之下，如果继续强调强力意志，忽视最低限度伦理道德的建设，势必将人类社会引入无法自拔的罪恶泥潭。孔子救世所要救的不是"灵魂"，更不是企图设置作为"位格"的上帝，企图以自身作为道路，促成人与神的和好，而是希望能够在这个属于人的世界中建设一套能够及时调适的社会秩序，以此作为安顿生民的有力保证。人类社会的事情，最终还要靠人的力量加以解决。任何社会空想与宗教幻想都无法打破现实的困顿。

从孔子开始，儒家就有明确的天下观念，也就是人迹所至必有道义的价值观念。天下观念区别于狭隘的种族偏见和疆域限制，对所有人一视同仁。同仁亦可作同人，也就是在辽阔的大地上生活着的有着种种欲求的人。作为最低限度的伦理道德是人之所以成为人的基础。儒家所要建设的正是一个开放的社会。国家只有在完成沟通统治者意愿和民众想法这一首要问题方面取得成效，方才不失为其作为政治运作机构所应具有的合理性。

不过有这样一种假设：如果遍历列国，仍旧无法实行德政的理念，那么儒家应该采取怎样的措施呢？儒家也主张隐退，认为那是应对惨淡局面的最佳选择，但有其特定的内涵，那就是"穷则独善其身"。孔子并不主张离群索居的隐退，尤其是隐士的价值取向。虽然现实的政治生活存在着种种缺憾，不能为民众生活创造有利条件，但是这并不能成为取消政治，毁弃文明甚至与鸟兽为伍的借口。身处下位，心忧天下，现实和理想之间的巨大反差造就了儒家惯于调和社会关系这一品格。就这样，儒家从孔子开始就已经饱受凄惶之苦，为了实践救世理想而到处奔波，毕竟大丈夫有着舍我其谁的勇气，更有"旅人"的崇高理想。生命不息，奋进不止。

## 二　孔子形象逐渐被神秘化

孔子对包括鬼神在内的神秘事物采取审慎的态度。既不主张狂热的鬼神迷信，也不赞成激烈的无神论，而是采取折中的方式，"敬鬼神而远之"（《论语·雍也》），也就是在敬的前提下远离鬼神。这为儒家"神道设教"的宗教态度奠定了基础。然而孔子形象被汉代儒家神化，将孔子奉为孔母感黑帝之精而生的圣人。

就现存材料而言，最为突出的莫过于纬书的记述："孔母征在，游大泽之陂，梦黑帝使，请己往梦交，语：'女乳必于空桑之中'，觉而若感，生丘于空桑之中。孔子曰：'某援律吹律，而知有姓也'。"（《春秋演孔图》）在这种类似于神学的观念形态中，孔子从"旅人"转变为上帝之子。之所以这样讲，黑帝是五帝之一，而"五帝亦称上帝"（《春秋纬》），那么黑帝之子也就是上帝之子。在汉代惯用的五德终始说中，人间的最高统治者是上帝之子，他们执掌权柄的次序是按照五行顺承的，就"帝"、"上帝"和"五帝"的关系而言，"帝，上帝也。上帝，五帝，在太微之中，迭生子孙，更王天下，故四时之序，五德相次，圣人法之，以立明堂，为治天下之大法也"。① 为了给统治秩序和政权提供充足的合法性，最高统治者必须慎重对待"明堂"问题。祭祀活动的实质就成为尊崇上帝与敬重祖宗的混合体。孔子是黑帝之子，那么孔子是否享有和天子同等的尊荣呢？在汉儒看来，"天子至尊也，神精与天地通，血气含五帝精，天爱之子也"（《春秋保乾图》）。与天子享有威权荣耀相比，孔子一生栖栖遑遑，奔走列国，晚而垂示空言，即使显扬君师之道，但其社会角色充其量不过是无冕之王。

本来，孔子关注的是现实中的人，并不畅谈鬼神之事。然而孔子的后学为了赢得全社会尤其是最高统治者的青睐，不得不神化孔子及其学说。这再一次说明神圣事物都是从普通事物中拣选出来，发挥某种特殊作用，就是说"如果社会恰好垂爱某人，认为从他身上找到了能够打动它的雄心壮志，以及实现这一抱负的手段，这个人就会卓然出众，被奉为神明。舆论就像维护诸神一样赋予他威严"。② 孔子的形象也是这样被神化的，以至于在面对"二千年未有之大变局"时出现了有关孔子神圣性的大辩论。这一点在主张重建孔教的学者那里显得尤为突出。陈焕章通过搜集整理历史上有关孔子身份的论据，认为孔子不仅是宗教家，还有更多的身份：

> 凡道德家、教育家、哲学家、礼学家、文学家、历史家、群学家、政治家、法律家、外交家、理财家、音乐家、博物家、神术家、兵法家、武力家、旅行家之资格，无一不备。此孔子所以为大也。然岂能因孔子具备诸家之资格，遂并其宗教家之资格而削夺乎？他教之教主，多属单纯之宗教家，而孔子独为美富之宗教家。不能谓单纯之宗教家方是宗教家，而美富之宗教家非宗教家也。③

陈焕章罗列了这么多的身份，最终目的是为了说明这些身份不能掩盖孔子是宗教家这一事实。作为宗教家的孔子与耶稣有着根本上的不同。首先，孔子不是上帝与人之间的"中保"。关于孔子是不是"中保"的问

---

① 张涛、陈修亮：《周易述导读》，齐鲁书社 2007 年版，第 472 页。
② 爱弥儿·涂尔干：《宗教生活的基本形式》，上海人民出版社 2006 年版，第 204 页。
③ 陈焕章：《孔教论》，上海孔教会 1912 年版，第 9 页。

题，必须有一个明确的回答。与处女玛利亚在圣灵那里怀孕一样，儒家文化中也多有"圣人皆无父，感天而生"的情况。耶稣担任人与神之间的"中保"，至少说明"中保"既是人也是神，作为天使的元首，"中保"必须有着与人一样的肉体，"道成肉身"说是不可避免的。"中保"的职责在于救赎，在基督宗教的理论视野中，现实世界和神圣世界之间存在着巨大的反差，"下界的事物是可朽的、不纯的，不能接近上界的不朽和纯洁，因此为了治疗这种与上帝分离的状况，确实需要一位中保，然而这位中保尽管由于拥有不朽的身体而接近最高的存在者，但不管怎么说仍旧与灵魂患病的最低存在者相似"。[①] 作为"中保"的耶稣背负十字架。

在基督教的观念世界中，耶稣用自己的"宝血"洗刷众人的罪，在人与神之间建起宽阔的桥梁，宣告福音，希望人能重新回到上帝那里去，那位上帝不再是律法时代那位喜怒无常、令人难以捉摸的最高主宰，而是改头换面成为"我们在天上的父"（太6：9）。这位"父"对世人充满了"爱"。耶稣强调的是信仰的力量，宣告末日审判以及上帝降临众人的身边，人们只有真正地进入信仰生活，才能不断领会"中保"对众人的要求与上帝的慈爱，所以有的神学家非常重视对"基督形象"的考察，重视"中保"在衔接信仰与上帝之间的关系时发挥的重要作用，认为："耶稣被证明是：一、告知上帝临在于人们身边的宣告者，二、（以一种无以伦比的博爱行为帮助罪人的）十字架受难者，三、（为生命短暂的、有限的人类开辟无限的未来远景的）死而复活者。"[②] 当然这三个方面是一个不可分割的整体，服从于"中保"的救赎职能。

再者，孔子"代天发意"，但不是基督教文化中的"保惠师"。按照汉代儒家的理解，"孔子志在《春秋》，行在《孝经》"（《孝经援神契》），当儒家的孝治思想被统治者改造为"以孝治天下"之后，《春秋》所蕴含的素王赏罚黜陟的大经大法又将遭受什么命运呢？麟经不过空文，托古终成幽梦。孔子为万世立法，最终面对的不过是这样的结局，"未知世有《春秋》，果足拨乱反正与抑不能若是，而君子其自乐道尧舜之道与后有尧舜者出焉，得闻《春秋》之义，君子于是不亦乐乎？即后世终无尧舜之君能拨乱而反之正者，而君子第制《春秋》之义，以俟后圣，后之君

---

① 奥古斯丁：《上帝之城》，人民出版社 2006 年版，第 376 页。
② 海因利希·奥特：《上帝》，辽宁教育出版社 1997 年版，第 73 页。

子第诵而讲学之，夫亦必有乐乎此者矣"。① 既然往圣前贤都不能在苦难的现世实现"太平"的社会理想，那么后世儒家诵读讲学的意义又在哪里呢？

孔子不能担当"中保"的职责，儒家也没有形成类似于教会的组织。子学时代的儒家面临战乱频仍的社会局面，以"旅人"的身份奔走于列国，希望能够借势行道。当政治上的统一局面形成以后，儒家阐发具有神圣意义的"大一统"，意欲通过"托始"来"正始"，将国家机构的职能运作纳入礼乐制度，要求天子、大臣与胥吏必须遵循相应的法度。历史并没有给予儒家以厚实的回报。儒家等到的不是圣王致太平的理想社会，而是经学时代的官僚统治。从表面现象来看，经学时代是儒家一统学术的辉煌阶段，各家学术都以不同的方式向儒学倾斜，至少是表述方式上实现了转变。统治者比儒家更能理解什么是"干蛊之道"，以所谓"祖宗之法"干预社会思想的发展，整肃经义阐发的异端倾向，导致任何有关经典问题的讨论最终几乎都由统治者裁决。一个学派的荣辱，一部经典的兴亡，取决于统治者的好恶。

尽管儒家一直强调"忠恕"，也不断鼓吹救世，但最终也没能形成固定的社会组织。与儒家注重此岸世界拒斥彼岸世界的价值取向不同，教会继承和替代古代哲学，力图拯救"灵魂"，宣扬"福音"，"它一方面相信惩罚的赎罪力量，另一方面又相信宽恕的磨灭力量：两者都是宗教偏见的欺骗——惩罚并不能赎罪，宽恕也不能磨灭什么，覆水难收"。② 教会的缺憾在于宗教偏见，儒家的不足在于政治依附。儒家的伦理道德在传统社会中被改造为父权家长制的理论依据，在马克斯·韦伯看来，"在中国的历史上，正如根本上不存在过先知预言一样，不存在过法的先知预言，也不存在着辩护的法学家阶层，似乎也根本不存在着专门的法律培训，这与政治团体的父权家长制的性质相适应，政治团体力图阻止形式的法的发展"。③ 这在无形中延缓了儒学的现代化进程，增加了学者透析儒家学术真精神和真价值的难度。

孔子周游列国，游说诸侯，德政意见不能得到采纳，被当时的贤者形

---

① 姚萼：《公羊传补注》，《丛书集成续编》第 13 册，第 523 页。
② 尼采：《权力意志》，商务印书馆 2007 年版，第 1067 页。
③ 马克斯·韦伯：《经济与社会》下册，商务印书馆 1998 年版，第 148 页。

容为"羸乎若丧家之狗"（《韩诗外传》卷九，第十八章），既然有丧事，有"丧家之狗"，但不知丧主是何人？又被后学敬称为"旅人"。任何称呼都不能抹杀孔子那艰苦卓绝的品质。即便身陷险境，依然弦歌鼓舞，体验生命的乐趣。当然，这种乐趣源于一种超越宗教层面的审美意趣。与佛教重"苦"不同，儒家善于在险象丛生、苦难交集的现实生活中培养并扩充对"乐"的爱慕。历来所绘孔子及其门徒的画像，最引人注目的是圣贤大多数都佩剑。阅读历史文献，不难发现，孔子学无常师，学琴于师襄子。由孔子开创的儒家善于在鼓琴中发觉生命美感的端倪。在诸子争鸣时代，儒家最具"剑心琴胆"。

　　君子不怒而威，心系苍生，以天下为己任。优乐不动其心，体察天地之间的大乐。回顾李鼎祚所说的"文王明夷，则主可知矣。仲尼旅人，则国可知矣"，① 当"旅人"与"黑帝之精"都成往事，去圣日远，今天的学者重新发掘儒学的合理成分，又将如何改造孔子的形象？这是我们应该继续关注的问题。然而，无论学者如何重新塑造孔子的形象，有一点不能篡改，那就是"孔子素王"是儒家治世的根基。

# 第三节　"托始"笔法中的礼崩乐坏

　　从经典文本的内容来看，《尚书》记载了圣王的经世方略、嘉言懿行与制度规章，而《春秋》将乱臣贼子的行径、邪念暴露无遗，并指明拨乱反正致太平的道路。《春秋》是"孔子素王"的"刑书"。《春秋》经文惩治各种罪行，从重到轻，依次是"弑君父"、"叛亡"、"僭窃"、"灭人国"、"擅侵伐"、"会盟"、"私朝聘"、"专杀大臣"、"妄兴作"、"昏丧"、"灾异"，这些混乱的事件都是"礼崩乐坏"的结果。圣人经世致用，既能防患于未然，以"知几"的敏锐洞察力捕捉社会危机，及时采取有效措施，维护社会生活的稳定，确保民众能够享有良好的生存条件，又能深入乱世，决疑定谳，更能诛意量刑，行使褒贬黜陟的权力，因而可以说，"《易》治未乱，《春秋》治已乱，臣弑其君，子弑其父，非一朝一夕之故，所以戒天下后世辨之于早也"。② 然而，《春秋》大义并能被所有

---

① 张文智：《周易集解导读》，齐鲁书社 2005 年版，第 101 页。
② 焦循：《孟子正义》，《新编诸子集成》，中华书局 1987 年版，第 461 页。

的君主与当政者接受，甚至在很多时候遭到曲解与毁弃，致使圣学不明、变乱丛生。

## 一 《春秋》三传对隐、桓之事的解读

孔子《春秋》记述的二百四十二年混乱史实，造端于隐公、桓公之间的礼制崩溃和道德沦丧。就以隐、桓之事作为切入点，考察《春秋》三传诠释方法的不同方向。鲁惠公"薨"后，其子隐公成为鲁国的执政者，随后隐公被"弑"，隐公之弟桓公即位。孔子所作《春秋》，就以隐公、桓公在继承国君之位的冲突作为事件的开端，对"礼崩乐坏"的社会状况进行反思，发表自己对社会变迁的看法。因此，在探讨隐、桓之间究竟应当立谁这一问题时，我们必须注意到，孔子《春秋》记述隐公、桓公之事的书法，有以下几个方面不容忽视：

1. 隐公元年没有用"即位"二字来说明隐公已经成为鲁国的执政者；
2. 隐公二年至十一年没有"正月"的字样；
3. 桓公元年却有"即位"二字。

与西方文化相比较，儒家思想中没有基督教的"原罪说"，孔子《春秋》所作的回忆不是对受难与救赎的讲述，而是对礼崩乐坏的反思。从今天的眼光来看，孔子《春秋》文本中所记述的人事都是处在一个无知之幕的背后，各自担任不同的角色，上演不同的悲剧，将反思的权利留给文本的结集者，由结集者审定其中的是非曲直，从而制定具有等差性的正义原则。孔子《春秋》所设定的原初状态是以隐公、桓公之间的"兄终弟及"作为开端，它也可以被视作孔子最终结集其一生实践与理论的开端。因而从整体化角度考察这一开端，是我们无法回避的阅读与对话的重要内容。所谓整体化，不仅包含一般地从局部到整体的辩证的考察，这种理解方式能够在一个较为开阔的视野中分析组成整体的各个部分之间的联系，以及各个部分同整体之间的联系，而且还包括从不断实践不断变化的历史视角来审视具体的人事，在多维度的综合统一中揭示文本的深层涵义。三传对于文本的深层涵义有着不同理解与解释，可以说不同的理解在一定程度上限定了不同的解释，因为理解不仅是解释的基础，而且还是解释的一部分，甚至可以说理解就是解释。

按照《左传》的记述，隐公是惠公继室声子的儿子，本来是合乎宗法制的继承者。而桓公的母亲仲子是宋武公的女儿，出生时手上有天然的

纹理"为鲁夫人",因而嫁到鲁国。桓公出生以后惠公"薨",隐公鉴于仲子身上所显现的祥瑞,于是就奉桓公为国君,自己处于"摄"的地位。所以《左传》说:"不书即位,摄也"。这样就把问题转向了对"摄"的考察。在儒家的政治理想中,商朝的伊尹、周初的周公被视作摄行政事的典范,后世儒家将他们列入圣王的行列。这里所讲的"摄",是指不修即位之礼,行使天子或君主的权力,等到合法继承人有能力操作政权时再把权位归还给他。即使伊尹、周公之"摄"也仅仅是行天子之事而未得天子之实,鲁国虽然祭周公以天子之礼,但是周公依旧是三公之一而非天子。可以说,周公之"摄"属于"摄政",隐公之"摄"属于"摄位",二者之间存在着一定差异。这种观点在郑玄那里有着明确的论述,"隐为摄位,周公为摄政。虽俱相幼君,摄政与摄位异也"。① 在现存儒家经典中,《尚书》和《孟子》都提及伊尹、周公的德行,尤其是后者从更为广阔的历史和道德视域来赞美这两位圣王。对于隐公二年到十一年为何没有"正月"这一问题,《左传》原文没有回答,这就需要从其记述事实的立场上加以分析。因为左氏先师是以史书来看待孔子《春秋》,隐公二年到十一年中间的这些正月里没有可以记录的事件,所以《春秋》没有"正月"的字样。至于桓公元年有"即位"的字样,可以从隐公摄行政事、桓公应为国君这一理解中找到明确的原因。

而《公羊传》则从几个层面来考察以上问题:首先,必须要说明的是隐公年龄较长而且品行贤良,但是其母亲地位卑贱;桓公虽然年龄幼小,但是其母与隐公之母相比则地位高贵。根据"子以母贵"的礼制原则,被立为国君的应当是桓公;其次,鲁国诸大夫看中隐公之贤,而忽视礼制方面长幼与贵贱的差别,强行立隐公为权力的继承者;再次,隐公非常清楚自己与桓公之间的尊卑,又考虑到桓公当时年纪尚幼不能稳固政权,自己因而暂且执掌政权,等待时机成熟时再将权力转交给桓公。这三方面因素可以统称为"隐为桓立"。对于隐公二年到十一年为何没有"正月",《公羊传》原文有着详细的说明,"隐何以无正月?隐将让乎桓,故不有其正月也"(《公羊传》隐公十有一年),这就牵扯到儒学传统中另外一个道德原则"让"。在儒家所认可的圣贤中,伯夷与叔齐之间的兄弟之"让"最为感人,所以《论语》"逸民"一则中列有伯夷、叔齐,并且由

① 郑玄:《发墨守》,《丛书集成初编》第3627册,第2页。

兄弟之"让"推及到二人在世道昏乱的条件下保持德行，因此博得孔子的赞扬"不降其志，不辱其身，伯夷、叔齐与！"（《论语·微子》）孟子又结合伯夷"辟纣而居"，尊称伯夷为"圣之清者"（《孟子·万章下》）。可见，在个人参与政治生活的过程中，"让"是一种美德。

但是作为《春秋》的开端事件，隐公甘愿让位于弟，颇得往圣前贤之遗风，所以隐公二年到十一年没有"正月"。至于桓公元年为何有"即位"字样，公羊先师的解释是"继弑君，不言即位。此其言即位何？如其意也"（《公羊传》桓公元年）。按照儒学传统，君主被弑之后，继位者和臣子应当讨贼，而桓公却没有任何举措，因此公羊先师说："春秋君弑贼不讨，不书葬，以为无臣子。"（《公羊传》隐公十有一年）于是就从桓公未践履职责来追讨其意，以此具体事件来阐发孔子《春秋》中所蕴含的"诛意"的大义。从道德自觉的角度来看，"诛意"能够将很多变乱的念头扼杀在萌芽状态，有其积极效果。然而从统治者维护自身威权统治的实际需要来看，"诛意"很容易成为诛杀臣下、消除异己和独揽大权的借口，非常不利于法治的健全。

尽管"让"是一种美德，但并不能说明这种美德适用于一切政治情势。"让"需要当事人都有高度的道德自觉。如若不然，在很多时候，"让"会成为滋生祸乱的拙劣行径。《穀梁传》从一开始就反对隐公试图让位于桓公，认为隐公掌握政权是臣子继承君父的大业并且得到周天子的正式认可，其证据就在于隐公元年有"正月"。而孔子《春秋》于隐公元年之所以不书"即位"，就在于成全隐公的不愿占据国君之位的想法。隐公为了实现其父惠公的遗愿，决定身居臣位以辅佐桓公。公羊先师认为，隐公欲让位的做法不值得褒赞，应当予以谴责。其来龙去脉大致如下：先君惠公欲传位于桓公，这已经是邪见，但是后来正见压倒邪见，还是传位于隐公，作为臣子应当发扬君父的美善而不发扬君父的邪恶，然而隐公却要让位于桓公，这一点从"让"的角度来看固然是善举，但是小善不掩大恶，兄弟之让置天子、君父和国家、社稷于不顾，这就是行"小道"、"小惠"而坏天下之道义，是非常不可取的。在这层意义上讲，隐公之"让"使自己成为名副其实的"乱臣贼子"，原因在于：

成父之恶，即贼子矣。所谓乱者，岂但犯上作逆乃为乱乎？废伦忘君，即乱臣矣。乌乎，以轻千乘之国者而不能逃乱贼之诛，然则千秋万世臣子之惧心，必自隐公始矣。况《传》曰："先君既胜其邪心，以与隐"，是惠公未失其正也。①

因而，榖梁先师在开篇就指责隐公放弃自己之正名、正位而取不正。至于隐公二年至十一年为何不书"正月"，《榖梁传》原文是这样论述的，"隐十年无正，隐不自正也"。桓公元年之所以有"即位"的字样，是为了指责桓公"无恩于先君"。因为"先君不以其道终"，子弟在这种情况下应当是"继"而不是"即位"，其中包含着子弟的"不忍"之情。这一点同孟子所论述的"不忍人之心"相得益彰，"孟子曰，人皆有不忍人之心，先王有不忍人之心，斯有不忍人之政矣。以不忍人之心，行不忍人之政，治天下，可运之掌上"（《孟子·公孙丑上》）。就《榖梁传》文本而言，用"即位"来反映客观事实的"继"，正是对桓公为追逐权力而忘却君臣、兄弟之间的"不忍"的谴责。

《左传》仅仅依据当时所存的对于历史事实的记载，从事件的原貌和结果来试图恢复孔子《春秋》中人事的本来面目，然后从记录历史的角度来全面解释孔子是如何完成自己的历史著作。而《公羊传》和《榖梁传》的共同之处在于，基于对历史事件的把握，运用"谈话"的方式分层逐次地评述文本的内容，以儒学传统中的礼制与道德之间的张力为切入点，发掘孔子《春秋》中人事复杂关系中所潜藏的多重价值取向，权衡利弊大小之后，再从中选择效益最大化的"谈话"结果。

从追究隐公被弑事件的责任者来看，我们可以明显判别三传诠释方法的分歧。其中《公羊传》和《榖梁传》的诠释方法侧重于以义理追究当事者的责任，进而将责任追究转化为对社会成员生存状态的反思。同时，通过口传心授的形式来传送孔子身上和笔下所统摄的"王道"。在这种诠释方式中，历史事件可以看作是"王道"借以展现自身全貌的必要环节，因而两家对于孔子《春秋》的理解不再是剪切史料之后所形成的简明历史教科书，而是通过具体人事来寄托社会理想的阐发"王道"思想的哲人王之书。而《左传》对于孔子《春秋》的理解仍然停留在历史著作的层面，这就注定了其先师的诠释方法是，以补充史料为主要途径来努力恢

---

① 柳兴恩：《榖梁大义述》，《丛书集成续编》第13册，第535—536页。

复历史原貌，从而勾画孔子编写史书时遵循的"周公遗制"。因为左氏学家对孔子作《春秋》此一事件的理解仅仅是编撰史书，而《左传》则是补充孔子《春秋》的又一部史书。

左氏先师对于"兄终弟及"并没有过多留意。在他们看来，隐公奉桓公为国君，自己摄行政事，因此孔子于隐公元年不书"即位"。假定隐公确实摄行政事而不是事实上的国君，那么等到桓公成年以后，隐公就必须归还政权退居臣位。在这个过程中，隐公所有的政治行为都是为桓公而做。由于隐公品行贤良，当时鲁国的政治局面显得非常稳定。这时，佞臣公子翚建议隐公杀掉桓公以消除政治隐患，隐公不但没有答应反而透露出交还政权的决心。公子翚听到之后非常担心，于是就到桓公那里离间兄弟之间的关系，然后使贼弑隐公，嫁祸他人之后立桓公为国君。这样一来，孔子《春秋》中隐公、桓公之间"兄终弟及"的局面就形成了。这种以史料诠释孔子《春秋》的方法看起来非常翔实，甚至给人一种力图恢复历史原貌的感觉，但是其中却隐藏了严重的逻辑矛盾。既然隐公是摄行政事，身遭不测之后仍是曾经掌握政权的臣兄，其弟桓公即位之后就应当以臣兄视之，孔子《春秋》却为何以隐公为国君？何况孔子《春秋》所列十二国君的首位便是隐公，隐公在位共计十一年。倘若《左传》所说隐公奉立桓公的观点成立，那为什么孔子《春秋》的开端不称"桓公元年"而称"隐公元年"？由此可见，至少在这一方面，《左传》史料填补的诠释方法无法消除自身与孔子《春秋》之间的隔阂。

由"兄终弟及"延伸到对"摄"的讨论。在传统政治的话语中，摄政占据着相当重要的位置。一般来说，君主年幼，大臣摄政，等到君主成年以后，大臣交出权力，由君主亲自操作。但是也不乏许多奸雄借用摄政的名义，把持朝政。如果将隐公执掌朝政视为"摄"，那么合法的继承人是桓公。何休与郑玄就《公羊传》和《左传》的不同观点展开论述：

何休以为古制诸侯幼弱，天子命贤大夫辅相为政，无摄代之义。昔周公居摄，死不记崩。今隐公生称侯，死称薨何？因得为摄者。

箋曰：周公摄政，仍以成王为主，直摄其政事而已。所有大事禀王命以行之。致政之后，乃死。故卒称薨，不记崩。隐公所摄，则位亦摄之，以桓为太子，所有大事皆专命以行。摄位被杀，在君位而死，故生称公，死称薨，是与周公异也。①

何休认为，按照周朝的制度，当诸侯年纪幼小的时候，天子命令贤明的大夫辅佐朝政，而不是摄政代职。从历史的角度来看，周公在成王年幼时就实行摄政，因而死后"不记崩"。从《春秋》经文来看，隐公生前称侯，死后称薨，说明孔子认可他摄政。何休的观点并没有得到郑玄的认可。在郑玄看来，即便周公摄政，仍旧将成王尊为天子，自己只不过处理日常政务，并没有取而代之。周公摄政期间，所有大事都要禀明成王，然后推行解决方案。因而死后不书"崩"而书"薨"。隐公则不同，不但摄行政事，就连国君之位也据为己有。隐公在摄位期间被杀，死于国君之位，因而生前称公，死后称"薨"。即便公羊家断定诸侯不能摄位，然而隐公却在事实上行使了摄位的权力。这无疑是对何休观点的否定。

公羊先师表彰隐公的贤良，不仅包括政治方面的才干，更重要的是能够像伯夷那样乐意让位于弟。由于鲁国诸大夫不顾尊卑而强行立己，而此时桓公年龄尚幼，隐公恐怕让位之后桓公未必得立，即使得立又担心诸大夫不能辅佐幼主，于是暂且即位以待时机成熟再传位于桓公。公羊先师对于隐公能否即位的态度有一个变化的过程。隐公起初不愿即位的原因是，"桓幼而贵，隐长而卑"（《公羊传》隐公元年）。随着隐公贤德的不断展现，尤其是欲让位而罹难，公羊先师在二者间展开了权衡，最终认可了隐公应当立为国君，而且是一位深受爱戴的国君。这时判别贵贱的标准不再是出身而是德行，隐公出身卑贱但是品行高贵，桓公出身高贵但是品行低贱，这一点可以从《公羊传》文本当中看出，"隐贤而桓贱也"（《公羊传》桓公二年）。桓公不但默许公子翚的弑君行为而且还从中获利，即位之后又不诛杀贼人，从礼制和道义上讲桓公都是弑君者。由此可知，隐公是名副其实的国君，桓公继弑而立，所以隐公、桓公之间的"兄终弟及"是成立的，兄弟二人俱是鲁国以往的国君。《公羊传》对于"兄终弟及"所作诠释，与孔子《春秋》书法基本吻合。

《穀梁传》认为隐公是鲁国名正言顺的国君，就让位的意向而言，隐公为不正。孔子不书隐公"即位"正是为了成隐公之"不正"以"恶桓"。这样就设定了一个前提，按照尊卑等级隐公当立，因为"《春秋》

---

① 郑玄：《箴膏肓》，《丛书集成初编》第 3627 册，第 1 页。

之义，诸侯与正不与贤"（《穀梁传》隐公四年），隐公得立已经满足这个条件。而先君惠公欲传位于桓公则纯属邪志，隐公应当"扬父之美，不扬父之恶"（《穀梁传》隐公元年），不可因为私情而出让权位。隐公欲让而桓公与弑，形成了"兄终弟及"的客观事实。穀梁先师对此也无可奈何，只能承认桓公的权位。桓公参与弑君而得立，当时的天子、诸侯和百姓都无法扭转局面，因而是不应得立而立。从《穀梁传》对孔子《春秋》中这段记载的诠释可以看出，其诠释方法是以统摄"正"、"不正"和"变正"的道作为意义的本体，对一切历史现象的诠释都是基于对意义的展开。其解释方法侧重于论述道德意义的完整，以道德意义激活文本意义，从而避免对文本意义作空想式的探究。

## 二 经、史之间的差异

以上仅仅考察了三传先师对于隐公、桓公之间"兄终弟及"的不同诠释，还没有将对于该事件的诠释融入三传文本的整体中去。现在就以此作为切入点来说明三传代表的三种不同的诠释方向：在谈到《左传》的诠释方向时，我们必须要做的是搁置经学史上有关《左传》是否传孔子《春秋》大义的争论，设定《左传》是以"史"的精神来解释孔子《春秋》的文本。另外，必须严格地将考察范围限制在孔子《春秋》与《左传》文本之间，尽可能避免受到东汉以后融合三传以成一传之学的干扰。依据司马迁的记载，《左氏春秋》的著述缘由是"鲁君子左丘明惧弟子人人异端，各安其意，失其真，故因孔子史记具论其语，成《左氏春秋》"（《史记·十二诸侯年表》）。整体把握该篇原文，就不难发现司马迁将孔子后学七十子之徒"口受其传指"与鲁君子左丘明"因孔子史记具论其语"的解释方法相并列。从记事的角度来看，《春秋》始于隐公元年，终于哀公十四年"西狩获麟"，言简意赅；从为后世立法的角度来看，《春秋》确立的"义法"能够为后世拨乱反正提供范本，即所谓"制义法，王道备，人事浃"。孔子作《春秋》，七十子后学传承微言大义。与七十子之徒口传微言大义相比，《左氏春秋》的特色是"具论其语"，亦即以南史、董狐的秉笔直书来揭示历史事件的真相，以"君子曰"或"仲尼曰"的方式来臧否人物，使得善恶显著、功过昭彰，从而达到警示世人、劝善惩恶的目的。后来，刘歆随左氏后学钻研《春秋左氏传》，"引传文以解经，转相发明，由是章句义理备焉"（《汉书·楚元王传》）。由此可知，刘歆在完备《左传》义理方面功不可没。就目前流传的文本而言，《左氏春秋》以完善史料作为阐发孔子《春秋》的诠释方法，虽然没有《公羊传》和《穀梁传》那样善于发掘孔子《春秋》书法的微言大义，但是它毕竟开辟了一条力求实事求是的诠释道路。它所要争取的是与"君权"互为消长的"史权"，传播的是儒学传统中"信史"的精神。

公羊先师的诠释方法侧重于阐发孔子《春秋》中的"微言大义"。其中，"微言"是指理解者公羊先师和理解对象孔子《春秋》之间的对话，公羊先师在对话过程中不断询问文本，文本不是理解者单方向的加工对象而是与理解处于互动状态的对话者，二者的终结就是文本中的语言，具体说来就是孔子"笔削"而形成的书法。理解者通过对书法的理解为文本注入了包罗万象的意义。然而这种无穷尽的意义并不是其理解和解释活动所追寻的最终结果。公羊家具有强烈的现实情怀，其理解和解释活动从未回避自身所处的社会现状以及儒家维系社会秩序的具体实践，并且以此作为与文本进行对话的基础，从而创造性地发挥自身所擅长的实践性诠释学。随着理解者与文本之间对话的不断深入，理解的可能性逐渐被现实的可供操作的道德伦理替代，从而避免将文本意义的发掘寄托于无休止的文字游戏。尽管公羊先师没有直接参与秦汉之间的政治生活，但是，由他们口传心授而后著录于简帛的《公羊传》，成为后学理解与解释孔子《春秋》微言大义的中介，这一点可以从后世以公羊家对《春秋》的诠释结果断狱决疑、缘饰法术的具体实践中看出。"当时汉廷君臣，根据孔子《春秋》来判断是非，创制立法的时机事例，实在也不少。其荦荦大者都见于《两汉书》，若逐一列举，总不下数十处。"① 所以我们可以说，由《公羊传》所开启的诠释方法的特色在于运用理解者与文本之间的视域融合，消解一切试图恢复文本原貌、追寻文本终极意义的企图，将理解与解释活动直接指向现实社会的需要，在具体的社会实践中不断丰富文本的意义，从而更好地与文本进行对话与交流。

与《公羊传》相比，《穀梁传》对孔子《春秋》的诠释显得非常朴素，其诠释方法的特色在于：事先设定一套道德伦理标准，然后运用标准去阐发孔子《春秋》的书法。在《穀梁传》中，"正"具有道德本体意义，它不仅能够统摄一切合乎礼制的人事，而且还能以"症候式"的阅

---

① 钱穆：《孔子与春秋》，《两汉经学经古文平议》，商务印书馆 2001 年版，第 282 页。

读方式来审视那些违背纲常礼教的人事，从而为其他阅读孔子《春秋》的人指明相应的理解路径。在《穀梁传》对孔子《春秋》书法的诠释过程中，具体的人事总是被放在一个比较开阔甚至是多视角的平台上进行品评，没有完备无缺的人事，只有批判性的道德本体——"正"。无论是天子、诸侯和士大夫、民众，还是盗贼、夷狄和其他社会成员，只要他的言行违背或适应儒家道德伦理的要求，他就能在孔子《春秋》书法中得到贬斥或褒赞，没有任何未卜先知或其他的神秘形式，正如同儒家之道不离于百姓生活日用一样。

### 三 《春秋》并不赞同"让国"

如前所言，从个人的德行来看，"让"是一种美德。但是在政治生活，"让国"却是重大的政治事件，极易引起政局混乱与长期动荡。可见，作为美德的"让"不能取代江山社稷。① 以"殷有三仁"为例，纣王当政，残暴荒淫，民不聊生，应当被废黜，但是微子、箕子和比干"三仁"却没有力挽狂澜，致使宗庙覆灭。余允文秉承孟子的观念，强调江山社稷的重要性，认为任由纣王继续当政，商朝只会陷入"覆宗绝祀"的险境，而微子、箕子和比干在劝谏无效的情况下，可以径行废黜暴君，另立明君。然而这三位"仁者"却分别选择了"去之"、"为奴"、"谏死"，成就了自己的仁德，却失去了延续商祚的机会。再以延陵季子为

---

① "让"是儒家盛赞的美德之一。但是，"让"是有限度和适用范围的，不能无条件地加以运用和夸大。经典文本在论述"让"的时候，往往就具体事件而发，确立一个大原则，至于实际运用则采取灵活的形式。"让"与"不让"，不仅要考察动机，而且必须充分考虑实际效果与潜在影响。杨树达在《春秋大义述》一书中专门列出"贵让"一目，搜罗了经传文本中涉及"让国"的材料，并引用"人之所以为人者，让也"（《穀梁传》定公九年）和"让者：《春秋》之所贵"（《春秋繁露·竹林》）作为依据，侧重于阐释"让"的道德涵义，没有充分考察"让国"导致的政治动乱（参照杨树达《春秋大义述》，上海古籍出版社 2007 年版，第 89—96 页）。作为动机的"让"，无可厚非；但是不计后果，盲目采取"让国"的措施，激化各种政治势力之间的矛盾，则无异于祸国殃民。因而从"动机——手段——效果"的整体化进程来看，"让国"并非十全十美的放之四海而皆准的明智选择。动机善良的从政者，必须通过合理的手段，达到最佳的效果。任何一个环节出现了缺失，都会影响整个事态的变化。"《春秋》贵让"至少要从正反两个层面加以理解：（1）"让"是一种美德，如果从政者都能自觉认同这种美德，那么整个政治生活就会出现转机。当然，这是理想状态。（2）"让"必须由具体情况来决定。在自己、他人以及整个群体生活达到能够顺利接受"让"的情况下，才能完成"动机——手段——效果"的良性展开；否则只会酿造祸乱。

例，遏、馀祭、夷昧是他的同母兄长，三人都想立季札为君。等到三人相继死后，季札没有即位，而是让位于长庶之兄僚。遏之长子光对此甚为不满，派遣专诸刺杀僚，而后敦请季札即位。季札拒绝了公子光的盛情，认为从公事来看，自己的君主被弑；从私事来看，自己的兄长被杀。如果自己接受权位，等于和乱臣贼子同流合污，成为篡位之人。季札还担心，一旦自己即位，就会讨贼，公子光必定伏诛。这样一来，父子兄弟就会卷入相互仇杀的漩涡，吴国政局很难稳定。《春秋》称"吴子使札来聘"，直书季札之名，一则称赞夷狄之国有大夫，二则指斥季札"辞国而生乱"。余允文认为，天下之道，有正有变，尧舜禅让、"汤武革命"都属于变，圣人身处当变之际，刚毅果断，随时而变，毕竟"从正则天下危，从变则天下安，然则孰可？苟以安天下为大，则必曰从变可，唯此最难处，非通儒莫能知也"。① 微子、箕子与比干为"三仁"却未能"当仁不让"，致使殷商覆灭。季札身为吴国贤良，一味避让，导致篡弑夺位。从这些历史教训可以看出，当仁不让在关键时刻是必须的，否则将会贻误大局。

从经典文本的记述来看，宋宣公"让国"酿祸就在隐公即位之后，足以引发隐公的忧虑。然而事实并非如此。隐公依然重蹈覆辙。王闿运曾经以宋宣公"让国"为例，对国君的政治责任与道德选择进行全面论述，即"据宋之祸责宣公，《春秋》不贵让国"。从血缘关系来看，宋宣公在春秋之前已经离世，让位于其弟和，也就是宋穆公。宋穆公立十九年，于隐公三年卒，宋国立宋宣公之子与夷，也就是宋殇公。宋殇公立十年，于桓公二年为大夫华文督所弑。宋殇公遇弑之后，宋穆公之子冯即位，也就是宋庄公。王闿运依据经典解释的条例对此展开全面讨论，指出：

> 责宣公者，责隐公也。缪公见危例而与夷成君、冯见杀例，是不夺与夷君臣子恩，足明缪立而有祸矣。其与隐公相起至明，明君子不贵让国，要不可处嫌疑间、生奸人心也。隐公正即位，桓或不杀矣。宣公不与缪公，与夷不见杀矣。一让而彼此俱伤，祸莫大焉。②

意思是说，孔子责备宋宣公的目的在于指责鲁隐公没有主动"正位"。如

---

① 余允文：《尊孟辨》，《丛书集成初编》第 499 册，第 8 页。
② 王闿运：《春秋公羊传笺》，《续修四库全书》第 131 册，第 80 页。

果鲁隐公能够及时"正位",确立自身的合法地位,那么任何奸邪小人的离间猜忌都丧失了生存空间。这样做不仅能够确保自身安全,更有利于鲁国的政局稳定。然而鲁隐公并没有当机立断,缺乏"正位"的勇气与魄力,以至于身死国乱,成为《春秋》开篇的疑谶。当然,这只牵扯到《春秋》二百四十二年人事中的很小一部分。孔子希望以具体的人事来解说拨乱反正的大道。倘若后世学者胶着于史家记述而忘却探寻孔子的大道,那无异于买椟还珠,得不偿失。

无论《尚书》记载的尧舜禅让,还是《春秋》评析的父死子继、兄终弟及,都涉及权力运作与更迭的基本问题。如果单从权力的合法性角度来解读经典的论述,那么将失去儒家经世致用的务实精神。乱臣贼子并不可怕,可怕的是没有防微杜渐、临机决断的方法。从经典的义理价值考虑,《周易》善于未雨绸缪,将祸端扼杀在萌芽状态;《春秋》能够拨乱反正,将乱政转化为太平盛世。与《周易》、《春秋》的义理价值相比,《尚书》描绘的三代圣王政治则属于陈亮讲的"正大本子",[①] 或者说是儒家结合历史事件构建的乌托邦。对比经典的义理价值与历史上的人事,就会发现儒家的社会理想从来没有得到完全实现。许多统治者标榜儒学,不过是缘饰权术,以道德作为钳制思想、愚弄民众和粉饰太平的工作,至于儒家向往的圣王治世并无暇顾及。只要还有社会问题存在,就需要应对方案。在古代社会中,儒家一直在调整社会治理的方案,寻求通向大同世界的道路。

儒家治世依凭经典。《春秋》承载着拨乱反正的大道,却不能要求统治者运用。纵观《春秋》大义在后世遭遇的坎坷命运,有一点最令人感到痛心,那就是孔子"改制立法"的社会价值逐渐被湮没。汉儒推崇的极具宗教色彩的"圣王"形象日趋淡化。与封建君主的神圣性相比,孔子在社会生活中扮演的不过是学识渊博、品德高尚的君子角色,充其量不过是维护师道尊严的纽带罢了。这属于存续"师统"的问题。康有为对只存续"师统"而不存续"君统"的历史怪相进行了鞭辟入里的剖析,认为现实统治者之所以不敢认同孔子的"素王"地位,是因为他们害怕在自身威权之外又出现一股能够考量历代兴衰、制约当前权力运作的强大力量,而作为"君统"的"素王"则是这股强大力量的代称。康有为在

---

① 陈亮:《陈亮集》,中华书局1974年版,第293页。

《孔子改制考》中对现实统治者改变孔子形象的做法展开批评，指出：

> 于是，孔子遂仅为后世博学高行之人，而非复为改制立法之教主圣王，只为师统而不为君统。诋素王为怪谬，或且以为僭窃。尽以其权归之人主。于是，天下议事者引律而不引经，尊势而不尊道。其道不尊，其威不重，而教主微；教主既微，生民不严不化，益顽益愚。皆去孔子素王之故。①

现实统治者唯恐权力不能得到最大化地集中，最好是能够永久性地作威作福，而孔子的大道在维护权力运行机制的健康发展的前提下，主张以"王道"精神化解君主威权对社会生活构成的危害。这就使得孔子成为能够与历代君主分庭抗礼的"素王"，成就了儒家文化中的"君统"。这里所说的"君统"既不是逆取顺守的统治力量，又不是身登大宝、鞭扑天下的统摄力，而是以道义的威严遏制权势的过度膨胀，促成人类社会的不断进步。虽然"孔子素王"具有如此深远的建设意义，但是这种观念仍然无法赢得那些只顾眼前利益而忽略长期发展的功利之徒的赞许，他们纷纷斥责"孔子素王"是歪理邪说，甚至群起而攻之，竭力维护现实统治者的威权。这种饮鸩止渴的办法，在短期内似乎能够发挥整饬吏治的作用，但它会激化更深层次的社会矛盾：因为当"以吏为师"成为全社会的习惯势力之后，整饬吏治则很容易被扭曲成妨害民生的消极力量。因为奸猾官吏会将制度与体制对自身造成的压力转移到民众身上去，甚至变本加厉地盘剥百姓，从而酝酿更为激烈的冲突，为王朝的覆灭埋下祸根。

结合正反两方面的经验与教训，不难发现，"孔子素王"这一政治观念必须开拓出具体的机制，也就是自觉地完成制度儒学的构建。这不仅需要理想状态下的制度架构，而且必须善于结合不同时期的社会问题，对制度进行调试。只有善于将这两方面的工作结合起来，才能顺利地发挥"儒术"的积极作用。

---

① 刘梦溪主编：《中国现代学术经典·康有为卷》，河北教育出版社 1996 年版，第 919 页。

# 第三章

# 制度儒学与"正大本子"

　　儒家经典文本有着特殊的结构与意蕴。大致讲来，以"絜静精微"见长的"《易》教"揭示了如何防微杜渐、防患于未然的道理；以"正名分"为主要内容的"《春秋》教"为拨乱反正、实现太平擘画一套可供调适的方案；儒家讲求的"礼"能够为全体社会成员提供"养人"的公共生活规则；"《诗》言志"、"《书》以道政事"则完整地呈现了儒家的社会理想。然而，有一点不能忽视，那就是陈亮提出的《诗》、《书》是经过圣人清洗的"正大本子"这一极富挑战性的说法。后世学者对陈亮的观点进行全面考察，积极寻求其中的合理性，"因为现实的人及其行为总是不合理想，所以只是孔子在编订中才赋予了三代以较高的特殊地位。孔子有一个崇高目的：通过编订这些文献，保卫政治的价值和人们为保持适当社会关系所需的准则以抵制道家的诽谤"。[①] 这种观点其实并非耸人听闻。在"托古改制"的思想形态中，经典文本都是孔子依据史料加工出来的，目的在于以圣王的传说与事迹作为依托，将经世致用的根本法则与操作方法贯穿在"行事"之中。拨乱反正开太平，不仅需要"大丈夫"的担当意识，更需要以"儒术"作为应对挑战、克服危机的手段，并以礼乐制度作为保障，促进社会生活的和谐、稳定与发展。

　　制度儒学在近代面临的最大问题就是如何在新的社会制度中取得身份认同与话语权，或者说如何与新的社会制度相结合，继续发挥自己的积极作用。这一点集中体现在不同时期对"《春秋》礼"的阐发方面。儒家的"仁政"或者"为政以德"能够超越传统的君臣伦常，与葛兰西的"现代君主"理论进行对话，为探寻新的致治道路提供若干建设性的意见。这将是一个漫长的过程，需要儒家在整合传统资源的基础上，结合现代文明

---

① 田浩：《功利主义儒家——陈亮对朱熹的挑战》，江苏人民出版社 1997 年版，第 97 页。

的主要内容，对自身理论进行大幅度的调整，从而开拓一条可供"现代君主"借鉴或利用的致思路径。

## 第一节　儒术与制度儒学

儒家主张积极入世，为改善政治生活贡献应有的力量。儒家以"儒术"作为参与权力运作的手段，目的在于实现"仁政"。从历史发展的角度来看，"儒术"在西汉时代已经具备了成熟的理论形态。"汉兴六十余年"最迫切的就是将"儒术"上升为治国原则，消除内忧外患，实现帝国的强盛与发展。也就是说，整个社会需要"儒术"。"儒术"能够协调内政，抵御外敌，提高帝国的综合实力，真正实现"大一统"的社会理想。汉代儒学的异彩在于它具有强烈的"术化"倾向。"术化"是指汉儒在社会实践过程中逐渐将儒学转化为能够与现实统治互动的统治术，在纷繁复杂的政治生活中发挥儒者应有的作用。儒家在与现实统治互动的过程中做出了相当大的让步，以此换取实践机会。儒学的整体性不但没有遭到破坏，反而在原有的框架内增加了相当多的内容。这见于儒学对其他诸子学说的借鉴、消化与吸收。这是对先秦儒家的继承与发展，更是对特定历史阶段所面临的社会问题的自觉回应。

### 一　在汉儒那里，"术"是一个中性词

结合具体语境而不是以现代人的目光去评析历史现象，会发现"术"在汉儒那里不是贬义词，应该是一个中性词。按照《说文解字》的说法，"术"的本来意思是"邑中道也"，而这里所说的"邑"就是"国"的意思。很明显，"术"的原初意指是国这一范围内的道路，只不过后来将其意义引申为技术。[①] 既然说"术"是一个中性词，那就会有形态各异内容不同的"术"。儒术就是各家之术中间的一种。儒术的核心内容是什么呢？对于这个问题，真正的儒者不会难以回答。一般的答案是"仁"。这是儒学区别于其他学派的根本所在。但是，这并不能消除后世对"术"

---

① 对"术"字涵义的考察，段玉裁《说文解字注》的解释最为简洁，认为："邑，国也"，而原本是"邑中道也"的"术"则"引申为技术"。见于《说文解字四种》，中华书局 1998 年版，第 61 页。

的反感，因为历史上许多以"术"著称的治世方案往往给社会成员的生活或心灵带来负面影响，所以儒家非常强调对"术"的选择。王应麟曾经指出："仁曰仁术，儒曰儒术，术即道也。申不害以术治韩，晁错言术数，公孙弘谓智者术之原，君子始恶乎术矣。故学者当择术。"① 也就是将"儒术"自觉区别于法家系统，更重要的是在儒家内部如何最大可能地避免曲学阿世的发生。

汉代儒学自觉区别于法家系统，有其渐进的过程。儒家处理政治生活中的日常事务时不免受到法家的统治术与道家哲学的影响。战国以至于秦汉之际的法家经常采用道家哲学作为其手段的形上学依据，傅斯年曾经戏称黄老之学为"老学既黄"，结合当时各家学术的发展情况，指出"申韩刑名之学，本与老氏无冲突处，一谈其节，一振其纲，固可以刑名为用，以黄老为体矣。此老氏学最初之面目也"②。由此可见，刑名法术与黄老道术之间构成体用关系。结合儒家的历史境遇，力图摆脱法家的抑制，必须从理论根基上对法家作出正面的回应。刑名法术之所以对道家哲学表示强烈的好感，在于道家善于为人事兴替提供天道变化的依据，为现实统治提供强有力的理论支持。对于道家哲学的这一特点，秦汉交替之际的儒家已经开始自觉加以超越，其主要特征是提升"道术"的位置，这见于陆贾由《传》的论述来讲述自己的观点，指出："传曰：'天生万物，以地养之，圣人成之。'功德参合，而道术生焉。"（《新语·道基》）陆贾将天、地、圣人并列而谈，认为万物是由上天所生，由后土所养，然后经过圣人的实践活动显示自身的存在价值。圣人具有"成物"的德行，这在儒家思想中占据极为重要的位置。陆贾借此阐发自己对道术进行追本溯源，认为正是天、地、圣人之间的参合才产生了儒家的道术。那么其他诸子对道术又有怎样的见解呢？

撇开文字层面的简单争论，可以看到诸子百家对"道术"或"道"有着各自不同的理解与解释，其目的都在于如何从本学派的基本立场出发详述致治之道。其中贾谊的观点最能体现黄老道术的影响，他认为道的主要作用是接物，在此基础上运用体用思维的格套，进一步将道之本界定为虚，将道之末归结为术，虚的特征是蕴含精微，术的功用在于制物。

---

① 王应麟：《困学纪闻》，辽宁教育出版社 1998 年版，第 174 页。

② 傅斯年：《史料论略及其他》，辽宁教育出版社 1997 年版，第 129 页。

　　无论是"道"还是"道术"，都侧重于儒家理想中的德性优位原则。"道"在道德实践中所发挥的作用就是途径、道路，正如孟子所言"夫道若大路然"（《孟子·告子下》），只有遵循这条"大路"，儒家才能在现实政治中释放自身的能量。满怀忧患意识，持之以恒，将"德慧术知"（《孟子·尽心上》）推向纷繁复杂的社会生活，有经有权，方能实现儒家的崇高理想。

　　前此，从"道"与"道术"观念层面探究了汉初儒术演变的内在逻辑，着重分析了儒学如何创造性转化黄老道术中的有益成分，借以逐步克服法家对社会的负面影响。无可厚非，"术化"肇始于陆贾。汉高祖素来厌恶儒学，陆贾却能一语惊醒梦中人，反诘高祖："居马上得之，宁可以马上治之乎？"接着陈述"长久之术"，说："汤、武逆取而顺守之，文物并用，长久之术也。"（《史记·郦生陆贾列传》）从陆贾的论断可以看出，他对汤武革命的基本评价是"逆取顺守"、"文物并用"，这是儒学的真精神。

## 二　穀梁学与黄老道术的会通

　　史家对于陆贾的赞颂多瞩目于辩辞，使得后人日渐忽略其学术渊源。就经学传承的谱系而言，陆贾的学术思想应当属于穀梁学。王利器先生对此有着精细的考证，认为汉代穀梁家始于江公，江公师从申公，申公受之于浮邱伯，浮邱伯是荀子的门人。荀子晚年居于楚地。陆贾是楚人，很有可能学过穀梁学的基本内容。陆贾曾经与浮邱伯交游，称赞他的德行，也有可能从浮邱伯那里学习穀梁学。陆贾是穀梁后学，其著述又自觉吸收甚至改造黄老道术，这至少可以说明汉初穀梁家已经有意识地迎接黄老道术与法家的挑战，甚至积极吸纳法家学说的合理成分。

　　依据穀梁家所传《春秋》经文，"（僖公）八年，春，王正月，公会王人、齐侯、宋公、卫侯、许男、曹伯、陈世子款，盟于洮"，此时周王室虽然衰微，但仍旧是天命所系，所以《穀梁传》对经文作如下解释："王人之先诸侯，何也？贵王命也。朝服虽敝，必加于上；弁冕虽旧，必加于首；周室虽衰，必先诸侯。兵车之会也。"尊重王命，将周天子派遣的代表置于诸侯之前，这与公羊家的见解相同。《公羊传》认为"王人者何？微者也。曷为序乎诸侯之上？先王命也"，强调王室与诸侯之间的等级秩序。但是，《穀梁传》中的"朝服虽敝，必加于上；弁冕虽旧，必加于首"却显得十分引人注目。因为它又一次牵扯到汉初儒家与黄老学者关于"汤武革命"的辩论。作为儒家代表人物的辕固生认为商汤、周武是受命之君，有资格吊民伐罪，而黄老学者黄生却质疑汤武受命的合法性，将"汤武革命"贬斥为"杀"。辕固生与黄生为此在君主面前展开论辩，大致情况如下：

> 黄生曰："汤、武非受命，乃杀也。"
> 固曰："不然。夫桀、纣荒乱，天下之心皆归汤、武，汤、武因天下之心而诛桀、纣，桀、纣之民弗为使而归汤、武，汤、武不得已而立，非受命为何？"
> 黄生曰："'冠虽敝必加于首，履虽新必贯于足。'何也？上下之分也。今桀、纣虽失道，然君上也；汤、武虽圣，臣下也。夫主有失行，臣不正言匡过以尊天子，反因过而诛之，代立南面，非杀而何？"
> 固曰："必若云是，高皇帝代秦即天子之位，非邪？"
> 于是，上曰："食肉毋食马肝，未为不知味也；言学者毋言汤、武受命，不为愚。"
> 遂罢。（《史记·儒林传》）

辕固生的理由是夏桀、商纣荒乱无道，丧尽民心，迫使天下万民归心于商汤、周武，而商汤、周武因循民心，诛灭残贼，顺势而立，整个过程可以概括为"不得已而立"。可见，民心在政权更迭的过程中起到不可替代的作用。"受命"与否关键在于是否得到"天下之心"。这与"天聪明自我民聪明，天明畏自我民明畏"（《尚书·皋陶谟》）、"天视自我民视，天听自我民听"（《尚书·泰誓中》）交相呼应。进一步说，辕固生有关"汤武革命"的观念是对孟子观念的再次表达。孟子与齐宣王曾经就"汤武革命"的相关问题展开讨论。齐宣王间接表达自己对"汤放桀、武王伐纣"的看法，似乎想说二者的行为是"臣弑其君"，而孟子将夏桀、商纣归入"残贼之人"或者是"一夫"，认为："贼仁者，谓之贼；贼义者，谓之残。残贼之人，谓之一夫。闻一夫纣矣，未闻弑君也。"（《孟子·梁惠王下》）也就是说"汤武革命"就是推翻独夫的暴政，而不是犯上作乱。辕固生的立足点正在于此。与辕固生的"革命"说不同，黄生以生活经验的事例——"冠虽敝必加于首，履虽新必贯于足"为根据，力主君臣名分不可动摇，将君权的一端独大提升到绝对的位置，这明显是对法家尊君的再次重复。倘若不加鉴别，似乎与《穀梁传》中所说的"朝服虽敝，必加于上；弁冕虽旧，必加于首"表示同一种价值取向。回归经传所论述的具体史实，会发现周惠王与夏桀、商纣在德行方面有着天壤之别。臣下的谏诤对于夏桀、商纣之恶已经无能为力了，天下之人遭受暴君荼毒已经深陷痛苦的深渊。所以说，"汤武革命"势在必行。①

　　儒家在汉初面对的最强对手是法家。平心而论，法家在"解放君主"② 这方面有着进步作用。然而，法家却没有更进一步阐述君权如何有效合理地实施，最大限度地避免由绝对权力带来的政局动荡。因为法家理论在现实操作过程中始终无法克服的一个致命弱点，那就是在权力更迭过程中，上一代强有力君主的权威能否维护下一代最高统治者的生存与发展，抑或继承者能否像上一代那样继续维护自己的绝对权威。再者，战国至秦汉的法家统治者多以嗜杀闻名，依靠暴政来压制不同意见，这对于法家企图维系政权稳定的初衷来说无疑是釜底抽薪。试想，一种建立在对社会成员的高压与虐杀基础上的学说，能否赢得普遍支持，这只能让历史来回答。法家的绝对尊君在实践过程中往往向其对立面转化，成为绝对的害

---

　　① 从伦理学史的角度来看，"汤武革命"不仅是成功的夺权事件，更是对君臣关系的一大变动，正如蔡元培先生指出的那样："夏殷周之间，伦理界之变象，莫大于汤武之革命。其事虽与尊崇秩序之习惯，若不甚合。然古人号君曰天子，本有以天统君之义，而天之聪明明威，皆托于民，即武王所谓天视自我民视、天听自我民听者也。故获罪于民者，即获罪于天。汤武之革命，谓之顺乎天而应乎民，与古昔伦理，君臣有义之教，不相背也。"（蔡元培《中国伦理学史》，《蔡元培全集》第二卷，中华书局 1984 年版，第 13 页）从权力更迭的角度来看，"汤武革命"不仅打破了世袭制潜在的所谓"万世一系"的可能性，而且重新调整了君臣之间的伦理关系，使得君主不能为所欲为，在一定程度上规范了王权的行使方式和影响范围。如果与传说中的尧舜禅让相比，"汤武革命"付出的代价要大一些，但是从体现王道精神来看，二者却是一致的。

　　② 牟宗三曾经在著作中指出："法家的工作主要在'废封建，立郡县'，将贵族地变为郡县，以现代的话讲就是变为国家的客观的政治单位。这步工作直接的打击贵族，把元首（国君）从贵族的束缚中解放出来，取得一超然的客观地位。在贵族社会中，元首和贵族（公子、公孙）的关系太密切了；但元首不仅是一家族或贵族的元首，他更是一国的元首。法家打击贵族就必涵着'尊君'，将元首由贵族的血缘束缚纠缠中解脱出来，而取得超然的客观地位。这是元首的解放。"（这种观点见于《中国哲学十九讲》，上海世纪出版集团 2005 年版，第 141 页）不过，应该清楚地认识到，"汤武革命"不是建立在人民主体地位基础上的社会革命，而是诸侯或者贵族领导的军事政治变革。

君。与法家绝对尊君不同，汉儒企图以具有宗教色彩的"天"来规范君权，使得君权的运作能够遵循健康稳妥的轨道。方东美对《洪范》所谓"惟辟作威"、"惟辟作福"有着不同于汉儒的解释。他认为，"辟"与"僻"构成同义假借，都是"邪僻"的意思。按照常理来讲，"作威"、"作福"是邪僻暴君的行径，为民众所不齿。圣人简朴勤奋，心忧天下，决不会与邪僻暴君同流合污，"即以汉代开国之君汉高祖刘邦而论，人欲为建华丽宫室，亦坚持不受，惟有汉儒、净胜饾饤为事，曲学阿世，逢君之恶"。① 当然，这不是汉儒的特殊问题，而是一切学术面对权力诱惑所无法避免的问题。

汉代法家之所以能够援引经义为自己的政治主张进行辩护，除了"罢黜百家，独尊儒术"的外部环境之外，还有其学术内在理路发展之必然依据。侯外庐先生对韩非的身份进行重新界定——"实在是惮于变法事业家的前途，而作为一个变法观念家而闻世"，指出："其思想渊源则甚复杂，原于他以前的法家如申不害、商鞅、慎到者有之，原于老庄墨家者有之，原于其师荀子者有之。"② 从韩非开始，法家已经开始系统地吸纳包括儒墨老庄在内的诸子百家的学术思想，但是始终没有改变它的"排儒"立场。就汉代学术流派而言，儒家和法家都在为汉朝的长治久安出谋划策，但是法家依旧坚持"排儒"立场，认为儒学不但无用反而有害，历数孔子、孟子、荀子等人无法改变所在时代及地域的混乱局面，以此说明儒学是没有任何现实意义和社会功效的。对此，文学有这深刻的见解，认为在儒家道德理想中，无论遭遇什么样的困厄，儒者都不应当放弃社会理想。纯粹的儒者应当能够恪守道德典范，不随波逐流，更不会因为个人的利害得失而置天下大义于不顾。文学所赞许的是能够达则兼济天下、穷则独善其身的儒家君子人格。或者说，天下有道，儒者当积极投入社会活动；天下无道，儒者应当隐身而退，不能鬻道自肥。

历来评判儒法之争，有一种偏见认为法家是绝对尊君的，儒家则在君主和臣下之间构建一种交互伦理。其实不然，法家对君主并非一味地赞美，很多时候也怀有批评与反思。大夫对以往法家不能善终的命运进行反思，认为变法者之所以身败名裂，是因为君主骄纵跋扈、不能将变法事业

① 刘梦溪主编：《中国现代学术经典·方东美卷》，河北教育出版社1996年版，第48页。
② 侯外庐：《中国古代思想学说史》，辽宁教育出版社1998年版，第252页。

进行到底，"缟素不能自分于缁墨，圣贤不能自理于乱世……骄主背恩德，听流说，不计其功故也，岂身之罪哉？"（《盐铁论·非鞅》）本来法家反对君主在政治生活中以恩义对待群下，认为治理国家的要义在于绳之以法，以赏罚二柄驾驭忠臣，不能滥施恩义。君主和臣子之间只存在着单向的统治和被统治的关系。从商君、韩非以至于汉初，法家目睹了割弃恩义、否决礼制给自身和社会成员带来的巨大危害，尽管功利有所实现，但是长治久安却无从谈起。统治者不得不将目光投向儒家学术在社会伦理方面所具有的效用。这就为儒学的工具化创造了更加有利的外部环境。儒术的最大成就就是使"三纲五常"观念系统化。

### 三　汉代儒学"术化"的历史必然性

诚然，就学派之间的关系而言，西汉儒家与法家的关系遵循着"冲突——融合"的发展轨迹①，但是不能将儒学的精神蜕变简单地归结为法家思想的渗透，因为汉代法家对于君主亦有批评。无论儒家还是法家，当务之急在于如何促成国家机器的良性运作，而不是自我封闭于个体的心灵感受或者个性表达。当形式上的"大一统"帝国完全扎稳根基时，儒家的礼制与法家的刑律便统一在汉帝国的官僚体制中，任何社会成员的唯一选择就是按照这套规矩办事，不能有丝毫逾越。即便手握大权的重臣也必须听命于此。这在无形之中实现了共同体的权力让渡，也就是说，形成一套牵制社会全体成员的权力制约机制。当然，这种约束机制只是在观念世界中保存其完整性，当它迈向实际操作时就会发生各种难以想象的扭曲。值得注意的是，当儒家援引经义论述自身立场的合理性时，法家也在通过同样的方式为自己辩护，并且沿用商鞅、韩非的口吻攻击儒者，认为儒学不但无用而且有害。对于法家的斥责，我们应当深入发掘其中原由，毕竟儒学不是完美无缺或者说是无可挑剔的，儒者当中也有许多迂阔不切实际的言论。两家观点交锋有助于发现各自理论中的不足之处。

---

①　章太炎先生在谈到儒、法关系时，认为"儒者之道，其不能摈法家"，然而就汉初刑法严密的社会情形而论，施政者已经很难确保社会正义，下级矫情搪塞，以案牍之文敷衍吏治，以滥用刑罚作为榨取社会成员财富的基本手段，"不知上密于法，则下通于情，而州县疲于簿书之事，日避吏议，娓娓不暇给。故每蔽一囚，不千金不足以成狱，则宁过而贳之。其极，上下相蒙，以究于废弛。是故德意虽深，奸宄瘢因以暴恣"，见于《訄书》，生活·读书·新知三联书店 1998 年版，第 11 页。

儒术使得儒家成功地进入了主流话语世界，但是，汉儒也为此付出了沉重的代价——将自觉的道德理想"倒错"为具有强制色彩的律令，迫使包括自身在内的社会成员严格遵循这套具有刑律色彩的道德准则，借以博得社会地位或政治权力。"术化"的直接后果就是，此后诸子学说往往以儒学作为外衣进行思想传播。在政治生活中逐渐将儒家经典作为法律解释的依据以及政权更迭的借口，其中对后世影响最大的莫过于禅让与革命思想，以及民间结社所惯用的天命、均平等观念。然而这些只能说明：原本富于人间关怀的儒学逐渐蜕变为权力运作的工具，政治力量成为干扰经义阐发的重要力量之一。儒家的道德理想在功名利禄与专制权威的双重作用下如何保持其固有价值，成为两千余年儒学发展所要解决的重要问题。此外，汉儒与诸子百家之间的交互影响，使得各家学说日渐偏离其本来面目，导致此后各家学术以调和附庸为薪向，汗漫迂阔，日益丧失独立发展的可能性。

回顾历史，经过秦汉交替之际的社会变革，儒家已经自觉意识到应该如何发掘自身理论中那些能够适应现实统治的有效成分，积极应对刑名法术、墨家等学术派别的挑战，努力向最高权力靠拢，创造一套能为现实统治者采纳的长久之术。质言之，"术化"是儒学应对两汉政治所经历的必由之路，只有与现实统治达成某些方面的妥协，儒学才能在政治生活中获取某些方面的话语权。尽管列国之际儒者奔走效命，但是收效甚微，毕竟纷繁复杂的政治局面需要强有力的统治者加以整合，而儒家鼓吹的道德理想很难直接奏效。直到六国覆灭，儒学才获得一定程度的认可。先秦儒家在权力运作方面很难与法家、纵横家齐驱并驾。所以在论述儒家和诸子之间理论差异以及治世效应时，可以说，儒家在谋求短期功利方面无法与诸子抗衡；但从长治久安方面来看，儒家具有一套超越诸子的治理方案。

## 第二节 制度儒学中的圣人正义论

制度儒学的核心观念是"圣人代天发意"。制度儒学中的圣人正义论其实就是儒家为圣人立言，借以发挥儒术对权力运作的干预作用，确保政治生活的协调与稳定。在汉儒那里，"天"既是一个虚位，又能作为政治合法性的来源。汉儒对"天"的重视，在很大程度上出于对维护社会正义和限制君主权力的目的。"天"是一个涵义丰富的整体，不能割裂看待。接续前面有关"汤武革命"的讨论，辕固生与黄生争论的焦点是究竟应该如何处理臣下与君主之间的相互关系。儒家以超越于君臣之间的"天"作为最终评判。为了使这个"天"符合儒家"大一统"的理论需要。历代儒者对"天"进行层层累积的意义追加，极力赋予其多重涵义，以至于使"天"成为主宰自然界与人类社会一切事物的极高明者。

## 一　儒家力图以"天"震慑王权

在先秦儒家中，孟子最能发挥天人之际的大义，试图以"天"作为震慑现实统治者的最高存在。在孟子那里，尽管天命无常，但是民众的现实需求却是不容忽视。探讨天、现实统治者与民众（包括儒家在内）三者关系时，可以清楚地看到，天的位置最高，民众的位置处于最下，现实统治介于二者之间。在这种带有明显的直观色彩的构想中，现实统治者无法直接看清楚天命变化，毕竟仰望上天除了看到一些自然现象之外没有其他深层的启示。唯一的最有效的途径就是关注民心。民心所向，天命所系，大势所在。所以说，"天听"、"天视"必须征之于民众。在"天人感应"的模式中，儒家究竟发挥什么作用呢？这就需要儒家重构现实统治者和民众之间的关系，为士人设立一个不可或缺的位置。在传统社会的统治秩序中，以儒者为主体的士人在旧时的交往实践过程中发挥着双重作用，一方面劝诫统治者爱惜民力，不要对民众进行过分剥削，给予民众充足的物力财力，使得民众能够安居乐业，赡养老人，繁衍后代；另一方面教化民众，让社会成员的主要组成部分都爱戴贤明君主，恪守本分，尽可能避免犯上作乱的事情的发生。可以说，士人在统治者和民众之间起到一种调节作用，减缓双方之间的冲力，极力促使社会朝着稳定协和的人道方向发展。这当然是儒家的理想状态了。然而现实情况并没有这么乐观。假使民众不能遵从王道，那么就会有刑罚加以惩治。这是传统社会的惯例。

许多人不免产生这样的疑虑——如果王者公然违背王道的具体内容，那么将由谁来运作约束和惩罚机制呢？历史上的儒家没有直接行使这种权力的胆量，只好将黜陟天子的权力交给上天，让上天发号施令，行使权威。因为儒家认为，上天之所以在人间安排最高统治者——天子，是为了促成民众生活的改善，协调民众之间的关系。倘若最高统治者不堪重任，丧德败行，陷民于水深火热之中，那么上天就会收回最高统治者的爵位。

在董仲舒那里，这种观念表述得非常清楚，他说："天之生民，非为王也，而天立王以为民也。故其德足以安乐民者，天予之；其恶足以贼害民者，天夺之。"（《春秋繁露·尧舜不擅移、汤武不专杀》）必须指出的是，董仲舒所陈述的这段文字在荀子那里有着同样的记述，原文是："天之生民，非为君也。天之立君，以为民也。"（《荀子·大略》）很明显，董仲舒将天视作秉持赏善罚恶大权的最高主宰，或者说类似于具有人格的上帝。人间君主权位的获取完全是上天赋予的。上天选择王者的标准在于是否有德。而德的最明显特征或功用是能否实现民众生活的安乐。人君若是能够满足这些条件，则可以获得上天的眷顾，成为名副其实的天子。反之，则会招致上天的黜陟。董仲舒的这番论述，是站在民众的立场上对最高统治者进行的悉心规谏，至于能否得到君主的响应，那则是另外一回事了。

自天而言，生生不已；自人而言，仁义推及。天人之际，交感互动。统治秩序与道德实践都是天对人的要求，其中最重要的是最高统治者的言行举止。因为民众和天之间隔拦着最高统治者，用一个最为浅显的事例来说：只有天子方能祭天，一般民众并不具备祭天所需要的财力、物力和人力，更不必说拥有祭天的权力。汉儒之所以极力从原始儒学的资源宝库中发掘天的涵义，其目的在于为术化寻求一套高于最高统治者的价值源泉，以此作为论证合理性的手段，抑或为了避免儒家理想的彻底沦丧。汉儒重视天的积极作用：一方面力图发挥天对王权的约束作用，另一方面借助天的观念稳固社会的等级制度。汉儒企图通过对天的诠释，将合理化的观念渗透到社会的各种制度中，神圣化和宗教化成为这一时期儒学结构体系的主要特色。董仲舒不厌其烦地对统治者进行正面的引导与说教，希望他们能够施行仁政、恩及万民。为了论证仁政的合法性，董仲舒不得不再一次重提天的超越价值——仁，希望能够借助天的权威，促使社会成员普遍认同仁政的效力。

当然，仁政的实施是一个从上到下的社会系统工程，其中起决定作用的是最高统治者的实际行动。在董仲舒的理论框架中，具备天德的最高统治者被视为天子。尽管万民都是上天生养的，但是唯独天子享有人世间的最高权力。王者具备贯通天地人三才之道的优秀品质，似乎现实统治的诸多难题将会因此迎刃而解了。但是实际情况恰恰相反，我们无法在现实世界中看到董仲舒理想中的王者的具体形象，看到的更多是穷奢极欲、荒淫残暴的君主。回到现实世界，我们可以说王道与王者没有太大的关联。

现代新儒家往往喜欢重复这样一种信念，那就是符合儒家王道精神的最高统治者可以称之为王者或圣王，而一般的不具备王德却握有实权的统治者则属于王圣。这样的讨论在学理方面很有意义，但是仍旧无法开出具有决定意义的现实局面。董仲舒理想中的王者成为乌托邦中的哲人王，没有多大的现实可能性。唯一能够解释圣王权位更替的合法性的是"尧舜不擅移、汤武不专杀"，也就是阐发尧舜禅让、汤武革命的内在逻辑。贯彻始终的仍然是极具宗教色彩的天命观，即所谓"天之无常予，无常夺也"（《春秋繁露·尧舜不擅移、汤武不专杀》）。在这种类似于君权神授的王道观念中，上天对王位的予夺是一个渐进积累的过程。倘若儒者面对一位励精图治的君主，他讲出这番道理，或许还可能获得应有的效果。倘若遇到一位刚愎自用或昏聩无能的统治者，这样的说教就没有什么作用了，更有甚者会招来杀身之祸。

## 二 儒家内部对"天子"的另类解读

与正统儒者相比，儒家内部的部分异端学者总能另辟蹊径、阐发独到的见解。比如说，一般的公羊学家在文本诠释方面多是阐发为何将周天子称为"天王"的原因，而颜、庄等人胆敢将经文中的周天子视为"天囚"，徐彦在解释何休《春秋公羊传解诂序》中提到的"以无为有"时讲道："《公羊经传》本无以周王为天囚之义，而公羊说及庄、颜之徒以周王为天囚，故曰以无为有也。"① 徐彦所说的"庄、颜之徒"应该是西汉经学家眭孟的弟子庄彭祖、颜安乐等人，这些儒者传承的是《公羊春秋》，且门生多为达官。尽管如此，庄彭祖仍旧秉持儒家正气，绝不曲学阿世，更不去趋炎附势，其经义、操守令人敬仰。② 可以说，面对威权政治的高压，仍有部分儒者自觉地恪守信念，砥砺身心，担当道义。在这些人身上，我们还能看到儒家的真精神。对于庄彭祖、颜安乐为何将周天子

---

① 徐彦：《春秋公羊传注疏》，中华书局影印聚珍版，第 11 页。

② 据《汉书·儒林传》记载，"（庄彭祖）廉直不事权贵。或说曰：'天时不胜人事，君以不修小礼曲意，亡贵人左右之助，经谊虽高，不至宰相。愿少自勉强！'彭祖曰：'凡通经术，固当修行先王之道，何可委曲从俗，苟求富贵乎！'"可见庄彭祖极力避免"经术"在俗世与富贵中湮没其固有价值。

称为"天囚"这个问题，我们应该作进一步的考察。就师承关系而言，二者的学问自有其家法师法：胡母生→嬴公→眭孟→庄彭祖、颜安乐。胡母生及其弟子写定《春秋公羊传》，董仲舒作《春秋繁露》，公羊学内部已经出现明显的裂痕，以至于东汉末年的何休在学理方面推崇胡母生，只字不提董仲舒。从何休对公羊学的基本评价——"非常可怪之论"可以推测出胡母生一系的基本特色，也可以进一步断定"天囚"等观念是无法著于竹帛的。

就这样，一个看似怪异的语词，隐藏在经典诠释的犄角旮旯里，后来又被挖掘出来，并加以润色，成为近代革命史上的亮点。章太炎在《驳康有为论革命书》中斥责清朝政府丧权辱国，荼毒民众，认为康有为出于私恩力主扶持载湉，殊不知"今者满洲故土，既攘夺于俄人，失地当诛，并不认为满洲君主，而何双立君主之有？夫戴此失地之天囚，以为汉族之元首，是何异取罪人于囹圄，而奉为大君也？"① 不难看出，被儒术掩盖的一些历史陈迹仍旧具有顽强的生命力。同样是具有神秘色彩的天，既可以衍生出维护王者权威的"天子"观念，又可以推导出用来否定统治权威的"天囚"学说。儒术内部的这种张力只是一股潜流，无法制衡日益强大的王权力量。

### 三　儒家与墨家的分际

在儒家与墨家的话语世界中，"天"具有神秘色彩，王者如果德行完备，即可享有"天子"的称号。但是这并不能说明儒学与墨学无别。汉儒从根本上是反对墨学的。从学术与政治交互影响的历史来看，"在周末与汉初，孔子与墨子的名字同等重要，生死攸关的斗争在即将兴起的两宗教儒家与墨家之间继续进行"，② 墨家推崇"天志"的前提，是要求民众完全"尚同"，但是这种"同"区别于儒家的和而不同。在某种程度上，墨家所构建的是一项社会工程，其间充斥着对天子的绝对服从，用其特有的话语来表达，选举符合"仁人"标准的天子，使得民众以天子之嘉言懿行作为样本进行交往活动，试图以这样的途径达到其理想的大治，即所谓"凡国之万民，上同乎天子而不敢下比。天子之所是，必亦是之；天

---

① 姜玢编选：《革故鼎新的哲理——章太炎文选》，上海远东出版社1996年版，第98页。
② 陈焕章：《孔门理财学》，中华书局2010年版，第27页。

子之所非，必亦非之"（《墨子·尚同中》）。墨家的这一主张建立在极具空想色彩的社会理论基础上，其结果必然导致社会的封闭。这种封闭型社会类似于有机体，其运作模式大致如下。

首先，倡导对"天志"的尊重，以"明鬼"作为震慑社会成员的有力手段。墨家通过宗教禁忌来钳制民众的精神世界，在现实世界中虚构出一个超越的彼岸世界，将政治生活中的权力要求上升为天志，以天志作为最高指令干涉具体存在的每一位社会成员的生活，抹杀个性，从而确保天志（其实是一种原始的蒙昧观念）能够深入人心。尽管很多学者从信仰的宗教性来推崇墨家，但是却不能根除这种排他性极强的信仰如何导致社会的封闭。①

其次，在天志成为社会成员普遍认同的价值观念以后，进一步强调这样的想法，认为天下混乱的根本原因，不是别的而是没有具备圣贤德行的元首。消弭祸乱的最简便途径是选择圣贤立为天子。在选择过程中，民众意愿似乎只是对天志的模仿或具体呈现，即由一个抽象的理念映象为具体的施政活动。②

再次，墨家选举圣贤立为天子似乎在形式上体现了多数的意愿，但是实际上是对个体存在的践踏，其中最为鲜明的实例就是墨家"非乐"，排斥艺术给人带来的身心愉悦。如果"非乐"是学派内部成员的自由选择，

---

①　例如熊十力赞扬墨家的政治社会理想，从推崇兼相爱、交相利延伸到墨家宗教性信仰的褒扬。在他看来，"墨子却不谈玄哲，而唯依信仰，独崇天志，其所谓天志，非必谓大神也，盖一极超越的理念，而为一切道德规律之所自出耳。墨子并未尝以天志来说明宇宙，只以全人类兼相爱交相利之一大原则，为本于天志。其伦理思想之根据在此，其政治社会理想之根据皆在此。墨子之天志，既不是宗教家之神，又不同于玄学或哲学家要组成一套理论。彼直诉诸其超脱知识与计较之最高纯洁信念而承认之，此等信念，简单有力。"熊十力的这段论述见于《十力语要》，辽宁教育出版社1997年版，第87页。通常认为，墨子在宗教精神与科学态度方面超过先秦诸子，这一点没有疑义。但是问题在于，墨家提倡的这种"直诉诸其超脱知识与计较之最高纯洁信念"是否能够保障作为个体存在的社会成员的正当权益，抑或为个性与共性之间划定一个较为合理的界限，避免以"尚同"为名义的各种武断行径的发生。这成为审视墨家"天志"所掩盖的政治伦理问题的关键所在。

②　梁启超认为，墨家的"尚同"与霍布士等人的观念非常接近，"霍氏既发明民约原理，却以为既成国以后，人人便将固有之自由权抛却，全听君主指挥……墨家却纯属霍氏一流论调，而意态之横厉又过之。彼盖主张绝对的干涉政治，非惟不许人民行动言论之自由，乃并其意念之自由而干涉之，夫至人人皆以上之所是非为是非，则人类之个性，虽有存焉者寡矣。此墨家最奇特之结论也"。见于《先秦政治思想史》，天津古籍出版社2003年版，第153页。

那可以赞赏其卓越的"自苦"精神，但是将"非乐"作为自觉的执政理念，否认民众的艺术需求，那无疑成为一种人道灾难。

最后，是墨家的"兼爱无父"。一个心智健全的人首先从血缘方面对自己的亲人有着不可替代的感情，这种感情可以推及其他社会成员，但是不能迫使民众将路人视作己父。墨家提倡的兼相爱是一种貌似崇高的理想状态，缺乏实践的可能性。即便道德实践的主体能够极力说服自己按照这种原则去处理人际关系，但是事实上的血缘关系和与生俱来的亲情伦理迫使其不得不回到实际生活，有差别地对待他者。再退一步说，将问题限制在交往实践中的主体间性（inter‐subjectivity）方面，两个或者两个以上的实践主体或者心灵不仅可以意识到彼此的存在，而且还可以意识到彼此传达信息的意向。在主体之间意识活动的过程，每一方对自我的认同与对他者的定位至关重要。倘若以作为他者的人父与己父为例，己父这一主体认知活动中的特定对象有其不可替代的位置，属于不可选择性的客观实在。同样的，人父对于他者来说也具有这样的属性。主体间性中的我，面对己父与人父，必须判明其客观差异。这是健全的理智所必须具备的认知能力。墨家兼相爱要求视人父如己父，确切地说应该是取消二者之间的差异。这只能是一种假想事实（hypothetical fact），也就是一个关于将来事实的陈述或者描述。但是这种将来事实在某种程度上只是一个人自己的信念，而非客观存在的事实。假使兼相爱是对事实的描述而非不切实际的空想，那么人要么必须从一开始就丧失判别人父与己父的能力，要么必须在情感世界或本能中极力消除对血缘的认同。否则就无法实现均等对己父与人父的爱。

墨家主张的"兼相爱"被孟子斥责为"兼爱无父"，在后者看来，这种主张既无视现实差异，又消灭社会成员的私人领域，以此作为通往"尚同"状态的康庄大道，其目的地不是丰富多彩的文明社会，而是以极具宗教性的信仰为维系社会生活的庞大的结社。在这个结社中，民众选择贤能的最佳标准是墨家的巨子，而不是开明的政治领袖或国家元首。可以推测，西汉时代墨学中绝的深层原因就在于此，而皮相显现为刘姓天子打击豪侠。① 质言之，迈向世俗统治的最高权力时，巨子就是墨家政治社会

① 康有为在《孔子改制考》中专门列出一节，重点讨论两汉墨家学术的传承情况，对学界研究"墨学中绝"的历史现象有着一定的借鉴意义。

理想中天子。这无疑是以一种准宗教性质的民间结社对政治权威进行抗辩。墨家的组织形式自然不会得到官方认可。

### 四　汉儒在限制王权的过程中饱受挫折

汉儒在理论建构方面部分地偏离了先秦儒家的民本传统，提升君权的地位，尽管其中潜藏着以天来制约君主权力的深意。董仲舒处理君、民、天三者关系的方法有别于先秦儒家，尤其违背了孟子的"民为贵，社稷次之，君为轻"（《孟子·尽心下》）的根本思想。借阐发《春秋》大义之机，董仲舒主张"《春秋》之法，以人随君，以君随天"（《春秋繁露·玉杯》），也就是所有的人统摄于君主，而君主服从于上天的支配。这是一个由下而上的权力集中的模式，其结构的大致形状就是一个金字塔。在权力让渡方面，强调一个"屈"字，意思相当于屈从，民众向君主让渡部分权力，君权就能得到伸张；君主向上天让渡部分权力，上天的权威就能得到增强，即所谓"故屈民而伸君，屈君而伸天，《春秋》之大义也"（《春秋繁露·玉杯》）。现实情况与董仲舒的构想相去甚远，抑止民权以便伸张君权，比较容易操作，毕竟帝制时代的朝廷拥有非常强大的威慑力，掌握着生杀大权；抑止君权以便伸张上天的赏罚大权，很难实行，原因在于上天的灾异谴告很容易被任意解释。最后会出现多种应对方案：君主或者下"罪己诏"，或者诛杀大臣，或者被权臣夺取权位……总之，无法在制度层面保证"屈君而伸天"有效性。不过，以"天"来约束君主，显示了儒家限制王权的特殊用意。

既然"民→君→天"是一个权力增长的过程，那么上天的权威由谁来发现，又由谁来发觉和阐释呢？

对此董仲舒有着明确的回答，那就是圣人代天发意，他说："名号异声而同本，皆鸣号而达天意者也。天不言，使人发其意；弗为，使人行其中。名则圣人所发天意，不可不深观也。"（《春秋繁露·深察名号》）董仲舒发挥先秦儒家的"正名"观念，并从字音、字形、字义与天意之间的关系来阐发儒家的政治社会理性，认为天意通过人的自觉阐发而显示其真，上天通过人在其中的实践活动而实现其价值意义，人群当中的圣人之所以特殊，在于他能够发觉天意。代天发意这一理论现象非常值得玩味。苏舆将诠释路径设定为考察圣人、文字与"正名"三者间的神圣联系，认为："名起于字，积字为名，故名亦训字。字所以别事物，明上下，其造作本于天意。故造书者谓之圣人。"① 照一般的说法，儒家文化中的"字"具有滋生的意味，圣人描摹把握天地万物的形意，创造文字，之后才有文化的快速实质性发展。字义起于字音，董仲舒善于用同音字来发挥儒家的政治社会理想，通过气势恢宏的铺叙显示自身理论的合理性，例如在"王"、"黄"、"皇"、"匡"等同音字的排列中勾勒其一致的内在精神，这在一定程度上体现了字义起于字音的基本规律②。在中国传统学术流派中，儒家对文字的尊重体现了文教的崇高地位。文字的音形意是天道的概括，圣人创造文字，传播文化，是最能洞察天意的。倘若继续有关权力的讨论，汉儒的主张似乎应该向前推进一步，将"民→君→天"延伸到圣人代天发意，毕竟神秘的天必须见诸圣人的解读与诠释，这才能发挥其超乎寻常的效用。这样的安排在一定程度是为了与现实王权进行对话。儒家在与帝王对话的过程中，不自觉地让渡了自身对道德教条的所有权和部分使用权，有利于帝王将道德教条转化为辅助统治的工具。从帝王一方来讲，"他们尊敬孔子，即使他们不实践孔子之道，或不用之于他们的政府。他们用这些教条作为社会和道德价值的基础，提供了高度的政治稳定。因此，2000 年来，儒学与帝政亲密结合，并非被视为永恒的原则，而是视作教条的侍女"。③ 儒家不但没能用"天"来约束帝王，反而将道德教条奉献给帝王，使得他们占领道德高地，更好地作威作福。这与儒家限制王权的初衷背道而驰。

**儒家希望最高统治者能够成为理想中的圣王，但是现实往往表现为王者无德。**

为了避免王道的彻底沦丧，儒家必须通过素王之道对王圣进行批评、监督与约束，此时圣人代天发意显得尤为重要。故而可以将问题分为两部分加以考察，（1）儒家认为最佳状态的政治社会是王道大化，礼乐蔚然，

---

① 苏舆：《春秋繁露义证》，中华书局 1992 年版，第 285—286 页。

② 关于字义起于字音的基本规律，刘师培论述得非常准确，他说："古无文字，先有语言，造字之次，独体先而体后，即《说文·序》所谓其后形形声相益也。古人观察事物以义象区，不以质体别，复援义象相同，故数物义象相同，命名亦同。及本语言制文字，即以名物之音为字音。故义象既同，所以之声亦同。所从之声既同，在偏旁未益以前仅未一字，即假所从得声之字为用"，见于《中国现代学术经典·黄侃刘师培卷》，河北教育出版社 1996 年版，第 652—653 页。

③ 萧公权：《近代中国与新世界：康有为变法与大同思想研究》，江苏人民出版社 1997 年版，第 114—115 页。

人伦和美，此时王制与王道融洽协和，最高统治者象征着道德完美技能通达。儒家经典中所排列的尧、舜、禹、汤、文、武、周公就属于圣王，或者说是王道的化身。（2）与理想状态有所不同，现实中的王者不一定具备王道，有时甚至违反王道精神，倒行逆施，这时就需要素王赏善罚恶的道义来维系伦常。可以说，这种情况属于现实世界的缩影，是儒家所要积极面对努力改造的。

回过头来接着考察民众、君主、上天、圣人之间的相互关系，我们会发现其中发生着微妙的变化：民众的生存与发展离不开社会秩序，君主是社会秩序中不可或缺的一个重要环节，因而必须加强君主的权威以保障整体的稳定与协调，但是为了防止君权背离王道精神，就必须设定上天的意志来震慑君主，防止最高权力的滥用。之所以说上天的意志是设定出来的，是因为汉儒坚持认为人的道德理性、礼制条目与天道变化是同质同构的①，进而将自然的天、具有人格神色彩的天糅合在一起，归纳部分自然现象，然后用儒家的伦理结构来解释这些自然现象，借此自然现象的变化来干涉现实的权力运作。在这个过程中，许多理论架构都被赋予圣人之名。圣人在一定程度上被装扮成能够通达天意的神明。在圣人的道义与威严面前，君主似乎应该遵循王道，为民众谋取福祉。

不过，有一点不可忽视，在圣人阐发的天意中，符合王道标准的君主具有一般民众和官员所不能享有的威权，以此作为名教等级的制度保证。圣王理想沦变为王圣的现实，而前者成了后者的"护符"。这一历史性的悲剧，非常值得玩味。除了对王圣进行德行方面的谴责，儒家似乎还应该在制度层面进行反思，尤其要结合特定历史阶段的生产方式以及与此紧密相关的社会关系对王道理想进行重新梳理，发现自身在理论与实践方面的缺失，进而争取早日完成自身的否定性转换。当然，历史阶段不可跨越，人们所能做的就是在特定的社会环境中努力推进实践活动，尽最大可能改

---

① 这种人的道德理性与天道的同质同构类似于西方思想史中"人的形而上学公式"与"政治公式"。圣西门主义者皮埃尔·勒鲁在评价《理想国》时曾经指出，"对《理想国》进行的分析，仿佛在一幅奇妙的、象由全部诗神同心协力创造的织锦上去寻找它的经纬和质地似的，我们可以获得两个公式，一个是人的形而上学公式；另一个是与前者相应的政治公式。苏格拉底运用了无穷的艺术手法，组成这部名著的全部精华，以此掩盖了他的形而上学公式；他似乎先验地构造他的社会，但实际上他是根据他人的定义着手构造社会的。"见于《论平等》，商务印书馆1996年版，第85页。

变现实。任何以抽象人性论作为理论基础的"格君心之非"的尝试都很难发挥明显的积极效果，有时还会引起君主的不快，置自身于死地。

现代新儒家的理论探索围绕着民主与科学这一主题展开，试图实现"内圣开出新外王"的社会理想。这只是儒家探索现代转化的尝试，而不能视为唯一的出路。无论是从"德政"与"民本"思想中推出民主思想，还是移植西方政治学说重新解读礼乐制度，都是迫于时势而采取的"权"，与儒家的基本观念相去甚远。可以说，现代新儒家热衷的"新外王"其实是舶来品，其功用在于帮助儒家摆脱近代以来面临的生存困境。儒家自有经世大法，囊括巨细，随时变通，对外来文化进行谨慎地拣择，吸取其中有利于改进国计民生的合理成分，为我所用。现代新儒家将民主与科学视为"新外王"，其实是对经术特有的生命力的窒息，必然导致王道精神的衰落。目前，亟须深入经学典籍，寻求源头活水，以儒家固有的王道理论反观西方政治学说，结合现时代的具体情况，整合传统资源，借鉴外来文化，进行综合创新。盲目鼓吹"内圣开出新外王"，不仅是对经术的抛弃，更是对儒学未来发展的误导。

## 第三节　制度儒学中的孝治思想

儒家并不否认人是政治的动物，因为作为群体生活的人类必须在礼制中完善自己的社会属性，政治不过是伦理道德在公共领域中的延伸与展开。在儒家的理论视野中，最佳的政治形态是德政。儒家要求从政者能够"为政以德"，用伦理道德约束权力运作，避免将政治引入单纯的刑罚与管束的误区。由此产生了制度儒学。孝治肇始于儒家思想中的孝道，是孝道在政治生活中制度化的结果。孝治思想在制度儒学中占据着重要位置。孝治思想建立在一切社会成员具有道德平等性的基础上，认为觉悟与良知对于所有人来说都是机会均等的，除非心智不全或自甘堕落，将孝道转化为治理国家的典章制度。从先知先觉的角度来看，教化民众的目的在于促使人们完善自己的德业。就普通民众而言，就是自觉摆脱蒙昧状态，寻求德性与技艺方面的进步。孝治思想开端于孝道，将家庭伦理扩充为修齐治平的手段，在维护传统社会的稳定上具有举足轻重的作用。忠孝成为治理国家的重要手段，就连蒙古统治者也对儒家所谓"忠"、"孝"很感兴趣，忽必烈与廉希宪的对话可以反映这一点：

世祖一日命廉文正王受戒于国师。

对曰："臣以受孔子戒。"

上曰："汝孔子亦有戒邪？"

对曰："为臣当忠，为子当孝，孔门之戒，如是而已。"

上善。①

由此可见忠孝思想在传统社会中发挥着巨大的作用，对统治者施政极为有利。在中国历史上，异族入主中原以后，都极力推崇儒家的忠孝思想，发挥其维持稳定、巩固统治的作用。但是这种政治策略其实是"以孝治天下"，就是将"忠"、"孝"转化为权术，将道德扭曲为手段，对广大社会成员进行深层次的统治，它的背后隐藏着绝对的暴力与专制。这已经偏离了儒家讲求孝治的初衷。

## 一　"孝"、"养"与"孝治"

儒家主张在全社会范围内实行孝道，孝道始于养亲，在家庭经济能够承受的限度内给予亲人充足的物质保证，尽量减少亲人在衣、食、住、用、行等方面存在的顾虑。在此基础上做到"不辱亲"以至于"尊亲"。"大孝尊亲，其次不辱，其下能养。"（《大戴礼记·曾子大孝》）养亲是孝道的开始，"孝"与"养"之间存在本质区别。如果简单地将"孝"等同于"养"，那么养父母与养犬马又有什么区别？养亲必须考虑亲人的心理感受和情绪变化。

孝道是理论与实践相结合的产物，既不赞成空洞的道德说教，又反对缺乏理论指导的单纯的养亲。孝道之所以能够构成理论，是因为它有强烈的实践旨趣。晚辈在养亲的基础上尊亲，从而营造良好的家庭氛围，自觉将孝道化作美德，影响群体生活。从个体的心灵感受而言，孝道要求道德主体的反省与自觉，为孝行提供真切的心理支撑，而不能将孝行流于形式甚至表演，即所谓"忠者，其孝之本与！"（《大戴礼记·曾子本孝》）这里所说的"忠"应当理解为"敬"。因为敬是孝的根本，真正的孝应当是孝敬。孝敬不仅是心理活动，更具有实践向度。作为具有完备理论结构的

---

① 陶宗仪：《南村辍耕录》，辽宁教育出版社 1998 年版，第 21 页。

孝道，着眼于教化群萌，引导民众遵循符合人性的公共生活规则。哈贝马斯在《认识和兴趣》一文中指出，"理论是通过心灵与宇宙的有规律的运动相适应的道路进入生活实践的：理论给生活打上自己的烙印，并且反映在服从于它的教育的人行为中，伦理中。"① 孝道是道德原则与宇宙秩序的同一体，发挥着协和人伦的重要作用，因而无愧于"理论"这一崇高名义。孝道朝向政治生活迈进，将德性与教化落实于社会机制运作，以孝道作为神圣价值，对包括统治者在内的社会成员进行普遍约束，任何人都无法规避孝道，更不能享有特权。

## 二　孝治与"三老五更"

孝治是在孝道理论的指引下，将孝悌转化为治理国家的手段，其目的在于维系人伦，规范权力运作，在人性与政治之间形成良性的互动机制，从而确保实现永久繁荣。孝道为孝治奠定理论基础，孝治则为孝道提供制度保障。在儒学发展史上出现的"三老五更"制度就是很好的例证。沿用宋均对《孝经援神契》的注解："三老，老人知天地人事者。奉几，授三老也。安车，坐乘之车。辌轮，蒲裹轮。供绥，三老就车，天子亲执绥授之。五更，老人知五行更代事者。度，法也，度以宠异之也。"② 在儒家思想的视野中，天子是万民的表率，尊重老人是实践孝道的必要环节，天子"父事三老，兄事五更"，为"三老"提供"奉几"、"安车辌轮"等优厚待遇，同时以特定的礼数褒扬"五更"，在全社会范围内营造尊老旌德的良好氛围。在汉儒那里，有关"三老"、"五更"的具体人数已经出现争议。凌曙回顾了这些不同的说法，最终确信"三老、五更各一人"的观念，并通过答问的形式对这一基本问题展开论述，大致情况如下：

问：桓四年注："养三老、五更"。《白虎通》与《独断》不同，当何从？

曰：蔡邕曰："三老三人，五更五人"。《白虎通》曰："三老、五更几人乎？曰各一人。何以知之？既已父事，父一而已，不宜有三"。《白虎通》之说为允。郑君亦云"三老五更各一人"。何氏此注

---

① 哈贝马斯：《作为"意识形态"的技术与科学》，学林出版社1999年版，第119页。
② 安居香山、中村璋八：《纬书集成》中册，河北人民出版社1994年版，第968—969页。

所引，与《白虎通》略同。①

无论经学史上对"三老"、"五更"各几人的问题有着何等程度上的分歧，有一点不能否认，那就是儒家希望将"三老"、"五更"上升为制度的重要组成部分，借以祛除王权的部分毒素。这样的想法在墨学中占据着重要的位置。墨家致力于选贤与能，最高统治者由逐层选举产生。这种类似于"大民主"的做法其实潜藏着危机：当选举产生的最高统治者掌握大权之后，他能否尊崇既定的价值理念，公正平允地协调社会关系，维护社会成员的切身利益。此时，辅弼的重要作用就得到凸显。因而在全社会推行孝道，设置"三老"、"五更"的特殊职位，成为落实"兼爱"、"尚同"观念的必要手段。章太炎认为，孝治是儒墨两家的共同主张，提出了著名的"孝经本法夏法说"，最有力的证据就是"三老五更"。因为《汉书·艺文志》曾经提到"出于清庙之守"的墨家"养三老五更，是以兼爱"，"以孝视天下，是以尚同"。还有，墨家崇尚禹道，即所谓"《孝经》本禹之道"。② 这样一来，孝治思想就成为儒、墨两家共同拥有的智慧资源。但是，墨家强调秘密结社以及独立于政府管理的巨子制度。这在无形当中将墨家从国家政治体制中疏离出来，致使墨家成为汉代官方重点打击的对象之一。历史将实践孝治思想的重任交给了儒家。

## 三　"孝治"与"孔子素王"

孝治是"孔子素王"的政治理想的逻辑起点。制度儒学有其特殊的正义论——圣人正义论，具体说来，就是在"孔子素王"观念支配下的以儒家经典义理作为政治合法性来源的正义诉求。在这种观念形态中，政治必须是德政，而不是单纯的技术运作，更不是以阴谋和暴力夺取权力的角逐场。是非得失的评判标准不是由现实统治者制定的，而是由圣人发明并寄托在经典文本中。一切统治秩序和管理模式都必须有充足的经典依据，否则就是不合乎道义的。孝治也不例外。孝道是一切德行的根基，构成儒家教化职责的重心。教化在政治层面表现为德政，孝道统摄德政，在这种意义上可以将儒家理想中的政治形态归结为"政教合一"，当然必须

---

① 凌曙：《公羊问答》卷上，《丛书集成初编》第 3674 册，第 7 页。
② 章太炎：《章太炎全集》第 4 卷，上海人民出版社 1985 年版，第 17—18 页。

说明这里的"政"是指德政，"教"是指教化，而不是西方传统中的宗教。马一浮以六艺统摄人类一切学术成果，而孝道享有"六艺之宗"的崇高地位。因为从人类具有的先天德性来看，无论德政还是仁政，都应当恪守孝道，以孝道作为开端。在政治生活中，以孝道作为指导思想的权力运行机制便是德政。

历来儒家论证理论合法性的方法无外乎两种：不见圣人之言，见之于圣人之行；不见圣人之行，见之于圣人之言。传统儒家内部对于托言孔子所说"吾志在《春秋》，行在《孝经》"的理论价值并没有太大的质疑。毕竟问题不在于这句话出自《孝经援神契》，而是它准确地反映了孝治思想的致思路径。《春秋》为万世立法，行使褒贬、黜陟的大权，最能展示儒家在政治制度、社会理想以及天人关系等方面的建树，而《孝经》则以个体的道德实践作为起点，论及天子、诸侯、卿大夫、士、庶人在孝道方面的职责与效应，其中蕴含着这样一种逻辑：以事亲之孝促成事君之忠，求忠臣于孝子之门。这种伦理与政治之间的同一关系被统治者改造为"移忠为孝"，对中国传统政治思想产生了深远的影响。由"孝治"思想衍生出来的"五等之孝"已经成为儒学传统中的重要组成部分。《孝经疏》中有关孔子制作《孝经》缘由的论述可以反映郑玄的基本观念。在他看来，孔子鉴于"六艺"的"题目"与"指意"各不相同，担心这种差异性会导致理解上的偏差，甚至会割裂经典的义理价值，因而制作《孝经》来概括群经大义。皮锡瑞对这种说法深表赞同，并从文献的角度深化自己的认识，指出："《孝经》、《尔雅》皆释经总会之书。《艺文志》以《尔雅》列入《孝经》家，后儒多疑其不安。寻觅郑君之言，乃得其旨。"[①]《孝经》是对儒家孝道观念的系统概括，尤其强调"孝治"的实际功效。

制度儒学中的孝治思想是促进政治文明的智慧资源。孝治不仅强调臣子对君父的忠诚与爱戴，更主张上位者必须关爱群下，不能残暴荒淫。在传统儒家的家国一体思维体系中，事君是事父的延伸，尊敬师长是爱戴兄长的推及。反过来讲，在家庭内部对待子嗣就像启用臣下，兄弟和睦如同父子融洽。在社会交往中，朋友互助协作是兄弟之伦的翻版。在政治生活中，真正实践孝道的人必须担当职责，自觉维护群体利益，避免使自己蒙

---

① 皮锡瑞：《六艺论疏证》，《续修四库全书》第 171 册，第 287 页。

受不孝的耻辱，毕竟"居处不庄，非孝也；事君不忠，非孝也；莅官不敬，非孝也；朋友不信，非孝也；战陈无勇，非孝也"（《大戴礼记·曾子大孝》）。孝治思想将道德教化贯穿于政治生活，避免单纯的官僚制度的运作，这在很大程度上能够克服法家不讲恩义的弊端。在贯彻孝治思想的政治生活中，臣子享有对君主谏诤的权力，"谏，间也，因也，更也，是非相间，革更其行也"（《白虎通·谏诤》）。谏诤的目的在于批评尊亲的错误言行，敦促其痛改前非。在孝治思想统摄下，君主也不能完全压制一切社会成员，大致说来，有以下几种情况：（1）不将"二王之后，妻之父母，夷狄"视为臣下；（2）暂且不将"祭尸，授受之师，将帅用兵，三老，五更"视为臣下；（3）天子不以诸侯为臣；（4）始封之君不以诸父昆弟为臣。以上四个方面在《白虎通·王者不臣》中占据着相当大的篇幅。孝治思想是构成"王者不臣"这一特殊现象的重要因素。可见，孝治思想要求限制君权，反对将天子作为绝对权威。这区别于通常所说的封建君主专制制度。

### 四　"孝治"与"以孝治天下"

制度儒学中的孝治思想与现实统治者提倡的"以孝治天下"有着本质上的不同。前者适用于包括天子在内的一切社会成员，强调道德本体和实践层面的平等性，后者不过是现实统治者的权术，以孝道作为驾驭群下、管束民众的利器，在客观上促使孝道成为牵制社会成员身心自由的枷锁，致使弱势群体不敢表达自己的合理需求，稍有差池，就会换来不孝的恶名，随之而来的必定是严酷的刑罚，而现实统治者在伦理道德方面担任最高仲裁者的角色，成为威福并用的主宰，必须将孝治扭曲为维护威权的手段，而非维系社会公正的有效机制，就是吴虞指责的"利用忠孝并用、君父并尊的笼统说法，以遂他们专制的私心。君主以此为教令，圣人以此为学统，家长以此为护符"，[①] 制度儒学中的孝治思想与现实统治者提倡的"以孝治天下"都披着孝道的外衣，但名相同而实不相同。

以孝治天下是一种权力运作的形式，很容易为母后夺权提供口实。在传统社会中，上自天子，下至庶民，都要履行严苛的孝道。这种家庭伦理延伸到政治生活，很容易滋生混乱。母后称制就是例证。在儒家的观念世

---

① 吴虞：《吴虞集》，四川人民出版社 1985 年版，第 173 页。

界中，天子既是最高权力的象征，也是最高德性的化身。权力运作是政治领域的事情，但是它也要遵循孝道。这里所说的孝道已经不是子女对父母的孝敬，而是一种混同伦理与政治的以孝治天下的原则。它有着特殊的内容。当权力争斗激化时，违背孝道便成为政敌攻击对手的利器。任何人也无法承受不孝的罪名，就连天子也不例外。以周襄王"出居于郑"为例，襄王不能得到其母惠后的欢心，陷于权力斗争的漩涡，被迫逃往郑国。《公羊传》引用先师鲁子的观点对此事加以论述，"王者无外，此其言出何？不能乎母也。鲁子曰：'是王也，不能乎母者，其诸此之谓与？'"（《公羊传》僖公二十四年）本来，天子富有四海，所有的统治区域对他来说都是"内"而非"外"，但是周襄王却出逃到郑国，这足以说明当时的权力斗争是如何激烈。在这场权力斗争中，周襄王的母亲惠后扮演着非常重要的角色。《公羊传》断定的"不能乎母也"，意味深长，发人深思。郑玄由此阐发孝道的重要性，"今襄王实不能孝道，称惠后之心，令其宠专于子，失教而乱作，出居于郑，自绝于周。故孔子因其绝而书之。《公羊》以母得废之，则《左氏》已死矣。"[1] 可见，一旦孝道延伸到政治生活，就会变成权力斗争的口实，就连天子也无能为力。当天子被冠以违背孝道的罪名，失去的不仅是权位，甚至是性命。中国历史上的例证不胜枚举。这些例证促使着今天的学者重新反思以孝治天下的优势和弊端。

儒家并不反对君父享有管理权，但这出于对国家安全和家族兴旺的关切。倘若君主不能以身作则、为天下树立道德楷模，不能为民众谋求福利，作威作福，必然遭到民众唾弃。在儒学传统中，"天子者，爵称也"（《白虎通·天子爵称》），天子只不过比其他爵位高出一些而已。荀子以官制表达政治理想，作为最高职官的"天王"，其职责是完善道德，尊崇礼义，健全法制，统一天下，抚育百姓，怀柔诸侯。考察治理效果，"天下不一，诸侯俗反，则天王非其人也"（《荀子·王制》）。可以说，"天王"不过是官僚体系的重要组成部分，而非耸立于万民之上、不可动摇的绝对主宰者。家庭伦理也必须建立家庭成员互相关爱的基础上，即便强调父亲的威严，也是相对的，目的在于促进家庭幸福。在仁爱的基础上，才能谈论君父享有的威权。君主是一个国家的最高权威，父亲是一个家庭的最高权威，尊崇一个权威就能确保安定，同时具有两个最高权威就会出

---

[1] 郑玄：《发墨守》，《丛书集成初编》第 3627 册，第 2 页。

现混乱。从古到今，没有哪个共同体因为内部存在两个角逐实力的最高权威而能实现长治久安的。当然，在全社会通行的君父的权威是由农业社会的生产方式决定的，而不是亘古不变的。

## 五 "孝治"与"祖制"

制度儒学中的孝治思想与封建统治者提倡的"以孝治天下"交织在一起，形成了冠以"法祖"名义的阻碍社会变革的顽固势力。儒家认为天下是全人类共有的，并非天子的专利。天下由国家构成，国民享有过问国家大事的权利。任何以少数人的利益为出发点的政治活动都将失去民众的支持。就世袭制而言，君主将国家视为私人财产，制定相关法律法规，维护自身利益，以"大私"取代"大公"。这样的法律法规就是"非法之法"。后代统治者继承遗产，效法先祖，继续占据社会资源，美其名曰"孝"。在黄宗羲看来，这种行径无异于异端邪说，原因在于"夫非法之法，前王不胜其利欲之私以创之，后王或不胜其私欲之私以坏之。坏之者固足以害天下，其创之者亦未始非害天下者也"。① 倘若将沿袭"非法之法"视作"法祖"之"孝"，那么这种孝行不过是满足私欲的借口，与儒家的德政理想背道而驰。

制度儒学中的孝治思想与儒家理想中的"先王"、"祖制"并不冲突。儒家理想中的"先王"特指德业辉煌的圣王，"祖制"特指为天下苍生谋福利的仁政。对于这个问题的研究，钱澄之曾经下过一番苦功夫，他认为："所谓先王，即文武也；其法，即祖制也。祖宗时，革故鼎新，一切与天下更始，以天纵之圣人，聚一时贤智老谋之士，相与考订古今之得失，而损益因革，以创为一代之令典，使后世子孙无以复加，亦岂有过焉者乎？"② 也就是说，真正的"祖制"应当保障全体社会成员的幸福。世界上并不存在一成不变的典章制度。只有根据实际情况加以"损益因革"，才能为后世提供效法的对象。任何因循守旧、不切实际的做法都不能成为"祖制"。因此，在政治生活中必须处理好"祖制"与"变通"之间的关系。廖平在《知圣篇》中阐述自己对这一问题的基本看法，他说："祖宗之成法，后世有变通之条；君父之言行，臣子有谏净之义。岂

① 黄宗羲：《明夷待访录》，《黄宗羲全集》第 1 卷，浙江古籍出版社 1985 年版，第 7 页。
② 钱澄之：《田间文集》，《钱澄之全集》第 6 卷，黄山书社 1998 年版，第 94 页。

陈利弊，便为无状之人？论阙失者，悉有腹诽之罪？"① 可以说，孝治思想主张顺应历史潮流，革除礼乐制度中那些不合时宜的成分，反对墨守成规，扫除一切标榜"祖制"的腐朽势力，将儒家主张的"正德，利用，厚生"落到实处，真正地发扬仁民爱物的优良传统。

"孝治"作为联系旧式的家国天下的纽带早已被现代性的文明斩断。近代以来，能够以启蒙为己任的思想家，往往选择以革除传统伦理作为社会革新的突破口。儒家两千多年固守的"五伦"遭到百般斥责。与明代中后期儒家主张的"五伦皆朋友之交"相比，清末民初的学者主张的只留朋友一伦的观点显得更具破坏力。前者侧重于建设性的经义阐发，将主体的道德平等性外化为伦理，突出儒家淑世安民的情怀；后者则将伦常视为钳制人性的桎梏，急欲彻底打破而后方能安心。最具代表性的当首推谭嗣同。谭嗣同主张彻底消除"五伦"中的压制成分，只留朋友一伦，"五伦中于人生最无弊而有益，无纤毫之苦，有淡水之乐，其惟朋友乎？"② 谭嗣同的观点影响了好几代学者，甚至延伸到了新道德建设的领域。吴承仕先生继承谭嗣同的致思路径，致力于实现"一个无男无女无国界的'乌托邦'"，在这样一种理想的社会形态中，所有的人际关系都按照朋友关系加以协调，没有压迫，没有屈从，只有平等协商，即便"朋友一伦"也没有存在的价值，因为分析这种观点的内在逻辑，不难发现"一方面只有男女而无夫妇即无父子兄弟，一方面无支配被支配阶级之分，于是只剩下朋友一伦，唯有一伦，则朋友之名亦不成立"。③ 这种理想社会建立在自然的男女分别而不是文化的性别差异的基础上，否决传统的男女内外之别，将宗法体系中的"家人"转化为能够面对公共生活的社会成员，希望以此作为契机促成儒家伦理的现代转型。

## 六　"孝治"的现代命运

儒学从"子学时代"经由"经学时代"进入现代社会，首要任务就是如何正视民众生活中的一系列现实需求，从旧有的士大夫把玩的精致学问转换为适应工业文明诞生以来的历史阶段的"普罗"学说，也就是大

① 李耀仙：《廖平选集》上册，巴蜀书社1998年版，第178页。
② 谭嗣同：《仁学》，中州古籍出版社1998年版，第200页。
③ 吴承仕：《吴承仕文录》，北京师范大学出版社1984年版，第10页。

众学说。这不仅是两千年未有之大变局逼迫的结果，而且也是儒学的内在需求。自阳明后学以来，"尊德性"就与百姓日用紧密结合，产生了能够满足当时社会需求的民间儒学。由阳明后学建设起来的民间儒学一方面能够信守儒学的真精神和真价值，另一方面能够密切关注普通民众的生存状况，不失时机地阐发儒家的道义进而满足普通民众的精神需求。民间儒学构成了增进民族心理认同和公共生活规则的基础。

儒学面对的是活生生的人，孝悌的开端不是冷冰冰的道德说教或权力压制，而是民众的情感，尤其是与生俱来的爱敬。儒家并不否认人具有先天的道德情感。萌发超越功利与算计的爱敬，其实就是仁义。仁义有待于扩充，与人的交往实践相结合就形成了忠恕之道，同时也可以参与到制度建设，形成具有儒家色彩的礼乐制度。当制度儒学已经成为历史陈迹之后，构建现代家庭伦理的孝文化是生活世界中的儒学所要完成的首要任务。生活世界的诸多要素构成了纷繁复杂的意义语境，具体说来，"文化知识表现为符号形式，表现为使用对象和技术，语词和理论，书记和文献，当然还有行为。社会表现为制度秩序、法律规范以及错综复杂而又井然有序的实践和应用。个性结构则完全表现为人的组织基础"。① 儒学固有的道德伦理与宇宙秩序的同一性能够为现代文明提供有效的监督机制，防止人欲膨胀给人类社会带来沉重的压力和巨大的损失。

近代以来，儒学在理论架构、实践旨趣和从业人员等方面发生了巨大的变化。科举制度的废除、西方科学技术的大量引进、现代大学的逐步建立、民众生活样式的全新调适在各个层面上促进了儒学的现代转型。封建君主专制的崩溃使得儒学暂时丧失了权力机构的扶持，也为儒学的进一步发展解除了社会结构方面的脚手架。社会变革直接促成了中国传统的家庭结构的转型，旧有的家族逐渐让位于核心家庭，在实践层面表达对理论变革的强烈诉求。旧式家庭日渐沦为众矢之的，儒家内部也出现了大量的控诉言论，即使新儒家的代表人物也有满腔义愤。熊十力先生认为旧式家庭的罪恶罄竹难书，指出："其实，家庭为万恶之源，衰微之本，此事稍有头脑者皆能知之，能言之，而且无量言说也说不尽。无国家观念，无民族

---

① 哈贝马斯：《后形而上学思想》，译林出版社 2001 年版，第 84 页。

观念，无公共观念，皆由此。甚至无一切学术思想亦由此。"① 这在无形之中否决了传统的修齐治平的合理性和有效性。同时也提出了新的历史任务，那就是如何在宗法体系覆灭的今天继续发掘儒家维护社会正义的有效成分，为建设新道德提供丰富的文化资源。

制度儒学所要解决的一项重大问题，就是如何根据现实情况的变化调整礼乐制度，进而促成社会发展，实现民众的共同幸福。这一点集中体现在近代以来有关"《春秋》礼"的讨论中。孔子"志在《春秋》，行在《孝经》"，既然强调"孝治"，就要有配套的礼制作为实际操作的规则，避免出现手足无措的情况。近代以来，儒家经历许多坎坷与波折，在寻求自身与制度变革之间的契合点上煞费苦心。制度儒学随着帝制时代的结束而退出历史舞台，但是对"《春秋》礼"的重新解释却未曾间断，甚至出现了许多骇人听闻的观点。这些学术史料为今人研究儒学发展史提供了丰富的参照物。当然，帝制时代结束以后，儒家构想的并且赖以生存的礼乐制度已经一去不复返了，留给世人的不过是一些历史的陈迹。今天再去鼓吹"复古更化"也显得有些滑稽，毕竟人类社会在不断前进，需要以创新的思维解决日益繁复的社会问题。创新是新生事物战胜腐朽事物的过程，而不是一厢情愿地将腐朽事物论述成新生事物的玄谈。儒家若要维持自己鲜活的生命，就要善于创新，就要不断完成自我否定，在"扬弃"中寻求新的发展道路。不仅学术思想要创新，就连礼乐制度也要突破陈规陋俗的束缚，实现新的跨越。近代以来，许多儒者对礼乐制度进行结构调整，希望有朝一日得到施行，但是这些尝试都以失败告终。其中最为突出的莫过于对"《春秋》礼"的重新解释。

## 第四节　制度儒学的退场与"《春秋》礼"的演变

在制度儒学退场之前，最早对"《春秋》礼"进行系统研究的学者是廖平。廖平认为《礼记·王制》是孔子《春秋》的礼制根底，并主张以此统摄"六经"。与廖平注重名分不同，康有为在变法失败之后对自己所理解的孔子之道进行重新诠释，其中多称赞《礼记·礼运》中的大同理

---

① 郭齐勇编：《现代新儒学的根基——熊十力新儒学论著辑要》，中国广播电视出版社1996 年版，第 336—337 页。

想，在康有为的理论视野中，三代圣王的统治属于小康之道，小康对应于升平世，大同之道对应于太平世。熊十力沿着廖平、康有为的思路进一步推出，孔子作《春秋》的目的在于为万世开太平，基本途径是废除天子诸侯士大夫等统治阶层，由小康过渡为大同，最终实现天下为公的社会理想，孔子以《春秋》作为沟通内圣与外王的渠道，将《诗》、《书》、《易》与《周官》融为一体。《周官》不是简单的"设官分职"，而是孔子作《春秋》以后，寄托哲学思想和社会理想的具体方案。作为熊十力的后学，徐复观梳理经子典籍中职官演进的线索，将《周官》斥为王莽草创、刘歆加工的以官制表达政治理想的职官书，其成熟年代、思想性格与王莽息息相关。徐复观的考证无疑是对"《春秋》礼"这一经学问题的煞尾。

## 一　廖平对"《春秋》礼"的探索

19 世纪末至 20 世纪初，儒家的历史境遇以制度儒学的退场与"《春秋》礼"的演变为其显著特色，二者都与廖平的经学诠释有着密切的联系。"《春秋》礼"这一经学史上的重要命题是晚清内忧外患交替下的产物，对其全面探究始于廖平。作开启晚清变制风气的经学家，廖平早在 1884 年已经对《礼记·王制》有着深刻的见解，认为该篇是孔子作《春秋》之后所创建的礼制，而并非西汉博士所创，或者殷代礼制。《春秋》的价值在于存续或者说建立王制，就前者而言，《春秋》是对虞夏商周四代礼制的损益融通，即所谓"中备四代"，进而发展为万世之法。那么"《春秋》制"或者"《春秋》礼"究竟是什么内容呢？廖平的回答非常直接，说："《礼记·王制》，乃《春秋》旧传。"皮锡瑞亦持相同观点，认为："《王制》为今文大宗，《周礼》为古文大宗，两相对峙。一是周时旧法，一是孔子《春秋》所立新法。后人……于《王制》抑之太过，以为汉博士作。"[1] 皮锡瑞的观点不是无的放矢，而是针对《礼记正义》中引述的卢植的见解而发的，因为卢植认为："汉孝文皇帝令博士诸生作此《王制》之书"[2]。廖平的说法是对其前辈学者观点的进一步阐述，因为俞樾认为《王制》所体现的是《公羊》礼，王闿运断定《礼记·王制》不

---

① 皮锡瑞：《三礼通论》，《经学通论》，中华书局 1954 年版，第 68 页。
② 孔颖达：《礼记正义》，《十三经注疏》，浙江古籍出版社 1998 年版，第 1321 页。

是汉文帝博士所撰《王制》。廖平对此发表自己的看法，指出：

> 　　俞荫甫先生以《王制》为《公羊》礼，其说是也。壬秋师以其
> 与《大传》同，不信封禅，非博士所撰之《王制》，亦是也。盖《王
> 制》孔子所作，以为《春秋》礼传。孟、荀著书，已全祖此立说。
> 汉博士之言如《大传》，特以发明《王制》而已。岂可与《王制》
> 相比？精粹完备，统宗子纬，鲁齐博士皆依附其说，决非汉人
> 所作。[1]

无论皮锡瑞还是廖平，其目的在于论证"孔子改制礼"与《春秋》有着
内在的一致性，前者特指《礼记·王制》之礼。这种观点有其必然性，
因为早期廖平对《春秋》经的理解和解释是建立在公羊学的基础上，以
何休《春秋公羊传解诂》为圭臬，延续刘逢禄《春秋公羊经何氏释例》
的思路，认为何休阐发的公羊学思想是孔子《春秋》的精髓所在。其中
的潜台词是将公羊学等同于《春秋》学，而穀梁学从属于公羊学。其评
判标准仍然是今古之别，其基本逻辑在于：以《王制》为孔子改制之礼，
区别对待《公羊》、《穀梁》二传与《春秋》经文，认为《穀梁》之礼与
《王制》完全相合，是十足的今学；而《公羊》之礼与《王制》有所出
入，因而断言其中掺杂有古学。在处理同异关系上，与《王制》相同的
直接加以阐发，与其相异的就加以改造斡旋，以求符合《王制》的大体
条目。

　　廖平在其经学"二变"的孕育阶段，更确信《王制》是孔子改制所
作，且与《春秋》的名物制度相符合。既然如此，那么"《春秋》名物制
度"究竟是什么？《左氏》、《公羊》能否完全体现"《春秋》名物制度"？
他断定《左传》为今学，其基本纲领与《王制》完全相合，因而有必要
对二者进行疏通，从中归纳出相应的解经体例，避免出现明显的冲突。可
以说，将《左氏》判为今学是廖平的独到见解。廖平对经典文本内容的
重新分类组合区别于汉人，但能自圆其说，实现了《左氏》礼与《王制》
的衔接。这等于标明自己疏通的《左氏说》是对孔子《春秋》的正统解
释。那么《公羊》的经学地位又当如何处理呢？比早期的说法更进一步，

----

① 廖平：《今古学考》下，《廖平集》上册，第91页。

他认为："《公羊》礼多与《王制》不同，旧以为采用古学，而纬书、子书亦多同其说。"① 这样一来，《公羊》的地位远不及自己整理出来的《左氏说》，毕竟其与《王制》多有相异之处。

在发掘廖平"二变"前后对"《春秋》礼"的阐发时，我们会发现无论《春秋》、《左传》还是《王制》都是有待加工的礼制材料，其目的在于从经典文本中勾勒出一套可供印证的"《春秋》礼"，毋论这套礼制在历史上存在与否。廖平以《王制》统摄"六经"，即便分判今古，也不能否定这样的观点——"今学"以《王制》作为礼制的载体，秉持"孔子素王"的信念，认为"六经"都是孔子所传的承载经世致用理想的文本。既然将符合《王制》的经典文本和经义传承作为儒学正宗，那么现存的《王制》文本能否担当权衡的重任呢？廖平的回答似乎显得有些委婉。在他看来，目前通行文本遭到窜乱，必须加以订正，将其中的"传"、"记"、"注"与经文分开，重新制作"《王制》定本"。廖平的做法是对朱熹改动《礼记·大学》而成"四书"《大学》的模仿，而此后熊十力重订《礼记·礼运》也是对这一传统的继承。不过后两者更重视"度制"② 的重建与阐发。

## 二　康有为延续廖平的思路继续前进

在康有为看来，何休的三世理论揭示了孔子《春秋》的王道理念，

---

① 廖平：《王制集说凡例》，《廖平集》下册，第23页。

② 制度儒学至少包括"制度"和"度制"两个层面。"制度"侧重于阐发政治活动与天道运行的内在关系，也就是所谓法天行政，不与民争利。董仲舒对"制度"有着明确的界定，他说："明圣者象天所为，为制度，使诸有大俸禄亦皆不得兼小利，与民争利业，乃天理也。"（《春秋繁露·度制》）与"制度"的侧重点不同，"度制"强调统治者对官员、民众的约束与引导，即儒学传统所说的"坊"，其主要内容和最终目的是"圣人之道，众堤坊之类也，谓之礼制。故贵贱有等，衣服有别，朝廷有位，乡党有序，则民有所让而民不干争，所以一之也"（《春秋繁露·度制》）。从礼乐精神的内在要求而言，儒家的"度制"并非一成不变，而是强调时行则行，时止则止，动静不失其时，不断隆杀损益，以求适应不同的历史阶段和社会环境的变化需求。在众多变化中，作为支撑具体礼制条目的"道"是不变的，即所谓"改制不改道"，而一般所谓的改制，其实质在于"有改制之名，无易道之实"（《春秋繁露·楚庄王》）。这也就形成了自汉代以来日渐定型的政治模式，整个社会通常处于平稳状态，并没有太大的变动，即便中间出现许多战争，那也不是根本性的社会变革。这种静态的类似于封闭社会的样态，一直保持到鸦片战争前夕，最终还是被西方资本主义的势力打破。所谓"二千年未有之大变局"，其实是资本主义社会变革带来的巨大冲力，而并非单纯的政治变革。

其展开路径是"据乱世→升平世→太平世"。与此相应，小康之道也必将进化为大同。大同之道的显著特色是"选贤与能"，然而问题就在于这种游戏规则适用的范围，是自天子以至于庶人呢？还是仅仅是在天子以下的职官内部？倘若从前一种情况来考虑，儒家内部就存在选举天子的政治理想，那么托古改制就可以直接追述到尧舜禅让这一历史传说。这样至少可以断定儒家在君臣伦常上持有交互伦理的观念。康有为结合西方民主观念，提出"公共同有"的观点，并以此解释"大道"，认为人类社会的最高阶段是太平世、大同，"三代之英"的政治贡献在于达到升平世、小康的要求，尽管孔子生于据乱世，但是他的社会理想却一直锁定太平世，相信人类社会必然能够进化到大同阶段，即便不能骤然达到最高阶段，也能实现小康。在大同社会里，大众选举贤能人士担任国家职务，反对世传子孙兄弟的权力交替。这就是"君臣之公理"。事实上，孔子于三代之礼皆有损益，并没有明确地反对"世传其子孙兄弟"。孔子提倡"正名"，稳固君臣、父子、夫妇之间的伦理关系，主张判明不同社会成员的身份角色及相关的职责义务，而不是无所差异地享有康有为所说的"公理"。在康有为看来，"公者，人人如一之谓，无贵贱之分，无富贵贫贱之等，无人种之殊，无男女之异。分等殊异，此狭隘之小道也；平等公同，此广大之道也"。[1] 按照这种说法，孔子的"正名"应当属于"狭隘之小道"，因为"正名"强调"分等殊异"。康有为应当考虑孟子所说的"夫物之不齐，物之情也"（《孟子·滕文公上》）。依据赵岐的注解，"夫万物好丑异贾，精粗异功，其不同乃物之性情也"，[2] 区别对待不同人事与物情，在尊重差异性的基础上实现社会和谐，这才是长治久安之道。

　　儒家治世之道不会因为世袭或禅让而有所折扣。孟子转述孔子的看法，指出："仲尼曰：'唐虞禅，夏后殷周继，其义一也'。"（《孟子·万章上》）也就是说，从表面现象看，尧舜禅让、夏商周世袭属于不同的权力更替形式，然而其中蕴含的王道精神却没有蜕变。康有为并不赞成这种看法，指出："禹、汤、文、武、周公之圣，所为治化，亦不出此，未能行大道也。不过选于乱世之中，较为文明而已"，[3] 意即三代圣王的德化

---

① 康有为：《孟子微·礼运注·中庸注》，中华书局1987年版，第240页。

② 赵岐：《孟子注》，《汉魏古注十三经》，中华书局1998年版，第52页。

③ 康有为：《孟子微·礼运注·中庸注》，中华书局1987年版，第242页。

并没有展现孔子所说的大同精神，充其量不过是乱世之中比较文明的统治罢了。这显然与孔子"从周"的意愿相左。康有为对"大同"的理解与解释亦是对《孔子改制考》基本观点的否定。在现存的有关礼制的经典文本中，《周礼》不是孔子改制之礼，而是刘歆伪造的。只有世传《仪礼》才是孔子所创之礼。《仪礼》的本名是《礼》，现存十七篇是孔子所作。依据《新学伪经考》中的观点，秦朝实行"焚书坑儒"的政策，并没有将"六经"全部烧毁，因而可以说"六经未尝亡缺"。儒生在孔子家中讲习的礼数基本上就是《乡饮》、《大射》等篇的内容。这些内容都能从现存的《仪礼》文本中寻求相应的部分。既然包括《士丧礼》在内的十七篇《礼》都是孔子所创，那么能否假设墨子对儒家丧礼的批评应当是对孔子所作之礼的责难，而不是对周礼的攻讦？在康有为精心勾勒的"诸子创教考"的轮廓中，墨子也以"托古改制"的形式表达自己的社会理想，废弃"周礼"，恢复"夏道"，以此作为反对儒家礼的方式。然而问题在于，这里所说的"周礼"就是历史上的周礼吗？还是对儒家礼制的代称。康有为选择了后一种观点，认为墨子攻讦的"周礼"其实就是孔子创作的礼制。

结合《礼》的具体条目，重新阅读康有为对"大同"的诠释，就会发现二者之间有着不可调和的冲突。试以"子为父三年"为例，探讨儒家讲求的"一本"（也就是父子关系的单线性和一贯性）的基本含义：倘若爱别人的父亲如同爱自己的父亲，则在"爱"的程度上出现了与自己父亲等同地位的状态。这种情况就是孟子反对的"二本"。这些问题都与康有为的"大同"观念相去甚远。再者，康有为"今文十七篇皆完好，为孔子完文"的说法很难成立，考之《墨子·非儒》所云"其（儒者）妻、后子三年"，而今日通行之《仪礼》文本并无"为妻三年"。这为康有为经学考证与义理阐发增加了难度。

康有为认为，《礼》是孔子创制，却讳言其中所蕴含的君臣父子之间的等级差异，因为这些不齐之性很容易成为否定其"大同"思想的经典依据，除非他能够彻底否定《仪礼》的神圣地位。为了阐发富有"乌托邦"色彩的"大同"理想，康有为不得不将经典诠释的着力点置于《礼记·礼运》，从中区分三代小康之道与孔子汲汲以求的大同之道，然而现存的儒家经典无法满足康有为的理论需求，于是通过《大同书》的写作来抒发自己对未来社会的憧憬之情。不过，康有为重视何休"张三世"，即"据乱世"、"升平世"、"太平世"，尤其强调"太平世"与"大同"的对应，阐发《礼运》中的"大同"思想，然后通过《大同书》的撰写为"《春秋》礼"添加了新内容。这些都在一定程度上继承了廖平的基本思路，同时又启发了熊十力晚年对"《春秋》礼"的探索。

### 三　熊十力以社会主义思想解读"《春秋》礼"

熊十力经历了中年"援佛入儒"的思想历程，晚年回归"六经"，延续儒家"正"经的传统，创造性地融会群经大义，不仅解决了近代经学困境问题，而且推动了儒家经学思想的不断革新。与以往经学家相比，熊十力匠心独具，通过"原外王"和"原学统"，抛开《春秋》各传的聚讼，扫除章学诚、章太炎等人"六经皆史"的史学迷雾，要求回到"孔子本义"，以何休的"张三世"作为孔子正传，认为《春秋》的哲学意蕴与大易相通，都是孔子"内圣外王"思想的展现。在他看来，孔子作《春秋》的目的在于为万世开太平，基本途径是废除天子、诸侯、士大夫等统治阶层，由小康过渡为大同，最终实现天下为公的社会理想，具体表现为孔子创制《周官经》这一理论实践上，孔子以《春秋》作为沟通内圣与外王的渠道，将《诗》、《书》、《易》与《周官》融为一体。只有重新恢复《春秋》的哲学面目，才能真正理解孔子本人思想的全貌。熊十力极力证明《周官经》的作者是孔子，这是经学史上前所未有的创举。在他的论证体系当中，《周官经》不是简单的"设官分职"，而是孔子作《春秋》以后，寄托哲学思想和社会理想的具体方案。在发古人幽思的同时，用哲学的目光解读《春秋》、《周官》等经典，力图为现代新儒学所追求的民主与科学提供相应的经学基础，以求内圣开出新外王。

熊十力晚年"原学统"的目的之一在于恢复孔子本人经学思想的本来面目。按照熊十力的看法，公羊家口传的孔子本义与著于竹帛的传文有所区别，公羊家口传的"孔子本义"是"改制立法"。由于部分内容不适应当时的统治者需求，倘若公之于世，必将遭致嫉恨。胡母生著于竹帛时，根据自身所处政治环境，有所更改，宣称孔子《春秋》为汉制法，以求适应当时统治者的需求。现存的《春秋公羊传》就成了"伪《公羊传》"。熊十力的观点几乎推翻历来公羊家的结论，认为《公羊传》、《春秋繁露》都是对孔子本义的篡改与背弃，甚至是造伪的作品。在熊十力看来，孔子作《春秋》有经文，也有亲自所著的《春秋传》。目前所能看到的《公羊传》并没有直接追述孔子的《春秋传》。理由在于司马迁在《太史公自序》中引述了董仲舒的观点，"《春秋》文成数万，其指数千。万物之散聚皆在《春秋》"。其中最为瞩目的是"文成数万"，而现存《春秋》经文只有一万八千余字，即使加上《公羊传》传文共计四万四千余字。那么司马迁提到的"文成数万"指的就是公羊经传吗？熊十力认为，"文成数万"是指孔子所作的《春秋传》，而不是公羊寿、胡母生等人写定的经传文本。这仅仅是以结论的形式说明孔子有自己的《春秋传》。至于孔子所作《春秋传》的主要内容是什么，还要进一步探究。首要任务就是设定孔子本义，"孔子作《春秋》本欲改乱制，废黜天子诸侯大夫，达乎天下为公而已。故知之者，当为天下劳苦庶民，罪之者，必为上层有权力者"。① 这个层面上的价值内涵，是公羊家无法直接书之竹帛的。

为了论证自己观点的合理性，熊十力必须从公羊家的著述中剥离出孔子的《春秋》本义。剥离工作的第一步就是强调何休的"张三世"是孔子本义的要领所在。在经学史上，何休将"据乱世"、"升平世"、"太平世"分别对应于"所传闻异辞"、"所闻异辞"、"所见异辞"，即于孔子《春秋》所涉及十二公的笔法中透露不同的社会理想：隐、桓、庄、闵、僖是所传闻异辞，主要揭示如何"据乱世"；文、宣、成、襄是"所闻异辞"，提供升平之法，昭、定、哀是所见异辞，直接显示太平世之法。在熊十力看来，何休与董仲舒对"张三世"的解读存在着本质的区别：董仲舒的解释纯属"统治阶级之史法"，而何休的阐发则是依托于孔子《春秋》之旨，那就是消灭阶级差异，根除君主、贵族统治庶民的政治弊端。当然，这只是熊十力的推想，既与历史发展阶段不符，又没有详实的经典依据。这种说法是两汉以来闻所未闻的"非常异义、可怪之论"。

熊十力晚年回归儒家，以孔子《春秋》本义料拣各家传文，开阐儒家外王之学，以大易统摄儒家内圣之学，于外王之中凸现内圣。认为，孔子借用鲁史材料作《春秋》经文，又亲自作《春秋传》阐明本义，使得《春秋》成为"哲学界根本大典"。孔子《春秋传》的文本已经失传。后世各家传记中，《左氏春秋》是一部史书，并不传承孔子《春秋》的经学思想，《左传》不过是刘歆伪说。《穀梁传》的条例也是史家方法，与经学大旨无甚关联。只有何休的"张三世"思想最能体现孔子本义的要领。

① 熊十力：《原儒》，《熊十力全集》第 6 卷，湖北人民出版社 2001 年版，第 417 页。

由此展开对公羊学的全面清理，从中发掘孔子《春秋传》的本义。孔子本义的制度支撑就是《周官经》的具体内容。《周官经》不是刘歆、王莽的伪作，而是孔子晚年所定的经典，借以阐发拨乱升平的社会理想。熊十力通过对孔子本义的萃取、整合和重新诠释，贯通《周易》、《春秋》和《周官》三经，开创儒家经学研究的新局面。熊十力晚年的《春秋学》思想有以下四个方面的特征：（1）继承近代公羊学的经学研究方法，对现存《公羊传》、《春秋繁露》进行证伪，为恢复孔子本义扫除文本障碍；（2）比较何休、董仲舒之异同，将前者所理解的"张三世"归结为孔子本义的要领；（3）孔子《春秋传》与大易思想的一贯性；（4）孔子本义具体化于《周官》的理论架构，《周官》为孔子所作的致太平之书，即所谓"《春秋》礼"。

熊十力认为，《礼运》、《周官》继《春秋》而作。一般所谓"《礼经》"中，只有《礼运》、《周官》是孔子所作，《仪礼》的制作始于周公，后世对此经有所附益，孔子与《仪礼》没有任何关系。《周官》的作者既不是周公，也不是战国阴谋家，更不是刘歆、王莽，而是孔子。《周官》的结构、核心观念与《周易》、《春秋》非常相似。在某种程度上讲，《周官》就是《春秋》的"羽翼"，尤其寄托着"为万世开太平"的崇高理想。熊十力极力用一条类似于"乌托邦"的"大同"精神来解读甚至改动这些经典文本，以便为自己的社会理想服务。孔子作《春秋》之后又作《周官》，用来阐明素王改制的社会理想，那就是以彻底的革命精神，消除一切阶级压迫，推动人类社会向前发展，直到进入大同社会。

熊十力在诠释《周官》的过程中误用"地质学"、"阶级"、"阶级意识"的专业术语及概念，招致梁漱溟的极力批评。梁漱溟将熊十力以重新解释过的《周官》为基础的"儒家外王学"比作历史上圣西门、傅立叶和欧文的学说，引用恩格斯《社会主义由空想发展到科学》一文中的观点，认为这种"儒家外王学"不过是"一个理性和永恒正义的王国"之类的空想，没有多大的学术价值，并由此追溯对康有为《大同书》的评判，"康有为著的《大同书》正同此一例。假如先自承认是一种思想游戏，倒还不必加以菲薄；却是自己矜夸其伟大，那便令人齿冷"。[①] 但是

---

① 梁漱溟：《勉仁斋读书录》，《梁漱溟全集》第7卷，山东人民出版社1993年版，第786页。

梁漱溟并不是"全然否定"这种做法，而且"坚决反对那些全然否定它的人"，其理由在于"像革命、民主、社会主义这些思想或精神，其见于儒书而为中国古人所曾有，固不少明征在，未容忽视，更不容抹杀"①。我们无心卷入这样的争论，只是通过对学术史料的整理，发现熊十力重新解释《礼运》、《周官》并以此作为"《春秋》礼"的运思方式。

倘若就经学历史而言，熊十力对《周官》的诠释加剧了问题的复杂性，毕竟该经以"聚讼"闻名。历代儒者对于该书的作者、成熟年代和思想性格等方面展开了激烈的论辩，大致观点有以下四种：（1）周公所作，为后世开太平的经书，一般的古文学家坚持这种说法；（2）孔子作《春秋》后所作的寄托改制理想的外王学著作，应当被看作儒家经典，不容置疑，熊十力是这种观点的主要代表；（3）战国时期山东六国的阴谋家所作，内容涉及周代官制的政治著作，何休、皮锡瑞、钱穆等人坚持这种说法；（4）刘歆、王莽的伪作，康有为认为是刘歆为王莽篡权所作，徐复观认为是王莽草创于前、刘歆整理于后的官制书，用来表达二者共同的政治理想。关于《周官》一书的种种争论，展示了传统经学向现代新儒家经学转变过程中出现的合法性危机，尤其是徐复观晚年《周官》学思想将现代新儒家的经学理论向前推进了一大步。徐复观运用系统的、集体的材料来论述自己的独到见解，认为《周官》是王莽、刘歆等人用官制表达政治理想的著作。简言之，《周官》一书的思想性格是刘歆思想与王莽性格的结合体。按照徐复观的说法，"刘歆的思想，具见于《汉书·艺文志》所删录的《七略》及《汉书·律历志》所根据的《三统历》。他在《周官》中的作用，是把他在《三统历》中所表现的天道思想，应用到《周官》中的序官上面，构成数字格套。格套里面的内容，则多出于王莽。因为《汉书·王莽传》中所表现的王莽的性格与《周官》思想的性格较合"。② 徐复观认为，《周官》是桑弘羊改革之后的法家著作，其核心内容是"以官制表达政治理想"，这部残缺不全的著作为世人展示了法家理想中的政治蓝图。不仅如此，《周官》成书之前的经子诸书中有关

① 梁漱溟：《勉仁斋读书录》，《梁漱溟全集》第7卷，山东人民出版社1993年版，第749页。

② 徐复观：《周官成立之时代及其思想性格》，《徐复观论经学史二种》，上海书店出版社2002年版，第212页。

官制的构想成为线索明晰的思想来源。可以说，徐复观的考证是对廖平、熊十力的直接否定，也是对制度儒学崩溃之后"《春秋》礼"这一经学问题的盖棺定论。

无论赞同与否，熊十力对《周官》的重新诠释，折射出了新时代的学术路径，展示了他对近代经学的继承与发展。首先，熊十力自觉追述康有为一系的经学传统，有意识地区别于"以史传经"的诠释方法，采取经典辨伪的形式来阐述自己的经学立场；其次，正本清源，批判地继承了汉儒和宋儒的理论成果，用宋代以来日益彰显的"内圣外王"思想替代以往《春秋》学所延续的"微言大义"模式，这是对康有为、皮锡瑞的发展，因为康氏、皮氏仍然沿用刘歆区分"微言"、"大义"的思维方式，进而无法深入沟通汉宋《春秋》学；最后，与康有为晚年的心态相近，熊十力也在关注大同问题，然而熊十力却能够从诸多经典发掘出《周官经》所具有的"拨乱升平"内涵，积极探究其中能够容纳、促进民主与科学发展的有益成分，有秩序、有步骤地进入大同社会，这在一定程度上推进了儒家内部大同思想的研究。可以说，熊十力晚年回归六经，为现代新儒学的合法性提供了强有力的经学保证。而熊十力的《春秋》学思想则是融通"内圣"与"外王"的关键所在。

## 四 "《春秋》礼"的繁复多样表明儒家试图适应不同的制度框架

制度儒学在历史上通常与"《春秋》礼"相关，后者为前者提供经典依据和合理性论证。近代以来，儒家内部对"《春秋》礼"的不断修订，实质上反映了制度儒学在现实社会层面的处境日益艰难。廖平早年注重研究《王制》的基本架构与意蕴，以此作为"《春秋》礼"，对该问题进行了深入研究。康有为选取《礼运》作为构建极具"乌托邦"色彩的"度制"的经典依据和理论出发点。熊十力延续廖平、康有为的思路，对所谓"《春秋》礼"进行进一步的阐发，其核心内容是区分儒家内部的小康派和大同派，并以此作为评判经典文本所存在的话语差异，尤其是对现存的《礼运》进行一系列技术处理，以求恢复其作为大同派作品的原貌。在熊十力的视野中，孔子不仅作《春秋》，而且还作了一部《春秋传》，其中寄托了儒家的大同理想。《春秋》微言大义必须有其可供落实的度制保证，认为《周官》是所谓的"《春秋》礼"。既不同于廖平分判《周官》、《王制》的做法，更与康有为贬斥《周官》为新学伪经的观点有所区别。熊十力对《周官》进行的"现代解读",仍旧无法摆脱这样一种历史境遇——从康有为、章太炎之间的经学争论到顾颉刚的古史辨,儒家经典的神圣性已经遭到全方位的质疑,将《周官》纳入改造后的公羊学体系中以求开出儒家社会理想的新局面无疑只是一种尝试,不仅没有翔实的经义论证,更缺乏"度制"层面的合理性。只能看作是"托古改制"的再次翻版。

如果说制度儒学的崩溃是晚清以降各种社会思想和社会实践共同的结果,那么其中蕴含的对儒家制度转换的探究,则必须落实于对所谓"《春秋》礼"的探究。经典义理向现实转化必须见之于具体的礼制构建,而作为"一王之法"和"融通百王之道"的《春秋》必须有其"度制"层面的展现。与其说"《春秋》礼"是一个经典文本的诠释问题,倒不如说是一项假托经典名义而进行的"度制"重建的社会活动,以及在不同的社会形态中试图显扬全新的儒家"度制"的合理性与可行性。所有问题的症结在于熊十力只注意到"制度"层面的会通,而忽略了儒家的"仁政"思想与葛兰西论述的"现代君主"之间的关系。这一点成为儒家在现时代必须正视的生死攸关的重大问题。如果不能妥善解决这一问题,儒家不惟无法获得发展的机会,就连生存权利也无法获得。

# 第四章

# 儒家意识形态理论的现代转换

众所周知，意识形态理论在西方哲学史上占有重要的地位。马克思创造了德语词 Ideologie，并且系统地阐述了意识形态在欧洲社会中的作用。马克思通常在负面意义上使用意识形态一词，通过意识形态领域的批判来剖析其反映的经济状况。当然，马克思对意识形态的理解有其历史文化的依据，尤其是法国大革命以来的基督教世界的观念变革——世俗化问题的日益严峻，教会已经无力全面干预现实生活，国家力量在很大程度上剥夺了教会的经济、政治与文化方面的特权。世俗与神圣出现了前所未有的裂痕。意识形态问题也逐渐成为政治家、思想家考察的对象。

从马克思主义的立场来看，在阶级社会中，任何占据统治地位的阶级都力图构建一套完整的意识形态，对广大统治者进行思想控制与价值引导，从而确保国家暴力机构的有效运作。可以说，意识形态是一种功能，为阶级统治和国家事务提供合法性支撑。从有形与无形的分野来看，国家的暴力机构通常具有具体的形象，行使着奖励与惩罚的权力，而意识形态领域的统治则是无形的，让身处被统治地位的民众无法全面看清其实质内容。虽然中国哲学史上没有出现"意识形态"一词，但是先哲们却从未忽视对意识形态理论的研究与实践。

在先秦哲学的众多流派中，儒家最善于将意识形态理论付诸具体的社会实践。儒学传统的异彩之一就是提出"风"这个具有意识形态性质的概念，以及如何把握"风"在维系伦常、维护既得利益者权益等方面的作用。前人多从意识形态方面来审视儒家理论，却很少注意儒家理论中的意识形态理论，因而无法全面考察经学时代的儒家理论日益成为政治意识形态的内在原因。此外，应该正确处理马克思主义的主流意识形态地位和儒学的支援意识形态地位之间的关系，① 防止出现任何形式的以"王官学"作为幌子的意识形态领域的挑战。

## 第一节　作为儒家意识形态理论的"风"

人伦和谐是儒家实践政治理想的归宿，而作为家庭内部的首要问题，夫妇关系的合礼和谐是一切理想向现实转化时必须正视的问题。尽管传统儒家所注重的仍然是以繁衍后代为根本目的，以一夫多妻为形式的"自然的性道德"，而不是近代以来所提倡的一夫一妻的"文明的性道德"，但是这一点并不能抹杀"风"在促成家庭和谐和家族兴旺方面所发挥的积极作用。先秦时代，由于耕耘和战争需要大量的人口，于是推动了一夫多妻制的不断完善。这种完善带有极强的压制性——男性统治占绝对优势——将妇女视为私人财富和传宗接代的工具，而与之相应的"女教"、"女德"就成了辅助的统治工具。这些辅助的统治工具没有具体的形态，却能发挥明显的作用。

### 一　"风"起于夫妇

儒学传统以人伦日用的生活实践作为理论的着力点，将具有儒家特色的意识形态灌输到社会生活之中，以求国家社会的长治久安。在儒家经典中，《毛诗》的开篇就是"风"与"化"的统一，《毛诗·大序》中对"风"所作的诠释是："风，风也，教也。风以动之，教以化之。"换句话

---

① 方克立先生遵循历史唯物主义的道路，进一步发展了文化综合创新论，从社会存在和社会意识之间的关系入手，考察了意识形态领域的变化，强调马克思主义的主流意识形态地位，对儒学的现实意义进行分析，指出："社会主义时代也不可能继续沿用帝制时代的主导意识形态。用这样的观点来看今日马克思主义与儒学的关系，我认为将其定位为主导意识与古为今用的支援意识的关系是符合实际的。不是把儒学看成是完全消极过时的负面意识，而是把它的积极内容转化为支援意识，这对社会主义意识形态建设是有利的。"（原文是方克立先生 2008 年 10 月 19 日在中共中央党校哲学部与中国孔子基金会联合主办的"2008·马克思主义与儒学高层论坛"的发言，原载《高校理论战线》2008 年第 11 期）历史上，儒学具有多种样态，作为帝制时代的主流意识形态的儒学早已崩溃，无法适应现代社会的生产力和生产关系。这一点早已得到历史事实的证明。现代新儒家出于各自的认知与信仰，试图采取"返本开新"、"复古更化"等手段，推动儒学的意识形态化的改造，发出了一些不合节拍的声音。这些声音的背后隐藏着各自的政治诉求。对此，马克思主义理论工作者自觉提高警惕意识，本着守土有责的精神，阐明正确的观点。

说，"风"是统治者根据统治需要和民众生活的实际情况制定的相关道德伦理准则，其目的在于，从包括情感、理智、意愿等内心活动方面来稳固统治秩序。在《毛诗》的"风"中，《周南》和《召南》分别代表"王者之风"和"诸侯之风"。《关雎》之"风"有《麟之趾》之"化"，这是周公的"王者之风"所产生的道德感化的实效；《雀巢》之"风"有《驺虞》之"化"，这是召公的"诸侯之风"所产生的道德感化的实效。用《毛传》的说法就是："《关雎》、《麟之趾》之化，王者之风，故系之周公。南，言自北而南也。《雀巢》、《驺虞》之德，诸侯之风也，先王之所以教，故系之召公。"① 我们就以"王者之风"与"化"为例，考察"风"和"化"所维系的儒家伦常。由《毛传》对此所作的诠释可以看出，《关雎》的内容讲的是，一位贤妇费尽心思为自己的丈夫寻找"窈窕淑女"，以至于夜不能寐，而并没有说"君子好逑"是她丈夫的心理活动。从中我们不难看出，《毛传》所传的道理是如何开导夫妇，以便使一夫多妻制（确切地说，中国古代行使的是一夫一妻与若干妾的制度，"妻"与"妾"不仅名义不同，就连享受的社会地位也相去甚远）的观念顺理成章，深入人心，减少或避免家庭内部的不和谐。从人伦开端的夫妇之间入手，来减少家庭内部嫉妒猜疑，自然能够为礼仪的具体落实扫清障碍，所以就有《麟之趾》所描述的那样，公子们能够守信应礼，宗族随之安稳妥帖。儒家美化文王统治区域内的社会风尚，认为那段时期的社会成员已经达到前所未有的道德水准，社会形态已经超越了儒家理想中的太平盛世。尤其是统治者自身也发生了道德超越，公子谨守礼制，自觉完善德性，足以担当众人的楷模。全社会呈现出人伦和谐的美好局面。当然，这只是汉儒衍生出来的经义，至于历史事实究竟如何，后世不得而知。

家庭和谐是国家稳定的必要条件，而治理更要注重发挥"风"的作用。儒家历来反对一味地使用刑杀，重视"风"在促进国家稳定方面发挥的长处。儒家不仅关注如何实现富强这一根本性的问题，更寻求通向天下大治的康庄大道。毕竟富强仅是富强，不能称之为天下大治，天下大治必须依靠德教来实现。德教的实质性内容就是树立正确的价值标准，构建一套稳健的教化机制，积极消除社会生活中的丑恶现象，以德行作为教化民众的方式，最终实现人类社会的和谐、稳定与健康发展。最能体现德教

---

① 郑玄：《毛诗笺》，《汉魏古注十三经》，中华书局1998年版，第1页。

思想的是《论语》中的"风草"之喻，以及《孟子》对此所作的阐发。按照儒家的说法（从现有文本而言，"风草"之喻最早可以追溯到《尚书·君陈》中的"尔惟风，下民惟草"），统治者的德行可以看作是"风"，普通民众的德行可以看作是"草"，草的状态随着风的方向而发生变化。具体可以从季康子与孔子论述政治手段的事例中看出：

> 季康子问政于孔子曰："如杀无道，以就有道，何如？"
>
> 孔子对曰："子为政，焉用杀？子欲善而民善矣。君子之德，风；小人之德，草。草上之风必偃。"（《论语·颜渊》）

统治者应当注意如何把握"风"的方向，从自身在民众当中的"戏剧行为"做起，谨言慎行，有意识地引导民众中间意识形态的导向。对此，孟子谈了自己对孔子"风草"之喻的深切体会，"上有好者，下必有甚焉者矣。君子之德，风也。小人之德，草也。草上之风必偃"（《孟子·滕文公上》）。在孔、孟的视野中，统治者只要认真把握"戏剧行为"的内容，就能引导或转移民众的意向，使得统治者和被统治者之间能够和谐相处。从这个角度来看，"风"在一定程度上体现的是统治者的强力意志。与之相应，作为交往形式的礼制，就为统治者的强力意志创造了良好的存在空间。但是，这种礼制必须向社会表明其存在的合理性。

## 二　儒家以"天人合一"的模式完成技术控制

如何在社会生活中论证并且普及儒家礼制的合理性，是"风"所要面临的难题之一。在儒学传统中关于礼制合理性的众多论述中，就理论模式而言，以"天人合一"对后世的影响最为深远。前人对于"天人合一"的复杂涵义的论述非常系统周密。究其为儒家伦理所作的支撑作用，则侧重于"性与天同"、"天人合德"、"天人相类"、"天道与人性的统一"等命题，在"天人合一"的众多理解模式中，本书仅仅遴选其中有关儒家意识形态理论的部分，其余暂不论述。以《易传》为例，"天尊地卑，乾坤定矣；贵贱以陈，贵贱位矣"（《周易·系辞上》），就是将人类社会的统治方式比附于自然现象，用天地位置在视野中所形成的直接刺激，来说明社会生活中地位差别的合理性。这种以直观描述代替具体论证的思维方式，是"天人合一"意识形态作用的最佳体现。

为了确保社会秩序中地位尊卑的顺理成章，儒家理论还极力把人们的视线从经济和政治不平等转移到自然现象的差异。从儒家意识形态理论的整体化需要来看，致力于"天人合一"的理论实践，其目的则在于：总结人类社会和自然界的种种变化形式，试图找到一套可供操作的广大悉备的理论秩序。这样就为技术控制和礼制统治找到了一个契合点。

在先秦诸子中，儒家注重促成技术控制与礼制统治相结合的意识形态实践。就当时的生产力发展水平而言，技术尚未成为一种强大的统治力，充其量不过是现实统治者操纵社会的工具。因而只能称之为技术控制而非技术统治。除去具体的繁文缛节对技术控制的要求，不同等级的社会成员享受具有等差的技术成果，而将讨论限定在"天人合一"模式的不断完善。这个不断完善的过程，可以看作技术被逐渐纳入礼制体系的过程。其基本逻辑如下：在民众改造自然的活动中总结经验，用语言（包括符号、文字等在内）对已知事物进行概括从而形成一个初具规模的理论体系，将道德伦理、技术创新纳入这个理论体系，然后在实践中不断深化理论认识，以成体系的意识形态理论来统摄技术的发展。这种思维模式集中体现在儒家对原本是卜筮之书《周易》的改造利用。儒家的易学与术数家的易学之间的根本区别在于：儒家运用《周易》来论证道德伦理的合理性，将变化之道归结为人伦日用的真实性，反对任何将理论导向神秘主义的做法。《周易·系辞下》中将制作渔网、陷阱、杵臼、耒耜、弓箭等生产工具同原始集市、等级尊卑等交往实践的形式归结到六十四卦的相应卦象，为经济、政治与道德等提供一套符号变化的理论体系，进而将其转变为整个社会共同认可的贴近于人伦生活的思想观念，这样就形成了儒家意识形态理论在技术控制与礼制统治方面的统一。

与西方哲学史上所讨论的技术和科学的意识形态化不同，儒家意识形态理论注重的道德伦理对技术与科学的统摄，亦即从道德实践优先性的视角来审视技术与科学的创新与发展，以维系道德伦理作为判别进步与否的标准，而不是盲目地通过排斥"机械"来消除"机心"，更不存在建立在科学主导地位上的技术统治。当然，现代社会中的技术统治已经逐渐成为颇具控制力的意识形态，与传统意义上的发挥着精神控制的意识形态有着明显不同的表现形式。如果以"看不见的迷惑人的力量"作为意识形态的特征，那么很难骤然将技术与科学判定为意识形态。当整个社会开始迷信技术与科学具有的魔力时，新型的意识形态就应运而生了，就是说：

当今的那种占主导地位的，并把科学变成偶像，因而变得更加脆弱的隐形意识形态，比之旧式的意识形态更加难以抗拒，范围更为广泛，因为它在掩盖实践问题的同时，不仅为既定阶级的局部统治利益作辩解，并且站在另一个阶级一边，压制局部的解放的需求，而且损害人类要求解放的利益本身。①

这种新型的隐形的意识形态比以往的意识形态更能发挥镇压作用，而且适用的范围更加广泛。不过应该注意，这是从消极意义上来考察意识形态的控制作用。但是"技术统治"的确对原先的伦理道德和观念形态构成极大的威胁，甚至是毁灭性的打击。这一点在马克思那里得到全面论述，"技术的胜利，似乎是以道德的败坏为代价换来的。随着人类愈益控制自然，个人却似乎愈益成为别人的奴隶或自身的卑劣行为的奴隶。甚至科学的纯洁光辉仿佛也只能在愚昧无知的黑暗背景上闪耀。我们的一切发明和进步，似乎结果是使物质力量成为有智慧的生命，而人的生命则化为愚钝的物质力量"。② 本来，人的生命力应当是改造物质力量的自觉创造力，然而大工业的发展与技术的胜利却将人转化为物质力量的附庸，并以一种"铁的必然性"的面目出现。"人的解放"成为马克思最为关心的重大问题。这个问题不仅需要理论层面的研究，更需要实践领域的探索。

近代以来，工业大生产的逐步推广，人类社会对自然界开展了全面的征服运动，能源得到前所未有的开发，环境遭受史无前例的破坏，人自身也出现了难以弥合的裂痕：个人的内心世界处在极度焦虑之中，必须时刻提醒自己努力劳动，防止跌入饥饿的深渊；个人与他人、社会之间处于对抗之中，疏离感笼罩在群体生活上空，原先那种田园牧歌般的伦理道德、生活方式和浪漫情愫丧失殆尽，人群之间的关系日益复杂化，各种算计、猜忌和赤裸裸的利益关系交织在一起，使得个体更加不堪一击。

马克思对近代以来人类社会的巨变采取了一分为二的研究态度：从正面来看，技术进步推动了世界范围内的交往，工业大生产创造了举世瞩目的成就，这是以往任何时代都无法比拟的；从负面来看，人类社会的整体

---

① 哈贝马斯：《作为"意识形态"的技术与科学》，学林出版社 1999 年版，第 69 页。
② 《马克思恩格斯文集》第 2 卷，人民出版社 2009 年版，第 580 页。

繁荣却以牺牲无产阶级的生存权作为代价，无产阶级与资产阶级之间对抗越来越明显，以至于任何处于二者之间的上下浮动的阶级无时无刻不处在焦虑之中，提防自身沦为无产阶级。这是不争的事实。任何回避都无异于掩耳盗铃。儒家文明诞生于农业社会，与近代的工业大生产遭遇时显得无能为力。当马克思发现、研究并加以克服的问题降临在儒家的头上时，很多问题就不是那么清楚了。儒家既没有奉献出类似于《资本论》的鸿篇巨制，又无法为近代社会的痼疾开出有效的医治方案，只能继续呼唤那套司空见惯的道德理想，此外一筹莫展。当"技术统治"的魔力对宗法统治构成致命打击时，儒家则主动地避免这种情况的出现，力图以伦理作为本位，对技术与科学的发展做出积极的规范与引导，使二者沿着改善社会生活的正轨前进。质言之，以"礼"作为约束技术与科学的有效工具，避免出现由技术与科学片面发展带来的人的异化与社会正义的缺失。实践证明，儒家的道德理想并不能解决近代以来的社会问题。

### 三　"风"在"治民"方面的作用

因此，由意识形态的作用入手来改造社会可以算作儒家理论的特色所在，这样不可避免地牵扯到儒学传统在政治思想方面的体现。儒家注重礼制与政治思想的沿革，充分认识到意识形态所具有的延续性。从经典文本的记载来看，《序卦传》对于"风"的诠释是"巽，入也"。"风"能够渗透到儒家礼治社会的每个角落，这就不可避免地涉及经济生活的差异性。因为在稳固了礼制的合理性以后，面临的首要问题就是在礼制的规范下对社会财富进行次级分配。儒家的仁义建立在对社会财富的合"礼"分配的基础上。仁的精神是"泛爱众"，维护每一个社会成员作为"人"所应当具有的尊严；义则强调人与人之间在社会等级划分上的差别。因此，"泛爱众"与等级差别的结合使得儒家具有不同于墨家"兼爱"的特色。这一点可以从儒家丧服制的结构中明显看出。丧服制以个人为出发点，面向宗族内部以及宗族之间的等差、亲疏、远近，形成一个具有囊括性的关系网。这样就将视野从个人拓宽到以个人为出发点的交往实践的过程中。此时"风"的作用就在于辅助礼制从而调节关系网中每一个组成部分，使得家族内部以及家族之间的权力的分配、利益的维护和尊卑观念能够渗透到所有成员的意识之中。

此外，在国家政治生活中，儒家意识形态理论又主张将具有等差性的观念应用到治理民众的具体事务中。儒学传统中以"驱民"、"生民"等语词出现的经济方案，反对过分剥削民众以免陷民众于饥馑死亡，主张"先富后教"。"富"不是享受物质生活的富足优厚，而是仅仅满足民众最基本的生存需要。在儒家理想中的"明君"治理下，民众的财产只能维持一家人的温饱，没有任何超出这种界限的可能。用孟子的话来说就是，"明君制民之产，必使仰足以事父母，俯足以畜妻子。乐岁终身饱，凶年免于死亡，然后驱而之善，故民之从之也轻"（《孟子·梁惠王上》）。而在荀子的礼义理论中，也强调限制民众生活的水平，"圣王之生民也，皆使当厚优犹不知足，而不得以有余过度"（《荀子·正论》），只有严格这样操作，才能不费力气地驱使民众趋向儒家鼓吹的"德"。

儒家所关注的"风"，有其具体的指向性，如《周易·巽卦》之《象》曰："随风，巽。君子以申命行事。"由"风"的作用实现"民德归厚"，就是对"巽"所作的"顺"的诠释。这种儒家特有的"顺"造端于夫妇之间的人伦，其远大的社会理想则是实现"大一统"。"大一统"的内涵非常复杂，不仅包括政治局面稳定，"正名"之后的"循名责实"，"礼乐征伐自天子出"，还包括对特定社会内部的意识形态进行整体性的把握。儒学传统中的整体性原则，突出地表现在提出了"天下为一家"、"中国为一人"的看法。在孟子的思想中，成功的统治者具有的能力是如何实现"力服"与"心服"的结合。"以善服人者，未有能服人者也。以善养人，然后能服天下，天下不心服而王者，未之有也。"（《孟子·离娄下》）在这里他区分了"以善服人"和"以善养人"这两个不同的概念。在他看来，"以善服人"并不能使民众真正地服从，只有将"驱民"或"养民"之权牢牢抓住，让民众感觉到是君主养育了他们，进而对君主感恩戴德，从心里服从当下的统治。这样才能达到儒家德治的效果。

但是，实现治世的条件非常复杂，因而必须要处理好"治治"与"去乱"的关系，为意识形态发挥作用提供一个良好的社会背景。对此，儒家内部达成了共识，认为君子治理国家不是"以乱治乱"而是"治治"，意思就是应当先用非常手段平息祸乱而后再用礼制来进行治理。荀子非常清楚地表达了这一思想，"礼义之谓治，非礼义之谓乱也。故君子者，治礼义者也，非治非礼义者也。然则国将乱将弗治与？曰：国乱而治之者，非案乱而治之之谓也，去乱而被之以治"（《荀子·不苟》）。面对这一论述，我们可以确认的是"去乱"是"治治"的必要前提，而"治治"的精神就在运用礼制来稳固社会秩序，对此穀梁家有着进一步的说明，"《春秋》之义，用贵治贱，用贤治不肖，不以乱治乱也"（《穀梁传》昭公四年）。按照这种思路实现"去乱"之后的"治治"，为意识形态统治提供良好的社会环境。

儒家非常注重意识形态对于民众生活的引导作用，但是这种引导作用带有一定的隐蔽性。目的在于通过信息不对称，使得民众能够心安理得，恪守本分。后世儒家在制定礼制之后，就着手将民众生活引导到符合当时统治需要的轨道上来，让民众沿着一定的生活模式进行活动，而并不点破统治方式背后所隐藏的实质性内容。这基本延续了孔子的"制民"思想，即"民可使由之，不可使知之"（《论语·泰伯》）。在孔子的论述中，"由之"的前提是社会中已经形成了完备的礼制和渗入社会生活每个角落的统一的意识形态，其中意识形态能够督促民众走上正轨，当然这里所说的正轨是指儒家所认可的礼制。在这个过程中，民众只是迷茫地沿着轨道前进，而并不能获取反思的机会，即所谓"百姓日用而不知"。所以，从这一层面来讲，儒家意识形态理论所强调的"由之"而不是"知之"具有一定的隐蔽性。

## 四　如何对"人的社会性"加以塑造

在儒家理论中，人被视作社会关系的具体表现，可以说，社会性是人最突出的特征之一，任何对社会职责的逃避、对社会秩序的漠视以及对社会伦理的践踏都是对于自身作为人这一优越性的放弃。《论语》中记载了孔子对于同时代那些离群索居的隐士们的看法，"鸟兽不可与同群，吾非斯人之徒与而谁与？天下有道，丘不与易也"（《论语·微子》）。由这一番感慨可以看出，孔子所追求的是积极入世，使晚生后学如何在社会中成为一个合乎礼制要求的人，为社会群体作出自己应有的贡献，无论是物质方面的还是道义方面的。这样就将目光投向个人与社会之间的关系上来。个体的人与社会之间有着多重纽带，其中包括教育、自我反思以及对内心深处的恐惧的超越。这些纽带维系着社会生活的稳定、意识形态的统一。

教育是儒学传统一直未曾放弃的施展社会抱负的途径之一。在儒家教育的内容中，道德教育占有相当大的比重。甚至可以说，其他技术性的教育都以道德作为鹄的。儒家教育理念几乎涵盖整个社会生活，教育的最高理想是成就"王者之师"，即通过教育来实现梦寐以求的王道。孟子曾经追述三代以来圣王所共有的教育理念，"设为庠序学校以教之。庠者，养也。校者，教也。序者，射也。夏曰校，殷曰序，周曰庠。学则三代共之，皆所以明人伦也。人伦明于上，小民亲于下。有王者起，必来取法，是为王者之师也"（《孟子·滕文公上》）。教育所起到的作用是从上到下的道德感化，在整个社会普及儒家的人伦观念。

儒家学说不是基督教意义上的宗教，却十分重视利用宗教形式来辅助道德教化的警醒。在儒家意识形态理论中，道德发挥积极的引导作用，宗教则以恐惧的超越来完成"神道设教"的使命。儒家理论中的"风"能够利用宗教的外在形式，向普天之下宣扬礼制德行，进而维护社会秩序的稳定。《周易·观》之《彖》："大观在上，顺而巽，中正以观天下。观盥而不荐，有孚颙若，下观而化也。观天之神道，而四时不忒。圣人以神道设教，而天下服矣。"这段论述直接反映了儒家对于宗教的根本态度。后世儒家也秉承了"神道设教"以服天下的传统，并追述孔子对鬼神的态度以及如何发挥其在"制民"方面的作用。"子曰：鬼神之为德，其盛乎。视之而弗见，听之而弗闻，体物而不可遗，使天下之人，齐明盛服，以承祭祀。洋洋乎如其在上，如在其左右。"（《礼记·中庸》）人们之所以有种种宗教需求或活动，其中比较重要的一个原因就是借助宗教形式来摆脱内心世界对现实世界的种种恐惧。《礼记·大学》中间提出的"慎独"以及对"十目所视，十手所指"的恐惧，指出自我在身心方面与儒家的礼制相融合从而能够摆脱恐惧，同时向外拓展生命气象以求修齐治平。直接在生活中利用宗教观念警示自己的言行，也是先秦以来儒家内部所未曾断绝的，"《诗》云：'相在尔室，尚不愧于屋漏'，故君子不动而敬，不言而信"（《礼记·中庸》），按照《尔雅·训宫》的说法，"屋漏"是指房子内部西北角。这个地方有神灵注视人的一举一动，所以人应当心存敬畏并且以此检点自己的思想言行，进而成为一个有道德的能够感化周围人群的君子。必须说明的是"屋漏"只是一个被扬弃的环节而不是最终目的，或者说对神灵的敬畏是提升道德的途径而不是道德实践的趋向。

在儒家意识形态理论的体系中，艺术占有极其重要的位置，其特色就是将道德伦理引入艺术的表现形式，从民众的情感方面来发挥儒家意识形态的作用。在情感教育方面，儒家理论最突出"乐教"的作用。"乐"中有阴阳、尊卑、文武等伦理涵义，这一基本精神可以从传说中的上古圣王的典礼中看到原初模式。从传说中的舜命令夔"典乐"这一标志性事件来看，当时的贵族教育已经非常重视音乐的教化作用，即所谓"夔，命汝典乐，教胄子。直而温，宽而栗，刚而无虐，简而无傲，诗言志，歌永言，声依永，律和声，八音克谐，无相夺伦，神人以和。"（《尚书·舜典》）就社会意识形式的构成而言，"典乐"有一个从贵族群体向平民大众下倾的过程。在这个过程中，教育者将特定的价值取向渗透到音乐的具体表现形式中，使其承载儒家理想中的"道"，并在施教过程中传输给不同的社会成员。不同的社会成员学"道"之后，将有助于社会机制的运作。

在儒学传统中，"乐教"的目的在于引导民众进入一种艺术化的生活方式，用"和"来消除礼制不均等给人们带来的不适应，但是却以限制个体的创造能力为代价，由此形成的社会只会是封闭的平稳的，而无法为社会成员营造富有创新精神的良好氛围。

儒家的意识形态理论在很大程度上反映了农业社会的基本特征：静态的人伦关系成为统治秩序的核心内容，能够有效地控制个体的生存状态。从这个角度来讲，旧中国的社会特征可以概括为"伦理本位"和"职业分途"，但并不能因此否认阶级的存在。与一般意识形态的形成相同，儒家鼓吹的以伦理作为核心内容的意识形态也是生产方式的反映，概括起来讲，"思想、观念、意识的生产最初是直接与人们的物质活动，与人们的物质交往，与现实生活的语言交织在一起的。人们的想象、思维、精神交往在这里还是人们物质行动的直接产物。表现在某一民族的政治、法律、道德、宗教、形而上学等的语言中的精神生产也是这样"。[①] 当工业大生产的浪潮冲击东方世界以后，儒家的伦常也就失去了整体性的约束力。

在考察儒家意识形态理论的过程中，民众内部的职业分途以及士所处地位的变动性是非常有必要关注的。儒学传统将除统治阶层之外的社会成员划分为"四民"，即士、农、工、商，而且主张"四民"不得相兼。这样的理论不仅有强制社会分工的涵义，而且还能保证社会财富与政治权力的合理分配。在四民当中，士介于统治阶层和普通劳动者中间，在其没有正式参与权力运作时，可以看作是"四民之首"，是统治阶层的候补力量；当其从民转化为官或者是吏的时候，就标志着他已经跻身于统治阶

---

① 马克思、恩格斯：《德意志意识形态》，《马克思恩格斯文集》第 1 卷，人民出版社 2009 年版，第 524 页。

层。关于这种理论，可以追溯到孔子作《春秋》，成公元年"三月作丘甲"，依据礼制，"四井为邑，四邑为丘"，孔子之所以记载使"丘民"制作铠甲，就是"讥"鲁国掌权者打乱民众之间的职业划分。陈焕章对"四民"的身份进行平等化的解读，指出：

> 第一，社会平等，士、农、工、商均一视同仁谓之民，即四民平等；第二，商与士、农、工一样，他们均具有生产性……第三是劳动分工的原则。划分"四民"的目的是使生产力量更加充分，而且，民众并未被限制在任何被指定的职业类别之中，而只是通过职业分类被划分为某一类"民"。①

如果将陈焕章铺陈的"四民平等"学说放在"戊戌变法"期间，必然会掀起巨大的波澜。当时的许多学术官僚对"平等"观念深恶痛绝，认为这是扰乱纲常的异端邪说。从理想状态来看，对"四民"一视同仁似乎不是什么难事。但是在现实生活中，"四民平等"却是无法得到证明的经济学问题。儒家的"四民"在政治上是不平等的，士人是一群统治精英，享有很多特权，这是不争的历史事实。如果强行论证"四民平等"这一伪命题，不仅会招致广大社会成员的嘲笑，更会引起理论上的纠纷。在政治领域，儒家最看重所谓贵贱、伦常、内外、远近等区别，主张差等，反对平等，以此作为礼制和刑罚的基本框架。显然，陈焕章有意回避这些内容，于是极力寻找遁词。陈焕章注意到了《公羊传》、《穀梁传》在"四民"次序方面的差异，在前者那里，士、农、工、商已经司空见惯，在后者那里商人的地位得到了明显的提高。统治者划分"四民"，是为了更好地推行"分而治之"的策略。从客观角度来看，这种划分方式在一定程度上反映了当时的社会分工，尤其是物质劳动与精神劳动的分离，"四民"有各自的行业祖师或者行业神，对自己所从事的职业都有一种类似于迷信的解读方式。就意识形态领域而言，士的自我认同和身份意识成为专制统治的附属品，为政治机器的运作提供许多方便。士维护礼制、道德的完整性，为统治者勾画长治久安的远景。可以说，社会分工为士创造了染指权力的机会。

---

① 陈焕章：《孔门理财学》，中华书局 2010 年版，第 233—234 页。

儒家对于百姓的态度是"先富后教"。尽管这种"富"停留在维持家庭成员的基本生活保障，并非真正地使百姓富足，但是它毕竟看到了饿殍满地的弊端。对于"教"的起源和目的，孟子讲的最为清楚，"人之有道也，饱食煖衣，逸居而无教，则近于禽兽，圣人有忧之，使契为司徒，教以人伦，父子有亲，君臣有义，夫妇有别，长幼有序，朋友有信"（《孟子滕文公上》）。这就是说，"教"的目的在于使人区别于禽兽，而判别人与禽兽的标准就是"人伦"，即所谓"父子有亲，君臣有义，夫妇有别，长幼有序，朋友有信"。"人伦"的作用在于，通过具体的社会等级的划分，来协调社会成员之间的利益分配，保障既得利益者的权益。这是隐含在"人伦"背后的实质性的成分。然而，这并不能代表儒家已经沦为专制统治的附庸，毕竟它对于统治者一直进行良知说教和道德感化，反对过分剥削被统治者，以求社会的稳定和谐。

## 五　士人在维护儒家意识形态方面的积极作用

儒家非常注重建设专业的维护意识形态的队伍。职业方面的鲜明差异有助于建设一支专职的维护意识形态的工作队伍，这些人被划入统治阶层，属于实践儒家"治人"理论的中坚力量，正如孟子所讲的"或劳心，或劳力。劳心者治人，劳力者治于人。治于人者食人，治人者食于人，天下之通义也"（《孟子·滕文公上》）。但是，儒学传统并没有停留在简单的"德能居位"，而是要求进一步融入政治生活中去，以积极的入世态度来实践自己改造社会的理想。这种理想的实践途径有多种表现形式，其中以教化最为突出。

因为儒家政治理想的实现既离不开王权的支持，又不能脱离作为历史的主要创造者的广大民众，因此士必须在君主和民众之间进行斡旋活动，以维护自身利益和社会秩序。士在民众与君主的交相作用下谋取自己生存的空间，并且担当起自己应当履行的道德教化的职责，而这种职责的内容在本质上就是儒家意识形态的灌输与维护。

这实际使儒士处于夹缝中的两难境地。立基于民众则势必丧失王权支持而难于实现其政治理想，依附王权则必然沦为王权的仆妾，亦终将丢失其政治理想和道德人文主义精神。以相对乐观的态度看待儒家这种处境，似乎会得出这样的结论：士致力于构建统治者和民众之间的缓冲地带，维护社会和谐；就历史事实而言，士很容易沦为"两头蛇"，成为依附于统治者的利益集团，对民众生活构成危害。

意识形态具有特定的指向性，需要专职人员来负责维护它的基本方向。儒学传统中对自觉控制意识形态方向的研究，肇始于孔子，完善于孟子和荀子。与儒家文献中记载的以往圣王相比，孔子的进步在于沟通内在的道德修养与外在的礼制约束，同时利用意识形态对内外和谐的稳固作用，不失时机地消除其他社会思潮对儒家意识形态构成的严重威胁。对于相关的理论与实践，孔子提出了"攻乎异端，斯害也已"（《论语·为政》）的明确主张。在儒学传统看来，非正统的社会思潮以及艺术风格对社会造成的危害是极其严重的，作为士君子应当对此表示深恶痛绝，"恶紫之夺朱也，恶郑声之乱雅乐也，恶利口之覆邦家者"（《论语·阳货》）。出于对儒家意识形态的维护，就必须反对那些貌似道德而实际混淆视听的言行，孔子坚决反对"乡愿"，认为它没有道德原则而到处伪装好人，实际上成为危害道德的罪魁祸首，所以说"乡愿，德之贼也"（《论语·阳货》）。后来孟子又对孔子的话作了进一步的阐发，与当时社会上种种非儒思想进行了论辩。

在维护儒家意识形态方面，荀子所持观点与孟子相同。现在就以"辩"为例，考察荀子在维护意识形态方面的见解。荀子区分了"圣人之辩"、"士君子之辩"和"小人之辩"。在他看来，"不先虑，不早谋，发之而当，成文而类，居错迁徙，应变无穷"是"圣人之辩"，因为圣人能够与礼制相容无碍，动静变化而不失其常。"士君子之辩"就是"先虑之，早谋之，斯须之言而足听，文而致实，博而党正"，亦即在交往活动之前就思虑语言的得体，进而使自己的言行符合礼制的要求。而"小人之辩"给士君子留下的印象是"听其言则辞辩而无统，用其身则多诈而无功，上不足以顺明王，下不足以和齐百姓，然而口舌之均，噡唯则节，足以为奇伟偃却之属"，其结果必然是"圣王起，所以先诛也"（《荀子·非相》）。

就当时社会中存在的思想流派而言，孟子将杨墨之道比作洪水猛兽、乱臣贼子，将民众生活困苦的原因归结为这些学派的盛行。并且对社会生活作进一步的预计，认为："杨墨之道不息，孔子之道不著。是邪说诬民，充塞仁义也。仁义充塞，则率兽食人，人将相食。"（《孟子·滕文公下》）孟子从而把自己排拒杨朱、墨翟学说，维护圣人之道的行为，看作是往圣先王的德行所在。其实，孟子有意回避了一个现实的问题，即社会机制的紊乱、利益分配的失衡导致了"庖有肥肉，厩有肥马，民有饥色，野有饿莩"（《孟子·滕文公下》）的出现，由此产生了改造社会的积极方案（墨家）和消极的自闭（杨朱）。孟子之所以秉承孔子"攻乎异端，斯害乃已"的精神，与杨朱、墨翟论辩，其立足点仍然是维护儒家思想所构建的意识形态。对此，孟子明确地说出了自己的"不得已"。因为孟子非常清楚地认识到：意识形态的失控将会对政治、社会构成巨大的危害，与儒家意识形态相左的社会思潮"作于其心，害于其事；作于其事，害于其政"（《孟子·滕文公下》），最终影响到政治社会的稳定运作。由此可以看出，儒家非常重视意识形态对国家政治生活的重要影响，而把握意识形态的导向成为包括荀、孟在内的士的主要责任。

士还有从外部向广大民众灌输意识形态的职责。在儒学传统中，士具有参与政治生活的机遇，在"学而优则仕"这一信念的鼓舞下，他们将大部分精力放在了"学术"上，将圣贤的学问转化为社会治理的权术，尤其发挥道德教化的作用。从这一层面上讲，士可以列入"意识形态家"的范畴。马克思将"法学家、政治家（一般的国务活动家）、伦理学家、笃信宗教者"称为"意识形态家"，[1] 士的社会活动与这几种职业人群存在着对应关系：以丧服、"《春秋》决狱"等内容为主要特色的中华法系由士来解释和操控，以"家→国→天下"为演进框架的政治观念由以士为主体的政治家加以推广和落实，以宗法制度为依托的伦理道德凭借士的力量，推行父权家长制，以传统的"王制"的框架规划国家宗教的基本活动，按照差等秩序举行祭祀活动。通过发挥意识形态家的作用，儒家逐渐介入帝制时代的权力运作，跻身于统治者的群体。

作为儒家意识形态理论的主要实践者，士必须在社会生活中规范自己的言行，使得"戏剧行为"能够朝向预先设定的目的靠近，因此就出现了"无恒产而有恒心"的自我认同。相对于其他职业的民众而言，士不从事农、工、商的生产实践的活动，而进行独特的包括意识形态实践在内的理论活动，其生产行为往往被忽视或者是轻视。理论活动这一特殊的实践方式要求实践主体必须有坚忍不拔的品质，即儒学传统中一再强调的"恒"或"恒心"。在孟子看来，士与民众的其他组成部分相比，"无恒产

---

① 　马克思、恩格斯：《德意志意识形态》，《马克思恩格斯文集》第 1 卷，人民出版社 2009年版，第 586 页。

而有恒心者，惟士为能。若民则无恒产，因无恒心"（《孟子·梁惠王上》）这里面隐含了一个前提，就是士以"谋道"或"学"作为谋生的手段，"子曰，君子谋道不谋食。耕也馁在其中矣，学也禄在其中矣。君子忧道不忧贫"（《论语·卫灵公》）。解决现实的生计问题就必须全身心地"忧道"，而不是将眼光放在如何为自己谋取利益。士通过"学"、"道"服务社会，社会以物质产品作为回报。这是一种变相的交换。

儒学传统中的"风"具有"入"的特点，而士的社会活动的重要方面之一，就是将"风"灌输到民众的头脑亦即生活日用之间。在这个实践过程中，士必须有较高的道德品质和辨别能力，即"君子之道"，即"淡而不厌，简而文，温而理，知远之近，知风之自，知微之显，可与入德矣"（《礼记·中庸》）。士在提高自身道德水准时，还要关注其他社会成员的生活状态。通过普遍的道德示范作用来协调社会生活的整体性，这就是儒学传统君子"修己治人"、"修己安人"的内在逻辑。质言之，儒家理想中的"君子"在社会群体中间塑造民众的精神面貌时，应当首先学会并且实现如何自觉地做好自身的塑造工作。塑造民众，即所谓"安百姓"；自我塑造，即所谓"修己"。二者的统一就是"修己以安百姓"，在孔子看来，即使是为儒家称赞不已的尧舜也很难做到这一点。因此可以说，"修己治人"或者"修己安人"，仅仅是儒家不断努力奋斗所要达到的理想状态。

由此，我们可以看出儒家理论将"修己治人"的功夫融为一体，这也是在实践其"内圣外王"的理想，"做修己的功夫，做到极处，就是内圣；做安人的功夫，做到极处，就是外王"，[①] 而意识形态则贯穿了"修己安人"的各个环节，如同风一样随顺吹拂、无孔不入。但是，这样的思维方式仍然将民众看作是受动的被灌输的对象，并非与士以及统治者互动的道德实践主体，因而换来的是民众对"风"的漠视，很难得到与"风"相应得"化"。儒家必须在民众与统治者之间互通有无，然后再去考虑如何"制民"和"心服"。然而历史无法重演，更不能假设。儒家的士在社会政治舞台的主导性作用已被新生力量取代，儒家意识形态理论随着封建社会的瓦解，尤其是封建社会意识形态的分崩离析，而逐渐解构。当然，秉持正确的思想态度，依靠先进的理论工具，从学术史角度来自觉

---

① 梁启超：《儒家哲学》，天津古籍出版社 2003 年版，第 101 页。

审视儒家意识形态的解构过程，依旧是一个亟须解决的问题。

# 第二节 儒学有助于意识形态
## 国家机器的正常运转

人类社会的生存与发展永远是儒家关注的焦点。儒家从一开始就以实践优先准则作为砥砺身心的信条。如果从政治与伦理的分际来看，儒家的王道思想正好将二者统合为一个整体，将政治看作是伦理的推及与延伸，也就是以"人道"来规范和限定权力运作。在这种观念的支配下，"德政"学说应运而生。"德政"的着力点在于以德行约束政治实践的具体行为，尽最大可能限制权力运作对社会生活的负面影响，借以改善社会成员的生存境遇，维护人作为"天地之心"的尊贵地位。当然，这仅仅是儒家设定的理想状态，目的在于对照现实社会存在的种种不足，唤起社会成员的革新意识，以积极稳妥的实践活动来克服面前的困难，改善生存境遇。

### 一 儒学传统中的"硬机器"和"软机器"

从西方的意识形态理论来看，尤其是在阿尔都塞的思想结构中，国家机构中军队、警察、监狱等机构属于镇压性的国家机器，亦可称其为"硬机器"，而直接干预社会成员的精神状态与观念世界的国家机器则属于意识形态国家机器，亦可称其为"软机器"。二者协调运作，才能促使国家生活正常开展。按照阿尔都塞的理解，意识形态国家机器至少可以包括以下组成部分，宗教的意识形态国家机器、教育的意识形态国家机器、家庭的意识形态国家机器、法律的意识形态国家机器、政治的意识形态国家机器、工会的意识形态国家机器、传播的意识形态国家机器、文化的意识形态国家机器，等等。在阿尔都塞看来，意识形态国家机器区别于镇压性国家机器。镇压性国家机器是指通过暴力发挥功能的诸如政府、行政机关、军队、警察、法庭、监狱等常设机构。其中，行政镇压等形式则属于非肉体镇压。

近代以来，技术统治成为社会控制的主要形式。社会分工日益明细，具有生产性和镇压性的国家机器确保人们能够遵循社会分工的法则，不断服从技术统治。人类社会发展的不同阶段有着各自的特殊情况，生产活动中的"纪律"分别对应于"棍棒纪律"、"饥饿纪律"和"自由的自觉的纪律"，这三种"纪律"分别归属于农奴制、资本主义制度和社会主义制度。在"饥饿纪律"的维系下，"生计的丧失，法庭、警察和武装力量的管辖。情况现在依然如此。但是在当代，技术的控制看来真正体现了有益于整个社会集团和社会利益的理性，以致一切矛盾似乎都是不合理的，一切对抗似乎都是不可能的"。① 由此可见，镇压性国家机器能够熟练地掌握技术统治，善于以"饥饿纪律"确保生产的有序进行。

意识形态国家机器运用意识形态发挥功能。意识形态国家机器与镇压性国家机器在很多方面存在着明显的差异性。就数量而言，作为完整的国家机构，镇压性国家机器仅有一个；而无法直接看到的意识形态国家机器，即便在理论层面构成统一体，在具体操作中却呈现为许多组成部分。从公共领域和私人领域的分野来看，"统一的（镇压性）国家机器完全属于公共领域；与之相反，绝大部分的意识形态国家机器（它们显然是分散的）是私人领域的组成部分"。② 之所以重新提起阿尔都塞，并不是要用他的结构主义的理论框架重新审视儒学，而是以其意识形态理论作为解读方式，重新发掘儒家学说中那些能够与现代社会契合部分。当然，这只是消极的做法。儒家不能将自身的理论研究与实践方式停留在这个较为低级的层面，必须拓宽视野，走出帝制时代的意识形态国家机器的阴影，积极关注现代社会的生活形态，革除旧有的各种弊端，尤其是被移植进去的封建等级观念，尽管这是一项艰巨的历史任务，并非一两百年所能完成的。在国家政治生活中，军队、警察、监狱等暴力机构属于统治的硬机器，而意识形态统治则属于软机器，两个方面相辅相成，缺一不可。

在儒学传统中，国家的稳定是"文事"与"武备"双重作用的结果。其中军事力量不容忽视，它发挥着"以恶致善"的作用。这里讲的"恶"是手段，"善"是目的。军事力量是"不祥之器"，因为战争必然导致伤亡。但是战争也是维护和平与稳定的必要手段。再者，凶恶的敌人侵犯国土，真正有良知有智慧的儒者应该考虑如何调动军事力量对敌人予以痛击，保家卫国，维护民众的生命和财产安全。只有那种迂腐不堪的道学先

---

① 马尔库塞：《单向度的人：发达工业社会意识形态研究》，上海译文出版社 1989 年版，第 10 页。

② 陈越编：《哲学与政治：阿尔都塞读本》，吉林人民出版社 2003 年版，第 336 页。

生才会空谈"以道德为郛廓，以仁义为干橹"，结果迎来的是城池失陷，国破家亡。孔子所讲的"虽有文事，必有武备"并非独创，而是许多学术派别的重要观念。不仅兵家强调这一点，就连传统中医理论也非常注重"战"的正面作用。现代"大儒"借评论康德"永久和平论"的机会，对儒家的善恶观念进行全面颠覆，别出心裁地提出所谓"以善致善"，其实是自毁"武备"，甘愿积文积弱。"武备"是国家生活中不可或缺的组成部分，正如古人所讲的"国之大事，在戎与祀"（《左传》成公十三年）。古代的祭祀已经演变成今天的哀思与纪念，冷兵器时代的戎事已经发展为现代化的军事。这是无须赘述的事实，至于现代"大儒"的善良的遐想，那只能作为一种调侃，不能当真。

"文事"的内涵也极为丰富，里面包含着意识形态。其长在于：充分认识到政治命令与刑罚只能够使得民众免于惩罚，道德与礼数的引导则能够使民众知道羞耻，从而自觉地进行道德实践。它的理论依据在于，"子曰，道之以政，齐之以刑，民免而无耻；道之以德，齐之以礼，有耻且格"（《论语·为政》），其中"格"的涵义比较深刻。如果"耻"可以看作是儒家价值观的被动接受，那么"格"则是从内心深处体认到道德律令的强大作用。从整体化的视角来看，在社会群体之间形成一股强有力的道德力量。儒家这一主张的深层涵义在于，利用这股既能统摄每一个社会成员同时又外在于他们的强大力量，来辅助政治命令与刑罚的统治，从而实现社会的长治久安。

毋庸讳言，儒家学说在帝制时代扮演着软机器的角色。分析已经崩溃了的帝制时代的意识形态国家机器的残留痕迹，不难发现经过改造的儒家学说有着巨大的强制力。这正是意识形态国家机器的主要特征之一。它代表着少数强有力者对整个社会的控制与引导，因而具有隐蔽性。帝制时代结束以后，儒家学说虽然在不同程度上遭到各种政治势力的扭曲与利用，但是仍旧没能再次上升为意识形态国家机器。意识形态国家机器是意识形态的特殊功用或者具体表现形式之一。在卢卡奇看来，意识形态与个人的思维方式都是思想，但是二者有着根本性的区别，"只要某种思想仅仅是某个个人的思维方式或思维表现，那么无论它是多么有价值或者反价值的，它都不能被视为意识形态。某种综合的思想即便在社会上得到比较广泛的传播，它甚至也不能直接变为意识形态。其中思想或思想整体若要变成意识形态，它必须执行某种规定的确切的社会职能"。① 儒家学说在帝制时代执行的社会职能突出地表现为以伦理道德作为整合社会资源的借口与手段，在某种程度上遮蔽了权力运作过程中的社会不平等与不公正。这一点引起了许多儒家的忧虑。因而，如何以仁调适公私之辨成为儒家必须认真思索和着力解决的重要问题。在儒家学说中，仁是最高的价值，公私都必须从属于仁，接受仁的检验。

儒家学说在帝制时代并非简单地被用来装潢门面，意识形态国家机器只是它所发挥的诸多职能中的一部分而非全部。一般学者耳熟能详的"缘饰儒术"的说法背后隐藏着儒家学说对技术与制度框架的干预。按照哈贝马斯的理解，"人类的社会文化发展模式，从一开始就是由两个因素决定的：一个因素是人类对自身生存的外部条件的日益增长的技术的支配权；另一个因素是制度框架对目的理性活动的扩大了的系统的不同程度的被动适应"。② 当然，论及儒家学说对技术的干预似乎会招致许多学者的反对。然而从经典文本擘画的制度框架来看，儒家对"制度数"的理解已经将技术纳入其中，无论是《系辞传》以"取象"来解读各项技术发明，还是《考工记》对技术的重视，都说明儒家并没有忽视技术在推动人类社会进步方面所发挥的积极作用。至于儒家对制度框架的不断调试则是制度儒学的重要研究对象，也是帝制时代结束以后儒家丧失特权之后所要深刻反思的棘手问题。

## 二  如何使个体更好地融入群体

纵观儒学在历史上的演变，民众的力量不容忽视。儒家必须具有强大的民间品质和民众基础，也就是今人所谓"草根性"，才能承受在朝与在野之间上下波动的考验，在不同历史时期发展出形态各异的理论架构与实践方式，避免使圣贤的学问沦为不切实际的迂腐之谈。当儒家身处草野之际，就应该思考如何实现"同人于野"，寻求各具差异性的同道，在各自不同的处境中昌明圣贤的学问。只有这样才能做到和而不同，进而推动现实朝向"天下大同"的理想状态前进。然而目前谈论"天下大同"不过是一种奢望。因为窒息儒家学说的真精神和真价值、漠视儒家的身份认同

---

① 卢卡奇：《关于社会存在的本体论——若干最重要的综合问题》下卷，重庆出版社1993年版，第487页。

② 哈贝马斯：《作为"意识形态"的技术与科学》，学林出版社1999年版，第72页。

与生存需求是不容否认的事实，这就决定了有关"天下大同"的各种讨论都不过抽离主体之后的空谈与梦呓。究其实质而言，儒家学说在现代社会面临的困境可以被看作是一套有待损益的理论学说如何在个人与社会之间发挥衔接作用。

儒家学说意欲在现代社会发挥传统所谓"风"的作用，以君子之德转化小人之德，就必须正视阿尔都塞的意识形态理论。杰姆逊认为，阿尔都塞的意识形态理论有着积极的现实意义，因为它并没有忽视对个体与意识形态之间的关系以及意识形态国家机器的考察。透过原有意识形态体系崩溃的表象来看，社会成员的精神状态与社会制度之间的脱节是崩溃之后的恶果之一，毕竟在社会成员的主观世界中意识形态发挥着安顿作用，尤其是以一套较为完整的理论学说引导集体无意识；再者，意识形态国家机器与在社会现实各种历史性制度中所发挥的功用之间的脱节有着复杂的原因，其中最为重要的现实原因在于，生产力的进步酝酿社会关系的变革，如果将原有的意识形态国家机器视为公众的幻象，那么现代社会的个体与帝制时代的意识形态国家机器之间的偏离则可以被看作是"个人与公众之间的历史性分裂"。如果试图恢复儒家学说在帝制时代享有的"王官学"的显著地位，就不得不重视寻求发挥意识形态的"安插"作用的具体途径。所谓意识形态具有的"安插"作用，是指"意识形态国家机器为每一个体在这架国家机器中准备好了一个为之唤出个体并且赋予它一个名称，然后通过自我形象或再现的形式，给个人提供一种抚慰性的关于整体的幻境，一种抚慰性的一致感"。① 这里所说的"抚慰性"，其实是儒家学说在帝制时代的社会角色的写照。无论是在安抚社会下层，还是在营造族群生活、地缘政治和家国同构的社会形态等方面，都能看到这种"抚慰性"的影子。

当然，儒家意识形态理论也有其不足之处，因而必须充分吸收马克思对意识形态的批判性研究成果。儒家将"人"解释为符合礼义或者义理要求的社会存在物，这一点既是积极的又是消极的——在特定的历史条件下能够维持基本的社会秩序——有时则是对腐朽政权的维护，阻碍了社会变革的速度与进程。"人"不能被扭曲为抽象的道德信条的承担者。道学

---

① 俞吾金主编：《二十世纪哲学经典文本·英美哲学卷》，复旦大学出版社 1999 年版，第 624 页。

家之所以被视为"以理杀人"的凶手，是因为他们有意或无意忽视了"人"是"从事实际活动的人"，或者说是"在一定的物质的、不受他们任意支配的界限、前提和条件下活动着的"① 社会存在物，不仅需要伦理道德、思想觉悟和精神境界，更需要通过物质生产和物质交往来满足自身的基本需求。在这个过程中出现的剥削与不公正成为困扰儒家的难题。儒家并没有形成一套彻底消除剥削的理论和方案，只能在平均主义和等级制度中间徘徊。儒家意识形态理论有许多负面的内容，集中反映了观念领域的缺憾与现实层面的不公正。这些负面的内容亟须得到认真反思和彻底清理。否则，儒家就无法获得长足发展。

其实，观念领域的"倒错"其实是对现实层面的不公正作出的反应与辩护。与其他学派的意识形态理论相同，儒家也充分发挥了意识形态具有的抚慰作用。但是，这种"抚慰性"有着明显的不足，尤其对社会成员推行极为不公正的统治。

由于历史局限性，君主威权不能骤然取消，因此只能对其加以限制和利用。这种观念一直萦绕在许多儒家学者的心头，无论"借势行道"还是"格君心之非"都是对"君国同体"的应对。儒家学说在帝制时代无法摆脱的痼疾之一就是如何杜绝或遏制以"公名"满足"私利"的恶行，尽最大可能维护社会成员的福祉。当社会成员陷于公私之辨的泥淖中时，仁的价值与功用就显得难能可贵。毕竟公与私之间无休止的对待关系必须以超越对待的仁加以统合，而不是任由一方侵犯另一方。仁必须具体化为现代法律，以"藏智于礼"的精神对其进行明朗化的解释。

无论在哪一种统治方式中，统治者基本上都采取镇压性的和意识形态性的手段相结合的方法对民众进行管束。这可以概括为既运用暴力又辅以意识形态，以双重方式来发挥统治功能。从意识形态国家机器本身来看，它发挥着隐形的镇压作用，力量柔和而持久，有时甚至以象征性的姿态出现，使得广大社会成员无法觉察它的存在。这种对社会成员进行的隐蔽的统治属于"国之利器"，当然不可轻易示人。一般社会成员只能沉寂其中，涤除丰富多彩的个性差异，顺应这股莫名形状的力量，才能平稳地生活在群体之中。否则将被视为离群的另类加以摒斥。与意识形态国家机器

① 马克思、恩格斯：《德意志意识形态》，《马克思恩格斯文集》第 1 卷，人民出版社 2009 年版，第 524 页。

相比，镇压性国家机器则发挥着明显的统治作用。这在不同历史时期和不同政治区域有着不同的表现形式，但是贯穿其中的灵魂则是一致的。儒家学说在处理二者关系时，以王道作为政治观念的核心价值，推行志在改善社会生活的仁政。

不容否认，公共领域和私人领域之间的分际是资产阶级法律内部的区分。必须指出的是，帝制时代的公私之辨不等于西方社会学说中的公共领域和私人领域之间的区别。在这种理论视野中，国家领域避开了公私分立所带来的张力，因为"国家是统治阶级的国家，既不是公共的，也不是私人的；相反，国家是公共和私人之间一切区分的前提"。① 回到阿尔都塞对意识形态国家机器与公共领域、私人领域之间关系的看法。阿尔都塞认为，问题的重点不在于意识形态国家机器能否在私人领域和公共领域得到实现，更要深入考察意识形态国家机器如何发挥本身应有的功能。然而儒家学说并没有在公共领域与私人领域之间划定明晰的界限。这只是理论形态的差异，并非先进与落后的区别。儒家学说在将"抚慰性"落实于"整体的幻境"与"一致感"时将目光转向了圣王贤君的统治，以此作为统合群体的途径。这种观念在二程那里显得尤为突出："人君欲附天下，当显明其道，诚意以待物，恕己以及人，发政施仁，使四海蒙其惠泽可也。"② 理想与现实之间永远存在着巨大的反差。圣人不世出，圣王的丰功伟绩也仅见于"正大本子"中的陈述，无法为其提供现实层面的证据。二程希望人君能够推行圣王的仁政，在君臣之间构建一种积极的交互伦理。或者说，以这种积极的交互伦理改变现实政治中君臣伦理之间的种种不足。

儒家在处理统治者与民众之间关系时信守民本原则。儒家将政治的合法性来源追溯到天道，认为一切得以存在的理由在于上天的眷顾，上天是无法捉摸的，只能通过民意来表达自己的观念。从权力分工来看，人类社会的最高统治者被称为天子，但这并不能否认民众也是由上天产生的，只不过需要设置一个固定的爵位，作为群体期望的象征。当我们考察上天、民众与君主三者之间的关系时，就会发现荀子的观点最能体现儒家在这一重大问题上的基本立场，他认为："天之生民，非为君也。天之立君，以

---

① 陈越编：《哲学与政治：阿尔都塞读本》，吉林人民出版社 2003 年版，第 336 页。
② 程颢、程颐：《二程集》，中华书局 1981 年版，第 1242 页。

为民也。"(《荀子·大略》）也就是说，君主的职能在于协调权力运作，为民众生活提供诸多便利，而不是压迫民众，更不是一家一姓用来维持私利的手段。当然，儒家的民本思想还停留在臣民的阶段，并不具备公民思想。然而就是这种试图以伦理干预政治的社会理想在很大程度上缓解了君主专制与社会生活之间的紧张。

有一点必须清楚，那就是儒家以一种类似于"倒错"的方式重新解释君民关系。在君主专制时代，大多数君主对民众只有榨取与震慑，很少出现儒家所赞同的能够"养民"的贤君，民众在很大程度上是自养，或者说是靠天吃饭，一旦出现自然灾害或战争，就无法保全性命。儒家一方面承认君主具有维系社会正义的积极作用，另一方面又对君主专制的危害保持高度警惕，因而在论述政治合法性的时候，儒家再次强调"民本"观念的重要性。既然君主的存在是天道在人伦中的体现，那么君主不仅要发挥一般的政治职能，更要起到教化民众的积极作用。这是儒家意识形态理论的突出作用和鲜明特色。然而在儒学传统中还涌动着一股强大的暗流，那就是作为宗教力量的儒教，它对国家制度与民众生活有着举足轻重的影响力。儒家曾经一度占据国家宗教的位置，有助于巩固王权，为政权的合法性提供了非常有力的论证。这些内容也在很大程度上展示了儒家意识形态理论的丰富性与多样性。

# 第五章

# 儒学的宗教向度

关于儒家是否是宗教的讨论在 20 世纪学术界掀起了轩然大波。作为帝制时代的主流意识形态，儒学扮演着国家宗教的角色，对社会生活的方方面面产生了深远的影响，尤其对塑造中华民族的性格起到了不容低估的作用。近代以来，儒家与西方基督教文明相遇之后，日益呈现衰败的迹象，不仅在武力方面无法战胜"坚船利炮"，就连自身秉持的伦理道德也遭受前所未有的挑战，直至从百姓日用之中淡出。毫无疑问，由儒学支撑起来的封建礼教早已病入膏肓，我们绝对不希望它恢复。当今天的学者谈论儒家的宗教向度这一问题时，很难确认儒家是否可以称作宗教。

重建儒教是一种幻想。近代以来，部分儒家学者极力鼓吹重建儒教的观念，在相当一部分知识分子中间产生了较大的影响。虽然这是一种边缘化的理论构建和实践尝试，但是却在特殊历史情况下发挥着不容忽视的作用。因而必须以正确的指导思想规范所谓重建儒教的理论构架，防止出现任何形式的偏差。重建儒教是一种带有特殊目的的社会活动，操作不当，将会为自身的生存与发展带来致命的打击。近代以来，从儒家判教理论的出现，经历儒家与基督教在乡村建设理论方面的角逐，再到各种形式的重建儒教活动，儒家的宗教性问题逐渐成为学界关心的热点。今人应当如何看待这些问题，还需要冷静的思考和审慎的抉择，不能盲信盲从。

## 第一节　近现代儒家判教理论的出现

一般说来，传统儒家是一个比较笼统的门类，其中包括直接进行宗教活动的儒教系统和所谓反宗教的儒学派别。这两股力量互相渗透，共同承担继承和发展儒学的历史使命。近现代以来随着西方思潮的不断涌入，儒家内部的宗教呼声与日渐增，反对言论亦随之而起。同样是提倡将孔教（宗教意义上的孔教可以与儒教通用）传遍五洲大地，廖平、康有为所鼓吹的孔教力图涵盖中外一切宗教和学术，而叶德辉却力主在严格遵循孔教以往传统的前提下发展孔教。在反对建立孔教的各家中，章太炎认为应该建立无神论的宗教以替代有神论的宗教，刘师培则认为应该清除中国传统中的"神教"以便于启发民智。儒家内部各派别众说纷纭，这样一来裁定经典涵义、判别各家层次的判教理论应运而生。后来，海外新儒家承接以上争论，延续宋明理学道统，直接提出儒家的宗教哲学的内涵和宗教向度等命题，为研究儒家内部的儒教系统提供了丰富的素材。

## 一　近代儒家内部的基本派别

近代儒家内部判定历史上存在所谓孔教或儒教的基本上分为两派，一派是以叶德辉为首的保守派直接表明自己的孔教立场，一派是康有为、廖平为首的改制派也标榜孔教或儒教。两派虽然在学术派别、经典解释以及政治制度方面针锋相对，但是在孔教的宗教性这方面达成一致。二者都强调孔教或儒教的宗教色彩和教理的优越性，认为这种宗教能够涵摄容纳其他一切宗教和学术派别，而且将来必定能够传遍全球。

叶德辉认为，西国的各种宗教与孔教同根同源，那些指责西方人没有伦理的说法其实是浅陋的见解，而力持西方的宗教思想胜出孔教的观点无异于谬种流传。叶德辉的论证模式不过是重蹈王浮伪造《老子化胡经》的覆辙：中土之教起于巫。在传说中的黄帝、尧、舜时代，道教开始产生萌芽。《老子》一书分为上下篇，后世道家以此作为开端，产生所谓黄帝老子之术。孔子问礼于老聃，可以说儒家出于老氏之学。此后，法家也以老氏之学作为根基。老子出关化胡。老氏之学又化为佛教，"今西域海西诸教，若回回，若天方，若天主，若耶稣，又本释氏之支流余裔"，① 这是叶德辉从追溯谱系（尽管是穿凿附会）上说明西方基督教各派别只不过是中土宗教的变种分枝，西方的各种宗教具有与孔教相似的部分，而且最新的宗教改革又出现了许多与孔教伦理相近的派别。所以士绅应当对孔教的现状和前途充满信心。在给皮锡瑞的一封信里，叶德辉将孔教与中国佛教和西洋宗教对立，认为孔教能够像战胜佛教那样战胜其余一切宗教，仅仅从文字方面来说，佛教传入中国时所秉持梵夹经典已经被汉字替代，佛经的流传反而依靠汉字，历史上北方少数民族政权在武力上侵凌汉族，

---

① 苏舆：《翼教丛编》，上海书店出版社 2002 年版，第 66 页。

但是其文字典章至今却荡然无存，靠的就是孔教的文化力量。因此面对天主教和耶稣教的传播，中土人士不必为之恐慌，根本原因有二：（1）中国人接受孔教的熏陶由来已久，即便不识字的农夫、村妇、童稚都将"孔子"二字视为道德的化身，铭记在胸臆之间。这是孔教得以长期发展的民众基础。（2）孔教在处理人伦与神道之间的先后关系时，主张以人伦作为先决条件，以神道辅助人伦所无法涉及的部分，也就是说，人伦为本，神道为末；而基督教却以鬼神观念震慑民众，强调一神论信仰，将伦理置于神道之后，有重神轻人的嫌疑。在传统儒家的典籍尤其是《易传》当中，"神道设教"和"观民设教"（《周易·观》）同是圣人化服天下的手段，而孔教之所以能够战胜佛教、天主教和耶稣教等外来宗教亦凭借于此。康有为一派假借耶稣教的模式来改造孔教实属乱弃孔教，毕竟孔教所提倡的伦常职分和等级差异不容混淆。孔教将来在西方世界兴盛，依靠的正是以礼贯之的义智。因为这是中土和西国的共同需要。

康有为鼓吹儒教与叶德辉信奉孔教，二者的共同点在于自觉地将自身纳入儒家内部的宗教部分。只不过康有为在追溯儒教统绪时突出董仲舒的关键作用，这不仅因为董仲舒塑造的孔子形象和由他诠释的孔子《春秋》"微言大义"与康有为在新时期重新构建的儒教理论相吻合，而且还在于董仲舒借助政治力量成功地将儒学上升为意识形态国家机器，这种意识形态结构中包含了大量的宗教神学内容。在董仲舒那里孔子已经成为替天地发意的神明，孔子《春秋》的"微言大义"落实为具体的礼乐制度条目，形成了一套贯通天地、信畏鬼神的宗教仪式，而这套宗教仪式又从属于"大一统"的社会机制，天子亦是"大一统"机制的一个组成部分而不是权力的巅峰，因为孔子《春秋》大义有权力"贬天子"，天子政令德行有所偏失，上天即以灾异进行遣告，甚至另命有德者为王，儒学传统中有受命王者、吊民伐罪和革故鼎新的理论支撑。董仲舒构建的统摄天地万物的理论体系，将神圣与世俗统一于现实社会变动中，一切神秘的宗教仪式都导向道德伦理和政治运营，对于灾变的解释也都转变为社会责任的追究。从儒家当时的外部环境而言，康有为在《孔子改制考》中曾经指出"孔子制度，至孝武乃谓大行，乃谓一统"，[①] 也就是说汉武帝、董仲舒以后形成了统一的儒教，这个儒教系统是儒家内部众多派别中间一脉相承的伏

① 刘梦溪主编：《中国现代学术经典·康有为卷》，河北教育出版社1996年版，第766页。

流，而康有为本人所进行的理论诠释和制度创新是对该脉络的自觉继承与全面发展。康有为的观点在陈焕章那里得到进一步阐发。后者将儒家视为宗教，并根据儒家内部各派的学术特点与理论差异，将传统的儒家或者说是"孔教"分为六派，大致情况如下：

> （1）大同派，该派强调自由，大同之道由子舆子思传至孟子；（2）小康派，该派强调政府，小康之道由仲弓传至荀子，李斯用其统治秦国，后世皆遵守之，相沿至现在；（3）神学派，形成于所有孔教圣经，尤其是《书经》之《洪范》、《易经》及《春秋》。董仲舒、刘向乃神学派的主要代表，但在汉之后，神学派实际上即进入尾声；（4）伦理派，孔教的主要流派，该派高度发达于宋明；（5）历史派，基于《书经》与《春秋》，司马迁与其他伟大的历史学家为该派代表；（6）乾嘉学派，该派发端于孔子，普及而又狭隘地应用于清朝。①

康有为等人利用公羊学的"三世说"将大同派与小康派的理论衔接起来，企图以"托古改制"的方式对现实产生积极的作用。经过晚清以至于民初的多次社会活动，康有为并没有实现自己的社会理想。就"神学派"而言，康有为等人也试图发掘其中的合理资源，借鉴基督教的组织形式，积极推广孔教会，希望能够将孔子是教主这一基本观念传播给所有人群，并企图将孔教发展成为具有全球性的宗教。叶德辉看清楚了这一点，指出："康有为隐以改复原教之路得自命，欲删定六经，而先作《伪经考》；欲搅乱朝政，而又作《改制考》，其貌则孔也，其心则夷也。"② 然而康有为并没有取得路德在宗教方面的成效，这并不是因为著述不足、理论不充分，而是由于当时的社会环境不利于孔教的生存。至于"伦理派"的问题，康有为在《实理公法全书》、《大同书》等著作中得到全面的解决，其中包括改造家庭伦理、正视女权主义、促进人类合种等方面的变革，这些观点也都以"张三世"的方式加以展开，可谓公羊学在近代取得的巨大进步。在阐发经义的过程中，康有为全面继承了历史派和乾嘉学派的方

---

① 陈焕章：《孔门理财学》，中华书局 2010 年版，第 30 页。
② 苏舆：《翼教丛编》，上海书店出版社 2002 年版，第 165 页。

法，并借鉴所谓欧几里得几何的框架，对传统的经学资源进行重新整理，力图在儒学传统与君主立宪之间搭建沟通的桥梁。随着清末民初立宪活动的低落，康有为最终以乌托邦思想作为一生学术的结尾。但是，孔教理论与宗教实践却在陈焕章等人那里得到进一步发展。

刘师培反对将孔教解释成宗教，认为孔教是教育之教而非宗教之教，孔子仅仅是一位传承古代经典的民间教师，"六经"只不过是当时采用教材课本，孔教与中国政治无关。在他看来，汉代以后儒家内部宗教成分的来源是孔子以前的"神教"，孔子自己信奉的亦不过是古代的"神教"而已。孔子信奉"神教"，可以说明为何先秦儒家典籍存有大量极具宗教色彩的内容。"神教"有其独立发展的路向，西汉末年大举进入经典阐释活动中。刘师培认为，中国古代的"神教"在先秦时代流为燕、齐方士的怪迁之谈，西汉以后逐渐向儒、道两家渗透，形成了谶纬、符箓之术。一些陋儒将旧有的多神信仰与拜物教成分纳入经典注疏之中，同时以佛教、道教的观念解释儒家义理，对儒学的发展构成极大的危害。刘师培由此断定，后来在儒家内部出现了一批宣扬"神教"的"陋儒"，这些"陋儒"不应当被视作儒家而应当被视作"神教"，日后社会发展和儒学转换应当选择以下路径，"居今日而欲导民，宜革中国之神教，（民智愈启，则神教日衰。）而归孔学于九流之一耳，（仿周秦之例，称为儒家）奚必创高远难行之论载"。① 由此可以看出，刘师培在对孔教的学术化解释基础上，提出消灭"神教"、对孔学实行降格的要求，力图开启新的百家争鸣的局面，他在这里默认了一个前提，"罢黜百家，独尊儒术"之后孔学已经成为历代政治的一部分，已经凌驾于其他诸子之上，否则何必又要"归孔学于九流之一"。同时又回避了对董仲舒理论作出应有评判。这样一来，"神教"究竟如何进入儒家内部并且吸引一批"陋儒"为之缘饰，就成为秉持历史上并不存在孔教这一观点的学者应当正视的问题之一。刘师培回避的问题在章太炎那里得到了回答。

章太炎从古文家立场出发，将董仲舒改造儒学结构，神化孔子与儒家经典的做法视作巫道，其做法类似于后世道教派别首领追认老子作为教主一样，事实上形成了一套托在孔子名下的宗教。按照章太炎的说法，燕、

---

① 李妙根编选：《国粹与西化——刘师培文选》，上海远东出版社 1996 年版，第 125—126 页。

齐怪迂之士在东海地区传播方术，巫道理论在一定程度上渗入儒家群经的解释活动中，例如子思、孟子一派的五行学说，而后《尚书·洪范》中的五行理论与邹衍一派的五行方术混同，以至于董仲舒等人推波助澜，直接把这一套理论应用于社会生活，"推验火灾，救旱止雨"，尤其是与《春秋》"微言大义"相糅合，直接左右政治指导思想，以至于汉代政事因循"神道"。董仲舒在儒家内部俨然成为一位大巫，他所整合的一系列名物、制度成为巫道仪式和内容，其实质是太平道、五斗米道一类的有神论宗教。而章太炎本人所要建立的是一种无神论的宗教。这种宗教的理论首先面临的是如何有取舍地重新诠释佛教和儒家经典。对于佛教方面，择取法相唯识宗的理论体系，去除一切有关鬼神轮回的内容，力主将佛教解释和改造成为纯净的无神论宗教。在论述无神论宗教的构想之前，从儒家内部发掘主张无神论的公孟子高，用这位主张"无鬼神"的儒者言论来追溯孔子思想。孔子俨然又成为无神论宗教的重要思想来源。在论及汉代以后儒家内部有神论盛行时，章太炎说："神怪之教，婴之自溃，昧此而言儒，汉后所以无统纪。非儒有诋诬孔子语，则所举儒说，亦未必可尽信。"① 章太炎所痛惜的是汉代以后儒家内部无神论理论的暗昧不明，以至于董仲舒一流所鼓吹的巫道混杂儒门，而自己后来所倡导的无神论宗教就是要光大"无鬼神"的传统。

儒学传统强调"神道设教"的作用，这里所说的"教"有多重涵义，宗教意义是其不可或缺的组成部分。从儒家内部各派对经典的理解和解释来看，有关"神道设教"争论的实质可以限定在如何处理教化与鬼神之间的关系。陈焕章曾经指出："有人道之教，有神道之教。道虽不同，而皆名之曰教。孔教兼明人道与神道"，② 儒家对于鬼神的态度经历了一个复杂的过程。与儒家并行的其他文化群体中，诸子百家中墨家善于谈鬼，神仙家善于神仙传说，而方术亦在人间生活样式的基础上设计出一个缥缈境域，这些都是中国本土文化中的怪迂部分，后来随着大一统意识形态国家机器的形成，这些文化因素更加丰富了董仲舒所推行的儒教体系，形成了佛教传入之前的繁琐信仰体系。而佛教传入之后带入了纷繁复杂的鬼神系统、六道轮回和因果报应理论，这些非本书考察对象，暂不赘述。最初

---

① 姜玢编选：《革故鼎新的哲学——章太炎文选》，上海远东出版社1996年版，第54页。

② 陈焕章：《孔教论》，上海孔教会1912年版，第1—2页。

将鬼神的实质解释成为阴阳二气的屈伸变化，这种变化显著无外、微妙难察，只有遵从圣人之道，方能有所把握。《易传》和《中庸》推崇的就是这种"由凡入圣"的方法。这是一切儒家学者所共同认可的圣人之道的本质和弘扬儒学的基本道路。儒教内部的根本分歧仅在于，一派采取神化孔子以及经典的做法，而另一派采取推举儒家义理之学为天道准则的方法。两者构成儒教的不同特征，前者所传播的是一种"复魅"的儒教，而后者显扬的是一种超越存在的终极关怀式的儒教。两种儒教之间的争论焦点在于对"神道设教"的不同理解和解释。

康有为的儒教理论是一种"复魅"的宗教，"神道设教"在他那里具有神明启示的性质。《春秋董氏学》对《易传》和《中庸》进行神秘解释，落脚点仍然是儒家所提倡的"至诚"修养论，至于神异难思之处只能由圣人之道的本来内容来决定，我们一般的经验推理无法入其堂奥。康有为说："阴阳类应，穷致其道，能止雨致雨，其理微妙，故疑于神。以有形推无形，以可数著不可教，圣人所以通昼夜，知鬼神，合天人。至诚前知，圣人之道固有如是者。"① 很明显，康有为非常赞赏董仲舒对孔子以及儒家思想的神秘解释，而且对于董仲舒言行中的神秘成分深信不疑。这种诠释方向的特色在于，将"神道"视为圣人超出常人的地方，圣人能够融通天地万物，不仅在理论上没有障碍，而且能够具体应用于现实的社会生活，"神道"不是推行圣人之道时所采用的手段，而是圣人之道的内容之一。圣人之道不是虚无而是实有，其目的在教化引导民众如何有道德地生活。"设教"则是根据不同的历史时期、地域范围和人群素质、生活样式等因素来有计划地设置社会改造方案，"设"的主体是圣贤及其后学，"教"的内容有其原则性和灵活性，"教"的对象主要是广大民众。可以将这种诠释学方向概括为神道与教化并行不悖，同为圣人改造社会的工具。康有为本人则延续这条路径来丰富儒教理论，在社会转型时期阐述圣人的社会理想，通过制度层面的改革促进民众觉悟的提高。

马一浮直接从义理方面来探讨"神道设教"这一命题的含义，认为："《易》言神道者，皆指用也。如言显道神德行，谓其道至神耳。岂有圣人而假托鬼神之事以罔民哉？设教犹言敷教耳。绝非假设之意。"② 这是

---

① 刘梦溪主编：《中国现代学术经典·康有为卷》，河北教育出版社1996年版，第291页。
② 刘梦溪主编：《中国现代学术经典·马一浮卷》，河北教育出版社1996年版，第292页。

从儒学传统的体用论来分析"神道设教","神"成为对儒学义理的推崇与褒扬，也可以说圣人之道刚正雄健；"设"的含义是敷衍发挥，是将圣人之道的内涵和妙用在社会生活中具体展开，而不是假设造作之义。马一浮所认为的"鬼神"不是祥瑞、灾异和佛教六道轮回的鬼神，而是阴阳二气屈伸变化的状态和道理，进一步将鬼神与礼乐相对待说明鬼神在儒家社会理论中的大用，亦即礼乐制度可以在现实生活中加以考察，毕竟人道进退明朗，至于阴阳之气得屈伸变化则不能简单地加以类比想象，使其流入佛教一类的鬼神报应。儒家所要探究的仍然是人道之所以然，推及无象的屈伸变化也是用人心灵明去把握，而不是借助鬼神迷信来诬蔑圣人，愚弄民众。由此我们可以看到，马一浮在处理"神道"和"设教"关系时，也是讲二者齐驱并驾，同为圣人以先知先觉开化后知后觉的大用，以民众觉悟的提高作为社会发展的动力。

对于"神道设教"的重新诠释为各自思想在本民族内部的未来发展准备了合理性的基础，而对于"夷夏之辨"这一古老命题的宗教性诠释则试图将这种合理性推广至全世界。孔教论者在处理自身文化与外来文化关系时，强调以儒家文化为主干的民族文化应该具有的优越性，他们的理论基础是对"夷夏之辨"的宗教性诠释。之所以称之为宗教性的诠释，是由于儒教内部各派的诠释方向在某些方面具有的共同特征：首先不断将西方近代的科学发现、国际形势和政治理论、政治制度等文化成果盲目安插在对经典只言片语的无限制引申和发掘中，认为孔子与及门弟子早已用"微言大义"的方式向我们透露这些信息，只不过是后世儒者不能深究经典，以至于错失良机，让西方人走在我们前列；其次，面对中西方三千年未有之大变局，没有立即将着力点置于改造现实，而是先对经典意义进行一番无限制的增益，将经学体系（其中包括理学体系）中的孔子之道上升为全世界的宗教，而不是抛开经学体系直接发挥孔子思想中那些具有普世精神的概念命题；再次，用既有的儒家经学体系统摄中西方一切宗教、科学、思想、艺术等学科门类，力图重新构建一个无所不包的经学体系，以促进儒学的近代转化。近代的孔教体系正在中西文化撞击过程中逐渐形成。

保守派中的孔教论者乃是处于儒家内部对抗基督教的强烈需求，强调孔教教化的中心地位。针对西方列强由肤色判别种族等级、以欧洲作为文明发源地和世界中心，叶德辉依据孔教理论予以反击，提出自己的看法：

"亚洲居地球之东南，中国适居东南之中，无中外独无东西乎？四时之序先春夏，五行之位首东南，此中西人士所共明，非中国以人为外也。五色黄属土，土居中央，西人辨中人为黄种。是天地开辟之初，隐与中人以中位。"① 在这段论述当中，我们应当注意几个方面的问题：首先，叶德辉所采用的五行理论体系不是最初的《洪范》五行而是方术渗透之后的五行理论，后者以五行、五方、五色等相表里判别社会生活的一切事物，这种理论正是为章太炎、刘师培所丑诋的巫道和神教；其次，按照叶德辉敷衍的孔教理论，黄种人不但不是西方人所认为的野蛮人，反而是众多肤色中的优秀者；再次，中国处于五方之首善、中国人的肤色处于五色置中央决定了中国仍然是中国，而且是开天辟地以来的中央。这种观念在明末清初的方以智那里已经得到系统论述。叶德辉并没有就此歇手，而是上升到孔教的"夷夏之辨"，以此作为经典依据对抗西方人种族优劣论、欧洲中心论。他认为，《春秋》所谓的"夷狄"是指那些不服尧、舜、禹、汤、文、武、周公之教的人群，而清末所谓的"夷狄"是指黄种人之外的黑、白、红、棕色人种，这些人群不服儒家的教化，有些人群甚至公然侵犯中华，依据《春秋》指教，应该对他们进行文明教育，使他们与中华民族一样服膺圣人之教。显然，肤色人种不是《春秋》经传里判别夷夏的原意，而是叶德辉根据现实需要所作的钩沉索隐和大义发挥。然而当时中国积贫积弱，只能与西方列强在宗教理论方面交锋争论，而无法掩饰事实上的无奈，这时叶德辉只能将孔教的优势归结在文化上的优越和士大夫的爱国热情。除此以外，别无良策。

今文学家主张取法四夷。自常州学派以来，神化孔子和儒家经典成为儒家内部一支不容忽视的力量。将儒学诠释和改造成宗教是今文经学家的重要组成部分。同样是"夷夏之辨"，在康有为一派那里得到的却是开放性的诠释，他们认为孔子《春秋》特立"夷夏"的目的在于最终打破二者界限，于太平世实现所谓的大同之治。康有为的弟子徐勤在《春秋董氏学》中借助于阐发"《春秋》无通辞之义"来反驳宋儒对"夷夏之辨"的狭隘诠释，认为儒家内部只有董仲舒最能发明此义，"后儒孙明复、胡安国之流不知此义，以为《春秋》之旨最严华夷之限，于是尊己则曰神明之俗，薄人则曰禽兽之类……背《春秋》之义以自隘其道，孔教之不

① 苏舆：《翼教丛编》，上海书店出版社 2002 年版，第 167 页。

广，生民之涂炭，岂非诸儒之罪耶！"① 倘若没有董仲舒则后世将无法明白孔教破除夷夏界限、实现世界大同的伟大理想。我们并不能就此得出结论，康有为一派放弃了儒家立场，主张与西方思想相互混淆。因为，在他们看来在太平世未到之前，还存在着据乱世、升平世两个阶段，尤其在升平世必须由近及远将孔教伦理输送给夷狄，等到全世界通行孔教伦理之后才能由小康转向大同，那时我们才能消除彼此之间的文化差异，实现共同的超越，此前升平世的阶段必不可少，这是公羊家法的独到之处。向全世界推行孔教伦理的步骤仍然遵循"爱有等差"的原则，就是由本国到儒家文化圈的国家地区，再波及其他文化类型的国家地区，逐渐将孔教发展为世界性的宗教，彻底消除中西方之间在文化认同方面的隔阂，直到中国与四夷共遵圣教、文明日进。那么孔教的教理究竟应当如何界定？判教理论呼之欲出。

### 二　儒家判教理论的出现

近现代儒家内部各种宗教派别的争论直接导致儒家判教理论的出现，其中以廖平和马一浮的判教理论最具特色，后者明确提出儒家判教的概念。在通常理解中，判教理论是宗教派别判别本宗与别宗以及其他宗教学术派别在经典、理论和修证方法、果位境界等方面高下差异时所运用的一套评判标准。这种评判标准站在高扬本宗教理的前提下，在自身理论体系中为其他宗教、学术派别安顿一个相应的位次。判教理论是宗教派别在争论过程的工具，判别对象不仅包括宗教理论，也包括一切与它相异的学术思想。

廖平一生学术共有六次变化，前两次变化仅限于具体的今古文争论，后四次则神化孔子以及儒家经典，在儒家内部贯通天学和人学，并且以此作为出发点判别一切宗教、学术。现在就从廖平一生的"六变"入手对其判教理论作出相应评析。根据廖平与其晚辈共同撰写的《六变记》所载，廖平在初变之前沿袭乾嘉学派以文字判别今古的说法，后来逐渐发现就文字而言，今古文内部文本亦各有不同，于是对这种分家方法产生怀疑。于是产生了第一次变化，认为判别今古的标准在于礼乐制度，今学推崇《王制》，为孔子之教；古学力主《周礼》，为周公之教。无论今学还

---

① 刘梦溪主编：《中国现代学术经典·康有为卷》，河北教育出版社 1996 年版，第 296 页。

是古学，都出自孔子。孔子早年"法古"，晚年"改制"。二者并无根本性的冲突。在随即的"二变"中，廖平依据《王制》的基本内容，对群经大义进行疏通，删除《周礼》文本中那些与《王制》相反的条目，从群经当中为周公之礼寻得应有位置。可以说，前两次学术变化局限于经典内部的今古文分家问题，为以后的判教体系扫清障碍。在第三次变化之后，廖平直取《周礼》经文，剔除经师说法，与《王制》对比大小、内外，将经学体系推广到宇宙秩序，认为："孔子乃得为全球之神圣，六艺乃得为宇宙之公言。虽然，此不过六艺之'人学'，专言六合以内，但为《春秋》、《尚书》与《礼》，仅的其半；而'天学'之《诗》、《易》、《乐》，尚不在此数也。"① 由上述我们可以看出，廖平已经在"六艺"（《周礼》保氏掌管的"六艺"）中分别出"天人之学"，借此调和经学内部《王制》与《周礼》之间的冲突。所谓"人学"宣讲六合以内的法则，"天学"论述六合以外的道理，天与人是合一相通的。这样在原来的今古文争论中引入小大、天人之说，直到后来扬弃所谓今古、小大之说，专言天人，在群经内部各篇章皆能分出天人之学，并且将天人之学的判教方法推广到对一切宗教、艺术、学术的评判，万事万物都可以用这套判教体系得到解释，最后又返求诸经典，将理论体系构建过程中的判教方法导向对经典结构义理的总结，并且秉持所谓"通经致用"的实践原则，真正地完成判教理论的构建。廖平一直反对将"通经致用"理解为在现实社会中照搬经典，而是通过研究经典提高道德修养和实践能力，然后落实于社会实践当中，实现儒家的远大理想。

马一浮明确提出儒家的判教理论，并且以"六艺统摄一切学术"对这个结构体系进行概括，这里所说的"六艺"是孔子"六艺"（即孔子以后所定"六经"）的文本载体和文化精神。在他看来，儒家从孔子以来就有判教理论在出现时间上早于中国宗派佛教如天台宗、慈恩宗和华严宗的义学，而且能够涵盖分判人类的一切文明成果。同时指出儒家判教不是分科，所谓分科之说不过是对《论语·先进》中"德行"、"言语"、"政事"、"文学"四目的误解。马一浮在否定儒家内部有分科之后，儒家最完善的判教体系"六艺"被提上日程，"据六艺判教，乃是实理，不是玄

① 李耀仙主编：《廖平选集》下册，巴蜀书社1998年版，第551页。

言"，①"玄言"理论精微但是没有落实于人心、伦理之间，因而不足以作为"六艺"判教的指导思想，因为马一浮反对"不识仁"的学术思想，认为在学术研究中不能割裂道德理性与知识理性，必须共处于"仁"，同归于"仁"。这个"仁"与佛氏不同，它落实于儒家经权统一的礼乐制度中，所有宗教信仰也涵摄于《礼》。

廖平与马一浮在判教理论方面的差异在于，前者对鬼神之事进行颇具神秘色彩的解释，主要以礼乐制度的不同层次作为分判标准，将《周礼》保氏掌管的"礼、乐、射、御、书、数"与孔门施教的《诗》、《书》、《礼》、《乐》、《易》、《春秋》区别开来，在儒家经典中分出"天学"和"人学"，由此判别世间一切学说，可以说廖平的判教理论以神秘形式取胜；后者以义理之学解释鬼神，将此理的内容限定在孔子"六艺"并将其用的范围无限放大，统摄评定人类一切文明成果，这就可以解释为什么天台宗、华严宗的判教理论能够被马一浮的"六艺"之教创造性地转化，可以说马一浮的判教理论以义理架构见长。这两种判教方法是儒家判教理论的常见类型和基本构成。二者殊途同归，以"天人合一"的替认协调经学方法和理学方法。儒家内部判教理论的出现不仅阐述各自在经典阐述方面一贯之道，还对孔教社会活动、理论冲突作出相应的评判，而且还有利于对治"希贤成圣"过程中出现的诸多理论痼疾，其中以高推圣境为最，一方面表现为"狂禅"式的顿悟充斥儒林，圣贤经典束之高阁，片面追求所谓"孔颜心法"，妄想当下成就；另一方面表现为以个人意见巧设境地，空口说经，有教无行。二者泛滥枉空，导致经义阐发的混乱、身心性命的无依，最重要的是儒家理论无法应对西方文化的挑战，以至于儒学在意识形态领域地位的动摇与失落。廖平和马一浮共同经历儒家所设计"神道设教"体系的崩溃，国家内部自上而下的礼制出现两千年间罕见的大变动，经典的意义和价值遭到严重质疑，尤其是董仲舒所奠定的儒教制度和精神面临难以应对的困境。因为佛教传入时仅仅在伦理和义理上对儒家构成威胁，尚不能在整体化的礼乐制度方面挑战儒家，宋明理学已经完成了当时的儒学复兴任务。而今现代儒学面临西方基督教文明的大举进入，是应该延续董仲舒的儒教传统，还是接着宋明理学讲？在以廖平和马一浮为代表的儒家内部，这两种途径都有实践者和鼓吹者。

---

① 刘梦溪主编：《中国现代学术经典·马一浮卷》，河北教育出版社1996年版，第142页。

以上我们分析各家对于孔教和判教理论所发表的不同看法，在此进行简要归类：首先是反对儒学宗教化道路的，主张在开阔的学术视野中发展中国文化，持此观点的以刘师培、章太炎为代表。刘师培希望能够出现第二次百家争鸣，经过不同学术思想撞击共建新的文化类型，而章太炎则反对当时的孔教活动，提出应当建立一种新的无神论宗教，这种无神论宗教直接面向人的身心、自然世界和宇宙万物的道理法则，各种文化传统的无神论、思辨成分和科学要素都可以作为思想来源。其次，孔教论者内部也有走神化道路和义理道路的区别，廖平所提倡的孔教是对董仲舒思想的传承与推广，基本上是由整合传统经学争论而后萃取义理，并不排斥儒学内部明显的神秘主义成分，而马一浮则消除宋明理学各家的理论隔阂，由义理入手探究群经大义，在对待宗教问题时所采取的态度与章太炎相同，反对因果报应式的宗教迷信。再次，不同类型的孔教论者最后不约而同将自身理论的可操作性归结于"天人合一"，以此作为儒家思想的优越性，这是我们今天研究儒学宗教性这一问题时必须深入思考的问题之一。

### 三　儒家判教理论的学术影响

近现代孔教理论和判教理论对现代新儒家产生了重大的影响。除了叶德辉一派的孔教反对引入西方学术概念以及科学方法，要求用划界的方式来维护经典诠释的正统性外，其余孔教论者和判教理论都非常关注西方近现代的学术成就。值得注意的是，近现代儒家内部提倡孔教论和判教理论的先驱，所依据的仍然是儒家经典，他们的所有理论构建都是对经典体系的展开，经典体系是纲领，他们的阐述发挥是条目。然而社会制度的进步摧毁了作为专制统治附庸的儒家礼乐制度，传统的解经体系已经彻底被抛弃，力图恢复已经成为空想，准备重建只能在现有的为世人所公认的学术体系中寻求解经资源，其中最为重要的是思想方法上的资源。马一浮在"六艺"之教的框架内直接运用佛家的判教理论，开启了时代风气。海外新儒家继续大规模运用最新佛学研究成果以丰富自身的理论构建，尤其是以吕澂为首的支那内学院在辨别伪经方面所作的贡献，《大乘起信论》为中土人士所造这一结论的出现，直接为现代新儒家的理论体系注入新的活力，"真常圆觉"被视作中国哲学尤其是儒家哲学优于西方哲学的地方，圆教这一概念已经从中国宗派佛教内部提升出来，成为中国最精妙思维的代称，并且为海外新儒家论衡西方哲学、重建儒家哲学体系奠定了强有力的基础。

从儒学发展的内在理路来看，马一浮的圆教思想直接影响牟宗三及其后学，主要体现在他直接提出自己所延续的儒学是儒教而且是圆教，而且能够与西方终极关怀的宗教理论相媲美。马一浮曾经讲过："佛氏之教，有小大偏圆。中土圣人六艺之教，唯大无小，唯圆无偏。教相本大，机则有小。"① 可以看出，马一浮借用了佛家"世尊以一音声说法"的理论来阐发儒家的体用论。"六艺"之教的体用相皆大而无外，能够观机设教，显现出各种层次和境界。贯穿这种"圆教"的是生生不息的天道，亦即儒家所认可的仁。牟宗三接着马一浮的思路，从事、理两个层面来揭示儒教的宗教性，认为："自事方面看，儒教不是普通所谓宗教，因为它不具备普通宗教的仪式。它将宗教仪式转化为日常生活轨道中之礼乐。但自理方面看，它有高度的宗教性，而且是极圆成的宗教精神，它是全部以道德意识到的事件贯注于其中的宗教意识宗教精神，因为它的中心落在如何体现天道上"，② 事上的礼乐制度寄身于生活日用之间，显示的圣人之教的用；理上的道德意识则与天道相通，体认的是圣人之教的体。体用不二，正是"天人合一"。作为圣人之教在事的层面的表现，儒家的祭祀也体现了极圆成的宗教精神。

在海外新儒家看来，一般地从典章制度、伦理规范、社会组织方面研究儒家理论虽然不无道理，但是不足以发明儒家的全副意蕴，儒家的祭祀活动不仅有实用的教化的意义，而且富含深刻的宗教理趣。刘述先认为，应当从纯哲学的观点出发，依据儒家的内在义理结构，从儒学传统厘清儒家宗教哲学的终极关怀和对超越存在的体验。孔子奠定儒家宗教哲学的基调，即肯定人的生命意义，孟子主张性善和"大"、"小"诸论是孔子思想的明朗化，在超越小我、实现大我的过程中体现超越的天道的意义，当然这里所说的"我"是"为己"之"我"。儒家的宗教理论有别于西方传统中的宗教形态，能够将个体有限的生命体验与宇宙鸿蒙的创造力相沟通，从道德实践和教化活动来使人们克服私欲，恢复内心本来具有的良知与明德，即能够无愧于天地鬼神，当下实现其对生命意义的体认。因为儒学传统所讲的人文精神与超越存在并不分离，所以并不需要另外成立西方式的教会组织来沟通世俗与神圣。儒家的祭祀活动本来就是礼乐制度的一

---

① 刘梦溪主编：《中国现代学术经典·马一浮卷》，河北教育出版社1996年版，第410页。

② 牟宗三：《中国哲学的特质》，上海古籍出版社1997年版，第103页。

部分，人们只需在现实生活中恪守伦常职分、提高道德情趣，就能够体证天理、实现自己应有的宗教超越。尽管儒家没有类似于基督教的教会组织，但它却能在现实生活中体现人的神圣价值——由祭祀活动展开对个人的存在方式、个人与社会、人与自然、人与天之间关系的思索，最终揭示人的神圣性。杜维明将理论重心放在人上，以此作为儒家宗教哲学的异彩，认为："人在这个世界中，又不属于这个世界。他把凡俗的世界当作神圣的，这正是因为他将神圣的价值在凡俗的世界中来体现，体现神圣的这个凡俗不是凡俗和神圣决然二分的凡俗，而体现于凡俗的这个神圣也绝不是脱离凡俗而外在超越的理念，而是内在于凡俗世界的可能性。"[①] 沟通一切世俗和神圣的纽带就是在人伦日用当中体认天理，回到儒家宗教哲学中的"天人合一"。

总体来讲，儒家内部的儒教部分和反宗教部分共同担当传播儒学的历史使命，不能因为传承经典文本的特点、缺乏西方宗教组织以及不离于人伦生活日用，而否认儒教的宗教性，甚至忽视儒教的存在。同时应当注意区分有神论的儒教与超越存在的义理儒教，二者的不同之处在于：（1）有神论的儒教神化孔子以及儒家经典，历史上"黑帝之精"以及谶纬图书之说都属于这个范畴（而廖平、康有为所延续的正是这个传统），他们认为圣人和经典的神秘性就在于能够通达天地变化，无所不包；（2）超越存在的义理儒教从现实生活导向超越存在，从人伦日用以及文化方面来宣扬儒教理论，自觉地应对西方基督教文化的渗透（叶德辉的论述属于这个层面），同时阐发儒家在沟通天人方面的独到之处，以道德完善的世俗生活作为宗教祈向，即凡即圣，在体验主体的存在状态中完善对天道的认识。两种儒教都自觉地将"天人合一"设置为自身的理论枢纽，当然我们所说的仅仅是指"天人合一"这个命题在儒教内部的直觉神秘主义的解释而不是其他涵义。

## 第二节　儒家与基督教在乡村建设
## 理论方面的角逐

文明的冲突是事实。从近代以来的社会现状来看，基督教占据了中国

---

① 杜维明：《东亚价值与多元现代性》，中国社会科学出版社 2001 年版，第 41—42 页。

乡村的广大领地，与许多民间信仰和特殊组织融合，成为一股不容忽视的势力。儒家伦理很难对乡村起到应有的干预作用。在乡村社会中，儒家无法战胜基督教，这已经是历史问题。儒家必须对此有着清醒的认识。乡村是中国社会的重要组成部分。农民占据全国人口的大多数，农业生产是最为根基的生产部门。儒家文化产生于农业社会，对农民的生活态度产生了深远的影响。单纯地研究基督教在乡村社会的现状，不足以剖析问题的症结，因而必须以近代以来的"乡村破坏"与儒家的"乡村建设"作为出发点，对儒家与基督教在乡村的竞争展开分析，从而寻求能够妥善处理文明冲突的有效方法。

### 一　儒家与基督教都进行了乡村建设

旧中国的最大问题是乡村问题。在乡村建设方面，儒家与基督教都开展了理论探索和实践活动。20 世纪上半叶，"乡村建设"是一个时髦用语。各种思想流派都对此有着不同程度的研究，组建了许多学会，出版了一系列的杂志，建言献策，力求改变中国乡村的贫穷落后的面貌。基督教试图以乡村建设作为打开中国内地市场的基本途径，进而完成对中国的"基督教化"；儒家面对这种严峻的情势，自觉地展开自救运动，试图改善乡村的生存环境，重新构建礼俗，对基督教进行全面的抵制。

近代以来，中国问题的根源在于"乡村破坏"。梁漱溟主张"乡村建设"，目的在于遏制"乡村破坏"，挽救危亡。在他看来，"乡村建设"并非空穴来风，而有其深层次的原因，那就是"因为近几十年来的乡村破坏，中国文化不得不有一大转变，而有今日的乡村建设运动"。[①] 梁漱溟在《乡村建设理论提纲》中对乡村建设运动的根由进行分析，认为当时力行的乡村建设运动其实是救济乡村运动，因为当时的乡村已经遭到空前的破坏。对比研究各种破坏力量，其中最重要的有三股，即政治、经济和文化三方面的破坏，这三个方面交互作用，加剧了"乡村破坏"的惨状。梁漱溟分析的"乡村破坏"其实是当时农村情况的真实写照。

既然要救济乡村，那么必然无法回避经济、文化与政治等层面存在的严重问题。中国乡村的破坏不仅是理论问题，更是实际问题。当帝国主义

---

① 梁漱溟：《乡村建设大意》，《梁漱溟全集》第 1 卷，山东人民出版社 1989 年版，第 611 页。

通过军事侵略、经济扩张与宗教渗透等途径对不发达民族及地区进行奴役时，民族自救成为当务之急。梁漱溟身处这个紧要的历史关口，极力寻求振兴中华民族的道路。在宣讲救国救民的方案之前，应该对这个"老大帝国"的顽疾进行一番诊断。在梁漱溟看来，落后的中国之所以无法抵制列强的入侵，其中最重要的原因是传统的社会组织无法有效地防御外来势力的破坏，以至于分崩离析，破败不堪。与阶级斗争的理念有所不同，梁漱溟从构建新的社会组织入手，试图对旧中国进行全面的改造。改造的方式依旧是温和的改良，而不是细分国内、国际的诸多矛盾而采取相应的革命手段。这种社会观念与当时的情况很难发生深层次的契合，仅仅是小修小补，而不是改弦更张，推倒重来。这是一切改良主义的痼疾。梁漱溟的乡村建设理论也不例外。

从理论演变的过程来看，"乡村建设"是对"东西文化及其哲学"研究工作的进一步发展，"中国文化的根"可以从"有形的"和"无形的"两个层面加以理解，前者是指乡村，后者是指中国人讲的老道理。面对内忧外患，中国文化必须有一个大的转变，才能获得生机。只有从旧的文化中开出新的文化，中国问题才能得到解决。梁漱溟的努力就在于"要从旧文化里转变出一个新文化来。'转变'二字，便说明了将来的新文化：一面表示新的东西；一面又表示是从旧东西里转变出来的。换句话说，他既不是原来的旧东西，也不是纯粹另一个新东西，他是从旧东西里面转变出来的新东西"。[①] 也就是说，必须将中国旧有的文化转变为新文化，才能实现拯救乡村的目的。在梁漱溟看来，文化是"那一个民族生活的样法"，中国文化就是本民族的生活样法。中国近百年来的最大问题就是本民族的文化濒临根斩株绝的边缘，生存环境岌岌可危。

虽然乡村建设理论并没有取得非常显著的成效，但是它在很大程度上揭示了旧中国特有的问题。这一点集中体现在梁漱溟对乡村建设这一社会改造运动的理解上。首先必须指出的是乡村建设理论是排斥阶级斗争学说的。然而正是忽略了当时中国社会的阶级斗争问题，才导致乡村建设运动很难全面推广。毛泽东同志指出："经济落后之半殖民地革命最大的对象是乡村宗法封建阶级（地主阶级）。经济落后之半殖民地，外而帝国主

---

① 梁漱溟：《乡村建设大意》，《梁漱溟全集》第 1 卷，山东人民出版社 1989 年版，第619 页。

义，内而统治阶级。对于其地压迫榨取的对象主要是农民，求所以实现其压迫与榨取，则完全依靠那封建地主阶级给他们以死力的拥护，否则无法行其压榨。"① 旧中国的痼疾就是无法妥善地处理农民问题。无产阶级力量非常薄弱，缺乏系统的革命教育，与农民有着割舍不断的关系。这是旧中国社会结构的特殊性。但是这种特殊性远非传统的"四民"结构所能解释的。简单的职业分途无法概括当时的复杂情况。从"四民"向阶级意识的过渡，必须有自觉的充分的理论铺垫，否则无法推动社会改造的进程。梁漱溟将旧中国的社会动荡视为"文化"问题，认为乡村建设的核心内容就是创造新型的文化，从而拯救旧中国的乡村社会。这就是乡村建设的实质。在他看来，乡村建设包含两个层面的意思，一是救济乡村，二是创造新文化，二者缺一不可。

这里所说的"创造新文化"不是简单地提出新问题、构建新组织，而是对旧中国的风俗习惯、文化观念进行全面而又系统的改进：那些符合五四以来新文化要求的成分被继承下来，那些陈规陋俗则被革除干净。这是乡村建设理论的合理之处。经历了两千多年的磨炼，儒学已经成为帝制时代的一种意识形态，创新的内容逐渐萎缩，最终被压缩到心性的逼仄狭道中，错过了许多重要的转变时机。儒学本来是开放的理论形态，却在帝制时代的扭曲过程中逐渐变得故步自封，沦落为排斥新生事物的帮凶。这是任何开明人士都不愿意看到的怪现状。内外交困，江河日下，一片萧索凄凉，这个多灾多难的民族依然不断寻求自我解放的良方。此时基督教乘虚而入，试图开发旧中国这块庞大的市场。基督教的渗透与列强的入侵互为表里，搭建了前所未有的密切配合的关系。

旧中国的乡村是传统美德与习惯势力的混合体。传统美德无须多言，习惯势力的恶劣之处严重阻碍了社会进步。宗族势力的过于强大，父权、夫权也在很大程度上扼杀了社会成员的幸福。此外，当时的各种民间信仰也呈现非常强烈的迷信色彩，对民众的精神世界与现实生活造成相当程度的干扰与误导。这些落后的因素必须用技术与科学加以消除。旧中国的农村经济在很大程度上属于靠天吃饭的情况。这样的落后现状令梁漱溟感到非常悲切。从理想层面来讲，儒家思想应该在乡村有着牢固的根基，不仅能够维系最基本的人伦，而且有利于开启民智。然而旧中国的乡村在很大

---

① 毛泽东：《毛泽东文集》第 1 卷，人民出版社 1993 年版，第 37 页。

程度上是落后、愚昧与专制的代名词。淳朴的民风与恶劣的生存环境、懒散的生活方式、麻木不仁的生活态度混杂在一起，很难接受新生事物。

　　梁漱溟的乡村建设运动对基督教的渗透起到了遏制作用。从旧中国的社会结构来看，基督教的传播在一定程度上推动了教育、文化、科学、技术等方面的进步，但这些进步内容却服务于意识形态层面的渗透或者说是外来势力的侵略。外来力量的入侵至少表现为三种基本形式：（1）以坚船利炮作为象征的军事入侵，这从肉体上对中国民族构成戕害，使得旧中国丧失了大量的领土与主权；（2）以不平等的商品贸易作为进一步控制落后国家和地区的手段，迫使它们加入业已形成的资本主义世界体系，服从发达国家的压榨与宰割；（3）以宗教组织作为文化殖民的利器，极力扩张基督教的势力范围，对许多异质文化造成严重打击甚至是毁灭性的破坏。这三种侵略方式互相交织，致使旧中国的社会状况不断恶化。以农业生产为主的旧中国的乡村社会很难抵御自然灾害的袭击。每当遭遇自然灾害，农民手足无措，除了等待官府赈济之外，就是祈求各种神灵的庇佑。当然，这只是精神安慰，没有实质性的效果。自然科学落后是阻碍乡村经济发展的绊脚石。基督教以自然科学方面的最新成果作为传教的先行军，逐步开拓旧中国乡村的市场。很多神职人员清楚地认识到，只有将自然科学方面的成果包装为传播"福音"的工具。举例来说，基督教在旧中国传播时，将自然灾害解释为邪神作祟，将改善农民生存条件的手段描述为上帝的恩惠，西方先进的技术在很大程度上能够克服旧中国乡村的许多问题，尤其在农业生产和医疗卫生方面取得显著的成绩。这给很多农民带来实际好处，有利于基督教的迅速传播。近代以来，儒家过于强调从国家层面对整个社会进行改造，忽略了如何将西方的先进技术向乡村推广，以期改善农民的生存状态。乡村社会依然处于排斥新生事物的蒙昧状态。与基督教神职人员善于传播技术与科学相比，儒家在改造旧中国方面有着明显的不足。儒家应该做的不是扬长避短，而是取长补短。只有虚心地学习西方的优秀文化，对其进行全面的理解与把握，才能发现自身的缺陷，切实发展技术与科学，并将发展成果转化为改善乡村社会状况的基本手段，这样才能从根本上遏制"乡村破坏"的不良势头。

　　如果重新回顾梁漱溟所谓的"三路向"，就会发现此时需要的并不是儒家的"持中"，而是西方文化的"向前"。这里所说的"向前"不是单纯的经济建设，而是从整体上学习西方文化，实现中西文化的全面交融与互动。乡村建设只是学习西方文化的一个起点，而不是最终目的。儒家应该在资本主义全球化时代保持刚毅的姿态，抛弃封闭的念头，主动迎接来自各方面的挑战，逐渐改变防御战的劣势，创造性地吸收西方文化的优点，为综合创新提供动力与素材。这不是三四代学者所能完成的历史任务，而是需要更多的有识之士为之努力奋斗的伟大事业。梁漱溟以"文化"指代社会生活的整体结构，以创造新文化作为解决根本问题的途径。然而直接从整体层面解决旧中国的社会问题是不大现实的，必须寻找一个实际的突破口，对各种问题进行逐级解决。不同的政治派别解决问题的先后次序相去甚远。梁漱溟的乡村建设理论别树一帜，构成了民族自救的重要内容。

## 二　"新礼俗"与基督教化人生的比较

从历史语境来看，梁漱溟的乡村建设理论是对五四新文化运动的反动。当新文化运动的旗手们高举"民主"、"科学"的旗帜时，梁漱溟非常冷静地指出：中国根本无法走上民主道路。旧中国的政治制度必须发生根本性的革命，这是毋庸置疑的，"因为政治制度是决定国家权力之如何运行与使用的；国家权力用得对，则国自会好。大约前期的民族自救运动，都是着眼在此，要废除数千年相沿的政治制度，而确立一种新政治制度，以此为救国之根本方策"。① 既然要对原有的政治制度进行彻底变革，那么中国是否就要走欧洲近代民主政治的道路呢？梁漱溟的答案是否定的。

与同时代许多学者一样，梁漱溟重点发掘"民主"隐含的"民治"精神。在他看来，作为一种世界化的政治潮流，"民治（Democracy）"的优点不容忽视：一是具有明显的合理性，那就是将公共事务与个人自由协调起来，同时保障了公民权与个人的自由权；二是巧妙地对国家权力进行安排，落实所谓"三权分立"，防止出现政府作恶的现象。这两个方面就是梁漱溟所谓的欧洲近代民主政治的"合理"与"巧妙"。但是这种政治制度根本解决不了旧中国的问题：一来欧洲近代民主政治的传统与中国文化的精神大相径庭，这在"三路向"学说那里有着明确的解释；二来从辛亥革命到国民党专政的历史进程已经证明了欧洲近代民主政治不能扎根

---

① 梁漱溟：《梁漱溟全集》第 5 卷，山东人民出版社 1992 年版，第 133 页。

于中国的特殊国情，不仅无法促进政治制度的实质性变革，反而诱发了更多的社会动荡。

乡村建设是一场特殊的革命，革命对象不是一定的人群，而是旧有的礼俗。旧礼俗被革除之后，新礼俗才能挺立起来。新礼俗不等于民主，但它吸取了民主的合理成分。民主是个好东西，但它不适用于旧中国的社会状况。从实践层面上讲，与其嫁接欧洲近代民主政治，不如延续中国文化的优秀传统，推陈出新，构建适合中国国情的政治制度。质言之，就是革除旧礼俗，创建"新礼俗"。这种"新礼俗"将民主政治的合理因素纳入自身的体系内，使其与中国文化的优秀传统相结合。梁漱溟称之为"革命"。与一般政治家论述的"革命"有所不同，梁漱溟认为"新礼俗"的革命性并不表现将一部分社会成员视为革命对象，而是将旧有的政治秩序看成革命对象，也就是说，"从旧秩序——君主专制政治，个人本位的经济，根本改造成一全新秩序——民主政治，社会本位的经济，不说他是革命更是什么？"[①] 这种以"旧秩序"作为革命对象的社会运动与国家主义有着很大的相似性。不过，儒家的天下观念在梁漱溟那里占据着相当重要的位置。与传统的话语方式有所不同，"天下"的名称被"社会"取代，原先的治国平天下就变成由国家向社会的推进。这种处理方式不过是"新瓶装旧酒"，依然是儒家的思维定式。

中国人的调和态度对基督教的一神论构成了巨大的危害。传教士出于对基督教义与信仰的执著，非常厌恶中国人缺乏宗教虔诚与敬畏感，"也抱怨中国人对各种形式的诸说混合论表现出了强烈兴趣。这是由于中国人确实觉得一切都可以被调和，真理是一种约估的事情，试图从各个不同方面达到真谛并接受能够在各种教理发现的精华之启发是最大裨益的。事实上，达到真谛的办法无关紧要"。[②] 这种善于调和不同宗教与文化的态度，对一神论的宗教无疑是一种理论根基层面的否定。天启宗教具有非常强的排他性，尤其排斥任何形式的渎神活动。以儒家思想为主导的旧中国，到处充斥着多神信仰，不同体系的宗教观念被糅杂在一起，形成一套具有中国特色的神祇体系。这一点在明代以降的民间信仰中表现得尤为突出。一

---

① 梁漱溟：《梁漱溟全集》第 5 卷，山东人民出版社 1992 年版，第 220 页。

② 谢和耐：《中国与基督教——中国与欧洲文化之比较》，上海古籍出版社 1991 年版，第95 页。

些神话、志怪小说最能反映这一特色。不仅民间社会对天启宗教有着非常粗浅的认识，就连帝国官员也将基督教视为与白莲教、无为教、奶奶教等民间信仰属于同等性质的"邪教"。基督教被视为"邪教"，根据在于它与儒家的礼教有着本质上的不同。儒家与基督教根本无法实现深层次的会通。这是毋庸置疑的事实。任何会通儒耶的做法仅仅是概念层面的比附，而没有实质性的突破。

基督教深入旧中国的乡村社会以后，发现了很多问题，也试图改变"旧礼俗"。基督教在旧中国传播的过程中面临过性别问题。与当前女性信徒偏多的情况不同，旧中国的女性很难自由地加入教会组织。此外，旧中国的许多陋习，例如纳妾、童养媳等，也阻碍了基督教的普及。男女混杂在一起参加崇拜仪式，一度被乡绅视为有伤风化的邪僻之举，遭到了强烈的抵制。再来考察旧礼俗的弊端，旧中国的乡村社会对婚丧嫁娶非常重视，红白喜事的花费占去家庭收入的很大一部分，致使许多农民家庭陷于负债的境地。这些社会现象都是大家族观念作用的结果。基督教试图革除这些不良的旧习俗，为传播福音扫清道路。

进一步对传教士的文化交流活动进行分析，不难发现一切在客观层面改进旧中国社会状况的手段都服务于基督教信仰，尽最大可能地实现宗教教育的目的，大致说来，"宗教教育的目的，就是：帮助个人在他的改造与适应环境的经验中，对于基督教的主义和方法，能够彻底了解，并且能有钦慕否认心和实行的志愿，以实现基督化的人生与基督化的世界"。[①]在塑造基督徒的人格的过程中，必须注意以下几个方面的问题：在儿童和青年时代进行基督徒人格培养，善于营造适合基督徒人格发展的环境，在注重儿童兴趣与理想的前提下进行必要的价值观引导，融通理想与现实。基督教对旧中国的全面改造计划并没有来得及实施，就被中国人民从此站立起来了的伟大觉醒替代。与其沦为基督教信仰的奴仆，倒不如中华民族自觉地进行全面革新，完成现代意义上的建国运动。

大致说来，儒家必须将自身理论限定在修身养性的范围之内，逐次在社会科学与自然科学的领地吸纳西方文化的优良成分。借用中国传统文化所谓内外的区别，西洋文化属于偏外的特例，中国文化属于偏内的情况，偏内的最大弊端在于忽略方法论的构建，因而无法产生完整意义上的科

---

① 谢颂羔编译：《基督教化人生的研究》，上海广学会 1928 年版，第 43 页。

学。科学不是具体的坚船利炮，而是一套完整的思维方式与方法论。近代西方社会产生了先进的自然科学与社会科学，将原本早熟的中国文化远远地抛在了后面。在西方文化史上，科学脱胎于宗教的母体，对宗教进行了全方位的超越，而宗教也不断借助最新的科学技术成果，扩大自身在全世界的影响力与控制力。儒家对此也无能为力。张东荪清楚地看到了儒家与西方文化的根本差异与明显差距，于是阐明自己的缩小中国道统作用范围的文化主张，指出：

> 我以为中国关于内心修养一方面已经有了，只须去其流弊而发挥光大就行了。而向外的方面却须大为推进。须知我此主张并不同于中学为体西学为用。所谓西学为用是把西学当作一套技术知识，我则仍把西方文化认为整个儿的理智性的文化。我们中国必须把这个理智的文化接收过来，只限于在个人心安理得的做人方面适用孔孟之道而已。①

很明显，张东荪反对所谓"中学为体，西学为用"的文化观念，主张对西方文化进行全面的理解和准确的把握。片面地强调中国文化在道德领域的优先性，无异于继续编造脱离实际情况的谎言。这些谎言根本无法解释日益严峻的现实压力。西方文化也有它的"道统"，民主与科学就是它的结果。

新文化运动以来，许多人将民主与科学抬到至高无上的地位，对二者持以迷信的态度，似乎任何问题都可以用民主与科学加以解决。在很大程度上，民主与科学成为集体无意识的写照。尽管有这么多的知识分子在鼓吹民主与科学，但是很少有人能够真正理解二者的内涵，更多的只是口号式的宣传。这是中国知识分子的天真、可爱与无奈的反映。知识分子必须积极参与社会生活，必须对自身以外的生产活动有着真切的体验，体察民间疾苦，去除自身的酸腐之气，才能推动理论实践的展开。否则，只能一味地扮演传话筒与翻译者，无法跨出具有决定意义的改变世界的步伐。

---

① 张东荪：《思想与社会》，辽宁教育出版社 1998 年版，第 231—232 页。

### 三　领导者不同

历史的辩证法有其主体，乡村建设的参与者是农民，引导力量是所谓"士人"。基督教在旧中国推进乡村建设，主要依靠传教士的不懈努力。梁漱溟企图通过士人的积极作用，协调民众与统治者之间的关系，缓和社会矛盾，使得整个旧中国从支离破碎的"乡村破坏"状态转变为整齐有序的建国运动。中国的民族自觉从乡村建设开始，乡村建设从士人与农民的结合开始。士人从书斋走向乡村，坚守自己的道德使命感，将拯救苍生的慷慨心愿转化为社会实践，在实践过程中促进中国的民族振兴。传教士凭借自己掌握的社会财富、科学技术、宗教理论，对广大农民进行观念世界的改造，极力将旧中国转化为基督教的势力范围。对比儒家与基督教的初衷，就不难发现这两股社会力量都在争取旧中国的农民，都企图在乡村社会中发展自己的力量。

旧中国的特殊环境造就了士人的品质。士人在很大程度上拥有独立性，在统治者与民众之间构成一个缓冲地带，以自身的社会影响力对统治策略进行调整，对广大民众进行价值观念、生活习惯等方面的引导，防止出现大规模的政治波动。这种社会治理思路其实是一种静态的社会观念的展现。士人来自民众，对民间疾苦有着深刻的体会，以天下苍生为念，有着很大的气魄；士人又以仕途为晋升的途径，对权力有着浓厚的兴趣，汲汲于功名利禄。在有些学者看来，"士大夫实在是中国文化的轴心，他的责任是致君泽民，上说下教。他一方面是政府的监督，而以尽力于人伦教化为其职志"。① 当君主与民众发生利益冲突时，士人便发挥协调作用。正如梁漱溟所说的那样："一面常提醒规谏君主，要他约束自己，薄赋敛，少兴作，而偃武修文；一面常教训老百姓要忠孝和睦，各尽其分，而永不造反。如是，就适合了双方的需要而缓和了他们的冲突。不然的话，君主发威，老百姓固然受不了；老百姓揭竿而起，造反也很容易。"② 以史为鉴，通晓兴衰。士人在传统社会中发挥的积极作用不容忽视。然而随着生产力大变革对旧有秩序的冲击，原先的身份划分标准也丧失了合

---

① 罗庸：《鸭池十讲》，辽宁教育出版社 1997 年版，第 24 页。
② 梁漱溟：《乡村建设理论》，《梁漱溟全集》第 2 卷，山东人民出版社 1989 年版，第187 页。

法性。

综观儒家的乡村建设运动，不难发现士人在理想层面上扮演着重新打造完整的社会结构这一特殊角色。这一特殊角色其实是综合者的角色。在政治思想史上，综合者往往是一个身份尴尬的处于上下挤压的社会阶层，借用曼海姆的说法，士人应当属于那种亲身体验到"上面和下面的双重威胁"的社会成员，"它们出自社会的必然性，寻求一条中间的出路。但这种对妥协的追求从一开始便呈现出静态与动态两种形式。综合者与之密切联系的集团的社会地位在很大程度上决定着这两种中应该强调哪一种"。① 梁漱溟进行的乡村建设运动属于静态的社会变革，实质内容是凭借知识分子的实践活动，激起乡村社会的自我拯救意识，改变原有的社会组织结构，从而扭转中国民族濒临灭亡的局面，完成民主建国的历史任务。

梁漱溟推行的乡村建设运动，以儒家思想为指导，以士人或者说是自觉认同儒家思想的知识分子作为先驱力量，力图从文化层面对旧中国的诸多弊病进行全面的变革。这区别于民粹主义者的摇摆性。在儒家看来，民粹主义美化农民的欲求与思想，不过是"乡愿"的行径罢了。士人在旧中国享有"四民之首"的地位，担当着教化民众的职责，而农民则属于被教化的对象。这在儒家看来是天经地义的事情。民粹主义很容易煽动民变，但又不注意构建新的社会秩序，破坏有余，建设不足，对社会财富造成相当大的浪费。

基督教在旧中国进行的乡村建设运动以宗教领袖作为先锋人物，凭借神职人员对社会各个角落的渗透，逐步改变乡村民众的观念，实现中国民族的"基督教化"。当时的基督教人士试图凭借"平民教育"彻底消除儒家士人对社会的影响力，他们以极具煽动性的语言传播这样的观念，"中国人以读书为专业事业，士、农、工、商，惟士可以读书，即现在居于智识阶级之人，亦常作此想，此种观念不除，平民教育难望进行；破除此种观念，惟有制造读书空气，使人人知有读书之权利与可能，此平民教育运动所由起也"。② 这种观念不过是不切合历史事实的揣测，或者说是虚构出一个打击对象来转移矛盾焦点。在中国传统中，儒家最能体现"有教

---

① 卡尔·曼海姆：《意识形态与乌托邦》，商务印书馆2000年版，第157页。
② 晏阳初：《晏阳初全集》第1卷，湖南教育出版社1989年版，第75页。

无类"的精神，孔门弟子之中多有平民，汉代儒家耕读并行，即便岩处穴居，也要在山野之中保存经义。泰州学派更是注重平民教育，彻底打破了"四民不相兼"的藩篱，极大地激发了当时的庶民热情。明清以来，各种乡约村塾的出现，更为平民教育开辟了一条具有传统色彩的道路。基督教的"平民教育"之所以又树起"四民不相兼"的靶子，目的在于取消儒家对平民阶层的影响，取代儒家在旧中国的地位。

基督教在完成自己的传教使命之前，必须对中国文化进行全面的清除。大致可以分为三步：首先试图会通儒家思想与基督教信仰，扭曲儒家的固有精神，试图将其纳入天启宗教的体系；接着以基督教的伦理道德指引中国人的日常生活，将教会的势力渗透到社会的各个角落；然后将伦理道德层面的改造运动推及政治生活领域，最终改变中国的政治制度。

基督教的宗教领袖积极策划"平民教育运动"，以平民的基本教育作为有效途径，打破传统社会的"四民"分野，借以消除儒家的社会影响。近代以来，国事日蹇，民生日艰，整个社会处于风雨飘摇之中，民众连生存的权利都无从保障，何谈受教育的权利。旧中国出现民众教育缺失的情况，其实是内忧外患的写照与缩影。基督教以此作为契机，大举推行所谓"平民教育"，有步骤、分阶段地争取广大平民：所谓"平民教育"其实是扫除文盲的基本教育，而不是职业教育，"关于职业教育，平民教育虽应尽相当辅助责任，然无必须包办之理"。① 这基本教育是所有类型乡村建设运动都关注的内容，并不是基督教的专利。当基本教育达到一定程度之后，平民具备了阅读和学习书本知识的基础，就能逐渐理解传教士的讲解，也就顺理成章地成为基督徒。可以说，以扫除文盲为外部特征的"平民教育"只是传播基督教的前期铺垫。这种特殊的颇具曲折性的传教方式有相当大的优势：一来可以赢得平民的情感认同，减少抵触情绪；二来可以打造出一支具有较高文化水平的信徒队伍，以此作为后备力量，最终达到"同化"的目的。梁漱溟对晏阳初和他设计的"平民教育"有着自己的看法，认为晏阳初缺乏"哲学的头脑"，只是一个基督教的"识字运动家"。从对旧中国乡村、平民教育和乡村建设的态度来看，晏阳初断定中国农民有四大缺憾，那就是所谓"贫愚弱私"，而"我认为真实的问题是'贫而越来越贫'的问题，就是说中国社会在那个时候是个向下沉

---

① 晏阳初：《晏阳初全集》第 1 卷，湖南教育出版社 1989 年版，第 73—74 页。

沦的问题，向下沉沦，走下坡路，一定要把中国广大社会从走下坡路转为走上坡路才行，可是晏先生他却缺乏这种看法"。① 这也从反面证明了梁漱溟推行的乡村建设运动是扎根于中国文化的自救运动。

　　基督教在中国推行乡村建设的过程中不可避免地介入政治生活。从公开的政治活动到秘密的非法活动，都能看到基督教的影子。因而如何处理教会与中国人观念中的国家之间的关系成为一个难题。从基督教发展史来看，信徒与国家社会的关系也发生过微妙的变化：从起初反抗罗马统治者的暴政，经历贵族向教会组织的渗透，再到民族国家的兴起，耶稣的教诲被改造得面目全非。作为暴力机器的国家成为基督教认可的存在物，"凡国家社会合法的制度都是上帝美好的工作；基督徒从政，私法，照宪法及现行有效的法律治理政事，按律科罪，开正义之战，从军，订合法的契约合同，置产，官府吩咐起誓，以及嫁娶等，均无不可行"。② 基督教大举进入乡村社会以后，与各种民间信仰、反动会道门和历史遗留问题相结合，引发了许多社会矛盾。

　　乡村建设的引导者是接受现代教育同时又秉承传统士人精神的知识分子。然而具备这种担当意识的知识分子已是凤毛麟角，无从寻觅。现代社会的知识分子已丧失传统社会中"士"的价值观念与社会功用，在很大程度上变成以知识过活的职业群体。如果有人希望通过知识分子的"良知"来改变现状，那么就必须先对知识分子进行一番全面的改造。改造知识分子的最直接方式就是具体的社会劳动，就像孔子做过管理牛羊的小官、汉儒耕读持家、方以智卖药、顾炎武经营商业一样：只有真正地深入民间，与广大民众同呼吸、共命运，才能创造出优秀的理论成果。从这一点来讲，五四运动不过是开了一个头，颠覆了旧有的价值观念与信仰体系，引进了西方的学术思想与政治潮流，但是还有更多的建设性工作等着后人去完成。早一日完成，早一点受益。旧邦惟新，日新又新。

### 四　基督教在华传播加剧了"乡村破坏"

　　在旧中国特有的社会情势下，基督教非常注重树立宗教信仰的权威，

---

　　① 艾恺采访，梁漱溟口述，一耽学堂整理：《这个世界会变好吗？——梁漱溟晚年口述》，东方出版中心 2006 年版，第 183 页。

　　② 马丁·路德：《马丁·路德文选》，中国社会科学出版社 2003 年版，第 58 页。

以此消除儒家思想对乡村社会的影响力。确立宗教信仰的优先地位会遭遇许多阻拦，然而当它扎根于乡村社会，就会成为难以战胜的力量。从理性的角度审查许多宗教观念，不难发现它们是一系列荒诞不经的观念组合。但是这些宗教观念却能够占据许多精英的头脑。基督教在旧中国的传播正验证了这一点。

近代以来，基督教对中国的渗透活动激化了许多社会矛盾。一些无赖流氓加入教会组织，在神职人员的庇护下胡作非为，成为臭名昭著的"教民"。教会组织背后是西方资本主义的坚船利炮与巨额财富，而"教民"则依靠教会组织谋求自己的私利。每当"教民"与不信教的民众发生冲突时，神职人员就极力偏袒"教民"，致使不信教的民众遭受屈辱。这样一来，旧中国的乡村社会就逐渐分裂为两部分："教民"与其他民间信仰者。二者冲突愈演愈烈，直至酿成社会动荡。必须指出的是，这些"教民"其实是假冒为善者，严重破坏了教会的形象，使得中国的教会组织沦落为邪恶的工具。

旧中国的社会秩序不容乐观，经济崩溃，科技落后，民不聊生，许多农民迫于生计压力，投向教会的怀抱，希望换取些许生存依靠。于是产生了越来越多的根本不懂基督教义的"教民"。这些"教民"缺乏最起码的文化常识，将基督教理解为具有乡土气息的民间信仰。在这些乌合之众那里，基督教的"福音"不过是一种美丽的谎言，最现实的莫过于教会对自己生活的周济，对自身特权的维护。再者，在华传教士的素质参差不齐，既有肩负神圣使命的文化使者，也有恶贯满盈的文化侵略者。神职人员的构成非常复杂，很难断然判定哪些是充满善意的，哪些是诈伪凶险的。

近代以来，西方的经济势力也将中国纳入殖民扩张的范围之中，问题变得越来越复杂。传统的天下观念已经无法有效地解释外部世界的变化，在与列强竞争的过程中，中国总是处于劣势地位。原先膨胀了的天朝上国的自大心理迅速崩溃，换之而来是集体的自卑与焦虑。一系列激进的思想变革非常注重"破旧"的必要性，但是却无法推动持久的"立新"的活动。包括知识分子在内的社会精英在很大程度上忽视了对普通社会成员，尤其是乡村社会，进行全面的知识教育与价值观引导，以至于造成底层社会的真空状态。旧的统治权威与意识形态被成功地推倒，新的替代品却无从发掘，于是各个领域出现了前所未有的混乱。这种混乱局面为基督教在华传播创造了极其有利的条件。

改变乡村社会的不良状况，需要不断地进行知识教育与思想启蒙。单纯的科学技术普及并不能起到变革灵魂的作用，还需要价值观念与信仰体系对个体进行引导。基督教之所以能够占据乡村社会的广阔天地，就在于它善于鼓动一般人的"信心"，以此作为衔接律法与爱的桥梁，从情感慰藉方面干预个体的走向。贯穿其中的是一种集体无意识。基督教将信心的大小视为与快乐、自由息息相关的力量，只有善于增强信心，人才能获得快乐与自由。这种宗教信仰的力量决定了它能够掀起触及灵魂深处的变革，摧毁异质文明的价值体系。所谓儒家基督教徒不仅在理论层面无法自圆其说，就连生活领域也不能贯通。如果牵强地将二者结合起来，那不仅违背了基督教的基本宗旨，也是对儒家伦理的背离，其结果必然是诞生出一种既不同于基督教信仰也区别于儒家学说的新型的民间信仰。这种民间信仰与中国历史上的许多会道门一样在社会底层滋生事端，随时有可能颠覆现有政权。如果学界与社会对这种可能性持以麻木的态度，那么今后的许多动乱将会成为对这种麻木态度的有力批判。当然，这种批判是负面的，将会对社会生产构成极大的破坏。

**五 "重建儒教"是一种无奈的幻想**

基督教在华传播宗教信仰彻底打破了儒家的"王化"，改变了中国社会原有的政治格局。儒家的天下观念突出地表现在推及"王化"的政治扩张过程中，周边的族群成为教化的对象。近代以来，欧洲兴起了民族国家，对其他弱小民族进行侵略。像中国这样的"老大帝国"也遭受蚕食鲸吞的惨祸，濒临所谓"亡国亡种亡教"的边缘。许多有识之士奋起抗争，通过各种方式抵御了列强的侵略，结果保住了国、保留了种，却亡了教。这个教不是基督教、佛教等宗教，而是维系中国社会基本秩序的"教化"。这种"教化"学说既可以为重建儒教提供丰富的素材，又可以成为以乡村建设为社会改造基本形式的实质内容。"亡教"是客观事实，也是历史的必然。当帝制时代的社会结构无法承受内外压力，无法保障社会成员的生存利益，日渐蜕变为阻碍生产力发展与社会进步的桎梏，那么"亡教"则是咎由自取。民众抛弃这样的"教化"，是正确的选择。

许多儒者对"亡教"的现状感到非常恐慌，于是纷纷寻求验方，企图挽救已经被历史否定了的帝制时代的"王官学"。在他们看来，"亡教"

是一场历史惨剧，必须扭转危亡的局面。为此，儒家内部出现了不同的应对方案：康有为、陈焕章等人积极效法天启宗教的运营模式，对儒家的宗教资源进行整合，试图从宗教信仰角度激发儒家的活力，从而有效地干预乡村社会；梁漱溟等人反对重建儒教，力主乡村建设，希望以所谓"新礼俗"引导乡村社会走向正轨，免遭政治、经济和文化方面的惨祸。在许多儒者看来，这两条路线交织在一起，共同担当复兴儒学的历史责任，而复兴儒学可以有多种方式，多种道路，只要能够扩充王道的力量，那么就不必过分计较彼此之间的方法差异。在很多儒家精英人物的心目中，无论是将儒教视为宗教，还是单纯地理解为教化，都是手段方面的不同，并不妨碍圣贤之学的传播。

　　从社会发展的大潮流、大方向和大趋势来看，重建儒教是一种历史性的倒退。主张重建儒教的学者看到了一些社会问题，但是他们似乎不敢面对这样一种现实，那就是，"宗教是人的本质在幻想中的实现，因为人的本质不具有真正的现实性。因此，反宗教的斗争间接地就是反对以宗教为精神抚慰的那个世界的斗争"。① 社会问题的解决必须诉诸实践，尤其是以物为纽带的人与人之间生存际遇的改善，而不是兜了一个圈子选择重建儒教作为中介，并试图以这个中介作为掩饰、化解或消除众多矛盾的基本途径。重建儒教也不由自主地陷入这样大的怪圈，不仅无法解决许多现实问题，而且很容易将自身逼到绝境，无法走出困顿。

　　儒家的历史文献，汗牛充栋，其中不乏丰富的宗教资源。这为许多旨在重建儒教的学者营造了繁荣的假象，使他们产生这样的错觉：消逝了的儒教辉煌能够在未来的近期重现。当然，这只是一种幻想，并没有太大的可能性。在儒学传统中，孔子与天地是备受尊崇的神圣对象。从德性修养来看，《毛诗》所谓"鸢飞戾天，鱼跃于渊"勾勒一幅生动的画面，让学者身临其境，充分感受天人融合的快乐。后世学者将《中庸》对孔子的赞颂视为"天渊图"，这不仅凸显了孔子"德侔天地，道冠古今"的品质，更表达了儒家的宗教诉求。在汉代儒家那里，孔子的神圣性得到全面阐发，成为与以往圣王一脉相承的"黑帝之精"。孔子的神圣性甚至超越了现实统治者，成为实至名归的"监察者"。这个"监察者"不能自己说

---

① 马克思：《〈黑格尔法哲学批判〉导言》，《马克思恩格斯文集》第 1 卷，人民出版社 2009 年版，第 3 页。

话，必须借由儒者的言论展现自己的内容。由此形成一股限制和批判王权的力量，这是儒教政治的本质。

从道德理想来看，儒家追求所谓"家→国→天下"，个体的修养构成这一推及过程的起点。就道德规范而言，儒家确立的宗法制度在中国乡村发挥着重要的作用。宗法制度其实是一种父权家长制，集中体现了家长的思想观念。从近三百年来的社会结构来看，儒家文化在乡村占据优先地位应该归功于清初儒者的理论探索与社会实践。毋庸讳言，这种社会结构是一种静态的封闭的缺乏革新的群体聚集模式，不利于整个民族的发展。近代以来中国乡村出现的问题，在很大程度上可以视为清初儒者设置的乡村公共生活规则的崩溃。经济、政治与文化等方面的严重危机都宣告了中国乡村必须改弦更张，寻求一种新的生活方式。当整个民族处于"三座大山"的压迫之下，力图以乡村建设作为救亡图存的基本方略，无异于一种美好的设想。然而其中隐含的良苦用心与致治思路却不容忽视。这正是目前研究梁漱溟的乡村建设理论的主要原因。

## 第三节　平议儒学与儒教之间的争论

尽管儒家没有天启宗教的组织结构、基本教义和运营模式，儒家却以"纲常名教"作为核心观念，开创出独具特色的宗教形式。那些否认历史上的儒学是宗教的看法，其实有意或无意忽略了儒家以宗教的神圣性对世俗生活进行干预、改造以及提升的实践。必须指出的是，否认儒家是宗教的观点其实是儒家经历现代转变所必须面对的挑战，因为这种观点背后潜藏着西方宗教观念的标准，凡是不符合这些标准的信仰体系都必然被斥责为非宗教。此外，还有一种不容忽视的价值观念，那就是借助否认儒家是宗教这一基本假设，汲取传统的儒学资源，为自身的理论发展创造诸多便利。其实这两种观念都是对历史遗留问题的回顾，与事实本身并不相符。无论如何否认儒家的宗教性，都不能毁弃经典文本、历史文献和文物古迹中保留的有关神圣性的内容。当作为国家宗教的儒家随着帝制时代的结束而崩溃时，关于儒家的真精神与真价值的反思活动却得到空前的发展，而儒家对世俗化应该持有什么样的态度，似乎成为一项有待解决的重要问题。

## 一　将儒学视为宗教

有关儒学是否是宗教的争论，与其说是对历史现象的解读，不如说是对相同学术史料的诠释。参与争论的各派面对着相同的学术史料，各抒己见，观点大相径庭。这是今天研究所谓儒教问题而无法回避的有趣问题。

历史上出现过的儒家具有强烈的宗教色彩，这对于力主儒教的学者来讲，无疑是最有利的证据。按照任继愈先生的看法，和其他宗教一样，儒家也有宗教的本质部分和外壳部分。前者是指宗教信仰所追求的人与超验世界的交流，既可以表现为人与神的关系，又可以表现为中国古代所谓"天人关系"，还出现在儒家祭祀祖先时出现的神秘体验——"感格"，这一点在《朱子语类》等著作中大量出现。后者涉及许多具体的事物：各地的文庙、祠堂构成宗教活动场所，而祭祀孔子以及崇拜祖先的全套活动也是规模各异的宗教活动。儒家赋予占卜活动以神秘意义，借以判断吉凶，告知祸福，"神"或"天"的意志蕴含于偶然性之中，而参与占卜活动的人必须怀有敬畏之心，毕竟占卜活动"为君子谋，不为小人谋"。从"天人关系"的角度来看，"天"是一个统合的观念，将自然、义理、神明、气化等特性融为一体，对作为个体的人具有震慑力，对作为群体的人类社会具有约束力，因而属于既可见又不能完全认识的神秘对象。"人"在"天"的支配下进行各种社会实践，就连社会正义也需要通过"天"来维持。社会生活中的许多关键性问题，一旦上升到"天"的高度，就超出一般人所能掌控和理解的范围，就变成一种超验性的幻想。这种幻想非常容易被整合为宗教，正如马克思、恩格斯所说的那样，"宗教从一开始就是超验性的意识，这种意识是从现实的力量中产生的"。①儒学传统中的"天人关系"，在很大程度上反映了当时的主流意识形态，充斥着东方社会独有的神秘气息。从宗教产生的社会根源来看，亚细亚生产方式为这种超验性的幻想提供了温床，农耕文明对"天"的敬畏极易被转化为对最高统治者的顶礼膜拜。从这个角度来剖析儒家的宗教性，就很容易看清以祭祀主要内容的礼制在多大程度上干预权力运行。

必须指出的是，这种建立在天人关系基础上的儒教观念其实是现实政

---

① 马克思、恩格斯：《德意志意识形态》，《马克思恩格斯文集》第 1 卷，人民出版社 2009
年版，第 587 页。

治的变相，或者说是在权力与观念之间构成一种回互关系：一方面，现实政治为儒教观念提供强力支持，维护它在神圣性和精神世界的优势；另一方面，儒家为现实政治创造合理性的依据，用道德观念和伦理准则约束社会成员，潜移默化，使得众人不敢随意僭越，进而达到以所谓"纲常名教"维护专制统治的效果。

不惟如此，任继愈先生还对儒家的宗教特征进行举例说明，认为它包括相当丰富的内容：对"天地君亲师"表示无比崇敬，自天子以至于庶人，举行不同等级的祭祀仪式。从京师到地方有着不同规格的文庙。作为中国人的宗教，儒教将封建宗法制度确立为自己的核心内容，吸收了佛教、道教的合理成分，对传统社会产生了深远的影响，"它千百年培养、锻炼出了大批忠、孝的典型，载入史册、铭于金石、祀于廊庙。儒家有时以反宗教的面孔出现，实际上用适合封建宗法制的民族形式的宗教，以更加入世的姿态把人们引入信仰主义、蒙昧主义、偶像崇拜的死胡同"。① 毋庸讳言，和其他宗教派别一样，儒家在其发展过程中出现了许多问题，存在着许多有待反思的成分。对现代研究儒家问题的学者来讲，这些问题是一笔宝贵的财富，它们有助于观念形态领域的推陈出新和理论结构的重组。

儒教的核心内容就是崇拜"天"与"祖宗"。这里所说的"天"就是《诗》、《书》、《易》所谓"上帝"。与基督教最大的不同是，儒家将"祖宗"与"天"并列崇拜。陈焕章对此有着深刻的认识，指出："孔子之教，有最特别者，则上帝与祖宗并重是也。上帝者，人之所从出也；祖宗者，亦人之所从出也。苟无上帝，则人将失其天命之性，而与下等动物齐矣。苟无祖宗，则人将为物，而不必其有人身也。"② 从基督教在华传播的历史来看，明末清初的礼仪之争其实就是"上帝与祖宗并重"的结果。这一点仍旧是基督教"本色化"必须正视的历史问题。在儒家的观念世界中，天道与人事之间的会通就是伦常。伦常是现实世界中的统治秩序的缩写。当伦常被上升为天道的内容时，人的生存境遇就颠倒成最高的准则，如果从批判宗教的角度来看，"人就是人的世界，就是国家，社会。这个国家、这个社会产生了宗教，一种颠倒的世界意识，因为它们就

---

① 任继愈：《任继愈自选集》，重庆出版社 2000 年版，第 145 页。
② 陈焕章：《孔教论》，上海孔教会 1912 年版，第 21 页。

是颠倒的世界"。①

梁漱溟对儒家是宗教这一观点表示强烈反对。在他看来，儒家根本就不是宗教，从历史的角度考察，中国从古至今一直缺乏真正意义上的宗教，尤其是儒家，自孔子以来，就注重现实人生，以非宗教的态度解决许多实际问题，最为突出的例子就是所谓"子不语怪力乱神"（《论语·论而》），这种态度左右着一般学者，使得中国文化一直处于非宗教的状态。大致说来，宗教往往以超出经验世界的感受作为特色，对人类的精神世界构成一种强大的抚慰作用。从《论语》记载的孔子的话来看，宗教关注的"怪力乱神"与儒家对现实生活的赞许相互冲突。梁漱溟指出：

> 孔家的精神全部放在照顾现实生活上，如父慈子孝，如兄友弟恭，都是眼前生活。从前读书人供奉"天地君亲师"，五者并列，"天地"与"君"、"亲"、"师"同时供奉。宗教则不能如此。宗教中的"上帝"是"全知全能"，是高于一切，不能与人并列。中国传统文化的代表——儒家，总是在现实生活中必恭必敬于眼前。宗教则必恭必敬于"上帝"。故说中国人淡于宗教，中国人远于宗教。故说中国儒家不同于其它宗教。②

同样是对"天地君亲师"的崇拜，任继愈先生将其视为儒家是宗教的证据，梁漱溟却将其解释为儒家关注现实生活、反对宗教的佐证。不过，儒家将天地视为与人同等尊贵的存在物，无论"君"、"亲"还是"师"都不过是人的特殊表现形式。与天启宗教将上帝奉为"全知全能者"相比，儒家则难逃渎神的嫌疑。就人神关系而言，儒家充分发掘了人文精神，以世俗生活的不断完善作为蕲向，不赞同将世俗与神圣对立起来。这种价值取向造就了儒家的基本品质。

当我们考察梁漱溟对儒家所做的非宗教化处理时，不难发现这种处理方式至少存在着两个方面的问题：一是梁漱溟早年对儒学的了解，在很大程度上受到了以王心斋代表人物的泰州学派的影响。这些心学观念与他自

---

① 马克思：《〈黑格尔法哲学批判〉导言》，《马克思恩格斯文集》第 1 卷，人民出版社 2009 年版，第 3 页。

② 梁漱溟：《梁漱溟全集》第 7 卷，山东人民出版社 1993 年版，第 645 页。

己原来接受的佛教思想形成了强烈的对比，这为他分判儒家与佛教差异提供了知识基础；二是当乡村建设运动逐步开展时，儒家必须从宗教形态中走出来，开创一条回复乡村经济、构建"新礼俗"的务实道路。这条道路必然区别于康有为、陈焕章等人鼓吹的孔教会的运营方式。梁漱溟注重从儒家的礼乐制度"扬弃"了"古代宗教"这一逻辑展开过程论述自己的观点，指出：

> 古宗教的祭天祀祖以及其他祀典一经转化为礼乐制度的那一部分后，可譬之于诗，譬之于艺术，为抒发其对天地祖先的一片诚敬情思，丰富着人生意味，为（当时）社会生活内容所有事。虽形式犹近宗教，而精神一反乎彼向往其所信仰的对象，生活重心倾斜于外而背离着现世人生的宗教之所为也。①

也就是说，儒家虽有宗教的形式，但是已经和宗教的基本精神背道而驰。礼乐制度维持着现实世界的统治秩序，对维护王权有着非常重要的作用。自天子以至于最低级的官员都能在礼乐制度中寻找到自己的位置。梁漱溟着重阐发了礼乐制度在协调人伦方面的积极作用，却有意或无意忽视了当时许多学者对儒家礼教的辛辣讽刺和无情批判。作为旧文化的代表，儒家的礼乐制度应当接受时代的考量，剔除那些不合时宜的成分，吸收先进文化的合理因素。梁漱溟一生所做的重要工作之一就是推动儒家文化的现代转化，以期发挥其对现实人生的积极作用。有一点始终没有改变，那就是梁漱溟自始至终都不认同儒学是宗教这一基本观点，更反对将儒学改造成为任何形式的宗教，尽管他本人是一位虔诚的佛教徒。当我们阅读梁漱溟晚年的日记时，就会发现诵经、修持和阅读佛学著述在他生活中占有重要位置。反对将儒学视为宗教或者改造为宗教，不仅出于他对宗教的特殊理解和亲身体验，更关系到他对儒学所持的诚挚期望：儒学将在未来近期对中国社会发挥推动作用。

---

① 梁漱溟：《中国——理性之国》，《梁漱溟全集》第 4 卷，山东人民出版社 1991 年版，第 361—362 页。

## 二　"天人合一"观念是儒家宗教性的体现

在探究"天人合一"这一重要命题之前，必须深入思考"元"与"乾元"、"坤元"之间的关系。从易道的展开过程来看，"元"为气之始，乾坤为易之门户，万事万物都可以用乾坤加以概括。天地可以视为乾坤的具体表现形式，但不能径直将乾坤等同于天地。乾坤交感，衍生万物。在这层意义上，乾坤又可以称为"乾元"、"坤元"。二者都是对"元"的呈现。"元"的核心价值是生生之德，也就是儒家追求的"仁"。可以说，儒家将道德伦理与宇宙秩序等同起来，反对脱离德性而畅言自然变化。在儒家看来，人之所以能够与天地并列为"三才"，是因为人具有社会性，当然这种社会性是以德行作为核心价值。德性外化为公共生活规则，就构成礼制。礼制随着社会生活条件的不断变化而随时调整。千变万化，不离其宗。礼制的灵魂就是仁。

儒家在探讨天人关系时总不能脱离气化论。"天人合一"这一重要命题将"心"、"性"与"天"沟通起来，但这并不意味着儒家主张脱离气化而空谈天人关系。在基督宗教中也存在着类似于双重世界的天地。"起初上帝创造天地"（创1：1），和合本的原文是 In the beginning when God created the heavens and the earth；"上帝制造了地和天以后"（《旧约全书·创世纪》第 2 章第 4 节），和合本的原文是 In the day that the LoRd God made the earth and the heavens。在莫尔特曼看来，这两处使用的"创造"（created）与"制造"（made）有着明显的区别，"上帝的世界内在性使世界成为不同圆心的世界，并将它分为天和地"，[①] 天地都有各自的直接意义和象征意义。与此相比，儒家更倾向于主张"乾为父"、"坤为母"（《说卦传》），但天父地母是对所有人类而言的，而不适用于具体的社会成员。即便公开认可并祭祀天父地母，那也是天子的特权，不容普通人议论，更不许僭越。作为类存在的人，处于天地之间，与天地并列，但人仍旧是与羽虫、毛虫、甲虫、鳞虫有着共同特征的"倮虫"，只不过"倮之虫三百六十，而圣人为之长"（《大戴礼记·易本命》），圣人的卓越品质凸显了人的价值。

---

① 莫尔特曼：《创造中的上帝：生态的创造论》，生活·读书·新知三联书店 2002 年版，第 220 页。

　　在儒家经典中，上帝具有最高主宰的职能，但不是造物主。乾坤都是气化的结果，都来源于"一"。"一"既可以看作是天地分判的状态，也可以看作是混沌。即使作为最高主宰的"帝"也从属于"一"，表示神秘莫测与崇高。天覆地载，云行雨施，为人类社会的存在与发展创造了良好的条件，因此可以说，自然状态的天地对人类有生养之恩。在儒家经典的诠释历程中存在过对人格神的崇拜，无论称之为"上帝"、"帝"还是"天"，贯穿始终的都是崇高与敬畏。"一个依然信仰自己的民族也还会有自己的上帝。通过这个上帝，该民族就会尊敬那些使自己高高在上的条件，——它把自己的快乐本身，自己的权力感，投射到一个本质上，那是人们可能为此而感恩的一个本质。在这些前提范围内，宗教乃是一种感恩方式。"① 但是，儒家经典中的作为人格神而存在的最高主宰并不是纯善的，而是享有赏善伐恶、生杀予夺的特权。人类社会的规则秩序都在那里得到了体现。随着儒家学派的不断发展壮大，上帝观念远去，也就是说作为人格神的天逐渐从儒家理论视野中淡出。最为突出的表现为从一元神的上帝转化为五帝信仰。当五帝信仰无法解释社会剧变时，上帝信仰也就彻底崩溃。

　　现代学者将儒家经典中的"天"分解为所谓自然之天、义理之天、主宰之天、人格神之天等情况，但这并不能抹杀天作为最高主宰的优先地位。就汉代儒家和宋代儒家的学术差异而言，前者侧重从人格神的角度来阐发天人关系，后者习惯从义理的普遍性来探究天人之际，二者都凸显了儒家尊德性的传统。马一浮在《洪范约义序说》中指出："天时至上义，至遍义。帝是审谛义。皆表理也。今人乃谓权力高于一切。古则以为理高于一切，德高于一切。其称天以临之者，皆是尊德性之辞。"② 儒家文化中没有造物主的观念。即便汉代儒家主张的人格神也并非造物主，因为万物都是气化的产物。儒家不乏类似于终极关怀的思想资源，但是它的根基却不是造物主。在讨论终极关怀的相关问题时，儒家习惯于使用"太极"、"太一"等词，表示穷极之义，方以智曾经指出："孔子辟天荒而创其号曰太极。太极者，犹言太无也。太无者，言不落有无也"，③ 太极超

---

　　① 尼采：《权力意志》，商务印书馆 2007 年版，第 1067 页。

　　② 刘梦溪主编：《中国现代学术经典·马一浮卷》，河北教育出版社 1996 年版，第 296 页。

　　③ 方以智：《东西均·三征》，庞朴：《东西均注释》，中华书局 2000 年版，第 47 页。

越理气而存在，与作为造物主的上帝无关。

从理气关系来看，气是大化流行的物质载体，万物生长的动力与进程被涵盖无遗；理表示主宰，可以形象地表现为人格神的上帝，但这只是权说。因为儒学传统中的"神道设教"的观念决定了任何宗教仪式都是提升道德的辅助手段。历来深受儒家思想影响的统治者，往往喜好祭祀上帝，也不过是为政权的合法性提供颇具神秘色彩的缘饰。天命靡常，惟德是亲。宗教的重要作用在于情感存勖，而不能替代现实的生计安顿。倘若统治者不能关注民生，切实改善民众生活，而是一味地进行斋醮祭祀，希冀得到上天的佑护，延长作威作福的时日，这些荒唐的行径不过是缘木求鱼。另外，构建神权政治，倚靠僧侣执掌朝纲，也是儒学传统极力反对的。儒家认为，人类社会的一切事物都无神秘可言，只不过是限于当前的认知水平和研究条件而无从充分把握，倘若民智日开、技术发展到相当高的水平，那么一切貌似神秘的事物也终将褪去面纱，将真实面孔呈现于世人面前。既然相信人类的认知能力，那么人们在认识世界和改变世界的过程中是否需要所谓先知先觉呢？人类在提升自身道德素养的过程中，不需要一位凌驾于万事万物同时又隐藏在万事万物中的上帝，孔子也并非扮演着"中保"的角色。

儒家主张的"天人合一"不等于以人取代天的崇高位置或者是人欲的无限膨胀。儒家以谦恭著称，谦恭贯通内外，就主体的道德感受而言，谦恭是自我不断进取和人格磨砺的途径，时刻不忘自身在天地之间不过是渺小的草芥，生命的脆弱与环境的艰险会将人带到死亡的边缘。生存朝向死亡，但是充满意义。生存意义的获得必须依靠日新又新的自我休整，其价值源泉在于天道承载的生生之德。人为天地之心，天地变化的所有奥秘都有待于人的灵明去认识和把握。倘若不能挺立人的道德价值，那么就等同于泯灭天地之心。人类认识自己就是在认识天地之心。在此意义上，"天人合一"是成立的。尽管"天人合一"带有某种直觉主义的神秘色彩，但它完全不同于基督徒的神秘体验。因为在一些基督徒（而不是基督教徒）看来，"在上帝这方面来说，创造并不是一种自我扩展的行为，而是后退，弃绝。上帝及所有创造物这二者之和小于上帝这单项。上帝接受这种减少。他主动清除了存在物的一部分内涵。在这种行为中，他已经消除了自身的神明"，① 按照这种逻辑，上帝创造世界是某种形式上的自我否定，那么人想要回归上帝，就必须做到自我否定。与基督徒认可的否定相反，儒家从肯定的方面阐述人的良知与天道是贯通的。天道的核心价值是仁，人的禀赋也是性善。性善不是虚妄，更不是缺憾的期待，而是实实在在的，并能够为一切社会成员体认，散见于生活日用。社会秩序的调适依靠人，即使出现政局的波动和方向的偏差，也要通过人的自我调整来纠正。撰述经典，寄托王道，期待后圣，向往太平，只不过是才略无从施展之后的无奈之举。经典诠释历程中出现的"非常异义、可怪之论"或者荒诞不经的比附，并不能说明儒家信仰怪力乱神。恰好相反，儒家希望顺从统治者和民众的负面需求，借助这些陈腐的形式来宣扬自己尊崇的王道。

### 三　作为宗教的儒家曾经参与的社会活动

儒家文化中有着丰富的关于先知先觉的成分。儒家认定的先知先觉并非神学意义上的先知先觉，而是在德性方面先于众人觉悟的人。先知先觉仍旧是人，只不过率先发掘了生来就有的道德本体。儒家的先知先觉有着充沛的社会责任心，即所谓"天之生此民也，使先知觉后知，使先觉觉后觉也"（《孟子·万章上》）。当然，这里使用的"觉"应当解释为"寤"或者"悟"，也就是从睡梦中清醒过来。在儒家的话语体系中，觉悟一词具有生动的象征意义，以睡梦象征一般人的生存状态，以苏醒象征通达义理的灵明状态。先知先觉能够超出一般人，不在于捕获新奇之物，而在于他们能够在众人还在沉睡的时候早些醒来。不惟如此，又不愿意看到众人继续沉睡，这才唤醒众人。儒家尊师重教，"先生"一词在使用过程中也有先觉的涵义。贾谊将"先生"一词解释为"先醒"，不过不是从梦中醒来，而是从酒醉的状态中清醒过来，认为："此博号也，大者在人主，中者在卿大夫，下者在布衣之士。乃其正名，非为先生也，为先醒也。"（《新书·先醒》）由此可以看出，先生并非师尊的专用称呼，一切先于众人从蒙昧中清醒的社会成员都可以称为先生。蒙昧犹如酒醉，先生恰似先醒。

儒家善于以开放的姿态消化吸收各种优秀的外来文化，前提是固守自

---

① 薇依：《在期待之中》，生活·读书·新知三联书店1994年版，第86—87页。

家的优良传统。以陈焕章鼓吹儒家的"教化"为例，在他看来，从教化制度中能够开出民主政治，"教化"具备教育的优点，又能将宗教与选举纳入其中，与西方学术平分秋色，大致说来：

> 三者中，教育是一源头。宗教则为另一源头，而选举是流。在孔教中，宗教确实包括在教育之中，因为教育一词，其本身含义为智识教育；而宗教一词，其本身意味着伦理道德教育。但是，为了便于读者理解，我们把宗教作为一支单独的分支，以便在中西之间进行比较。而我们惟一应该记住的是，教化制度为一不可分割的整体。①

尽管作为宗教的"孔教"被单独列出以便于西方宗教进行对比，但是这并不能说明"教化"就不能统摄教育、宗教与选举。儒家的最大特色在于强调"元"的溥博高明，既能涵盖一切具体事务，又能为创新活动提供源源不断的动力。儒家讲求的生生之德，不是空洞的道德说教，而是建立在实践基础上的理论创新。"内圣开出新外王"的缺憾在于依附西方学术，忽略了对"六艺"之教的创造性阐发。即便鼓吹"孔教"，也不能偏离儒家的宗教性，否则，等于变相地"排儒"。

但是创建孔教会的努力遭到了许多有识之士的反驳。陈独秀就表达了自己对孔教会的不满，并从理论层面论证自己的观点，认为孔子的教化思想侧重于人事，很少论及所谓天人关系，而中国古代社会的宗教思想由来已久，所谓"敬天明鬼"的观念并不发轫于孔子，"孔子言天言鬼，不过假借古说，以隆人治。此正孔子之变古，亦正孔子之特识。倘缘此亦为敬天明鬼之宗教家，侪于阴阳墨氏之列，恐非孔意。性与天道，赐也多闻。其他何论？欲强拉此老属诸宗教家，岂非滑稽？"②孔子学说的重心不在于创建宗教，如果强行将孔子拉入宗教家的行列，那就等于直接违拗他本人的思想。陈独秀的这番批评在很大程度上触动了当时的孔教会的软肋，同时也代表了一种不同的声音。

康有为、陈焕章等人发掘儒家的宗教资源，创建孔教会，希望通过全新的宗教组织抵制基督教的大举进入。在他们看来，西方社会自近代以

---

① 陈焕章：《孔门理财学》，中华书局 2010 年版，第 53 页。
② 陈独秀：《陈独秀著作选》第 1 卷，上海人民出版社 1993 年版，第 308—309 页。

来，哲学兴盛，神学衰落，教会的权力逐渐被世俗力量取代，而孔教善于哲学，具有保持优胜地位的潜力，必须利用宗教的形式维护自身的利益。中国没有自己的国家宗教，还则罢了，如果要建立国家宗教，"则惟孔教为最宜。盖教旨既深，且深入于中国之人心，又为我国之产物也。我若不昌明孔教，则人将以我为无教，而越俎代庖，于是事故纷纷矣"。[①]　就是说，为了防止外来宗教"越俎代庖"，儒家有责任创建新形式的孔教，推进善世化民的工作。这种新形式的孔教既要自觉吸收天启宗教的长处，又要防止出现理论偏差，尤其注意经义阐发方面的误区。但是这种以孔子为"教主"的创教尝试隐藏着巨大的危机，那就是西汉之今文经学及纬书中的说法并不能支撑起这个庞杂的信仰体系。正如冯友兰先生指出的那样："前数十年间，有人以为中国有孔教，孔子为其教之教主。在中国历史中，在有一时代，确有孔教；孔子之鬼，确曾一度为教主。西汉之今文经学及纬书，以孔子为全智全能，作《春秋》为汉制法。此即以孔子之鬼为神，而以之为教主也。"[②]　与耶稣为上帝之子的说法相比，孔子为"黑帝之精"的历史陈迹被搬了出来，成为重建儒教的根基。然而与基督教的"三位一体"却是无法比拟的。"黑帝之精"早已淡出民众的精神世界，就连孔子的"圣人"形象也在新潮冲击之下日渐黯淡，不但无法重构信仰体系，就连自身的存在价值也遭到质疑，窘迫难堪。

　　儒家文化的发展离不开吸收外来文化的有益成分，必须博采众长，增强自身实力。但是，这并不等于说儒家必须放弃传统，让位于基督教。即便重新组建孔教会，也不能因为组织形式的变化而改变儒家特有的宗教性的核心内容，否则，儒家就会变成基督教，正好印证了利玛窦所讲的基督教是"成全了的儒家"。陈焕章反对将基督教变成中国的国家宗教，认为："中国人愿意仅从道德的角度理解、欣赏基督教，但基督教所具有的道德戒律并不如孔教意蕴丰富，总而言之，基督教所有的优秀之处在孔教中都能找到。不惟如此，孔教还能提供更多的优点。"[③]　当然，这只是陈焕章等人的一种心声罢了，最终目的在于维护儒家的优先地位。

　　某些热衷于孔教会的学者，站在民族文化认同感的角度表达自己的观

---

①　陈焕章：《孔教论》，上海孔教会 1912 年版，第 52 页。

②　冯友兰：《三松堂全集》第 3 卷，河南人民出版社 2001 年版，第 177 页。

③　陈焕章：《孔门理财学》，中华书局 2010 年版，第 468 页。

点，认为孔教的伦理道德贴近于中国人的生活习惯，因而必须加大弘扬的力度，使其真正地走向世界。在西方的部分学者看来，宗教在社会生活中发挥着不可替代的作用，尤其对大众心理构成相当大的诱导力量，原因在于"所有的政治、神学和社会的信条如果打算在民众中间生根发芽，都必须采取宗教的形式。这样的一种形式可以排除掉有争论带来的危险。这有可能引导民众接受无神论，这一信念表现出所有宗教感情中都具备的偏执狂，但在外在的形式上很快就会成为一个信众"。① 从中国传统社会的结构来看，这种构想却不能发挥积极的作用：如果宗教脱离王道的引导与制约，那就会沦为"淫祀"。从组织形态来看，"淫祀"与普通的民间信仰没有太大的差异。但是从混淆视听、激化社会矛盾方面来看，"淫祀"则属于亟须取缔的非法活动。

顾颉刚先生曾经对"中国宗教"这一现实问题进行考察，从民俗与集体心理方面考察"淫祀"对宗教的消解与改造，从诸多现象中得出一个重要的结论，那就是"中国人只有拜神的观念，并无信教的观念"。这种所谓"拜神"的行为实际上是一种实用主义的态度。在观念世界中，只要某一神祇具有改变祈祷者的切身利益与命运的职能，那么祈祷者就会对其顶礼膜拜，希望能够如愿以偿。以佛教中国化的历程为例，原本鼓吹"三法印"或"一实相印"的出世宗教在中国遭遇了本土文化的有力抵制，不得不调整自身理论结构，将世俗价值与伦理道德纳入自身的文化观念之中，日益朝向关注人生欲求的岔路口前进，就是说：

> 佛教本是非人生的，但一入中国，就会向他求福、求寿、求学，全转向人生方面要求去。儒家本是积极做事情的，但定为一尊之后，就变成为卑劣的现象。大家说中国是佛教国，或儒教国，但如何称得上呢！必欲举一崇奉宗教，毋宁谓之为多神教。盖自有史以来，直到如今，从未脱离此教境界。虽不信鬼神之儒学，亦有文昌、魁星等崇拜，佛、道二教之托附更不必说矣。②

---

① 古斯塔夫·勒庞：《乌合之众：大众心理研究》，江西人民出版社 2010 年版，第 98 页。
② 顾颉刚：《纂史随笔》，《顾颉刚读书笔记》第 1 册，联经出版事业公司 1990 年版，第 477 页。

佛教中国化的过程，充分显示了普通民众对它的改造。原本是印度的出世宗教，却被中国人改造成满足现实需求的民间信仰，越来越偏离佛陀的价值诉求。儒学也逐渐被鬼神迷信渗透，成为士大夫与普通民众的一种信仰。当然，这种信仰带有明显的功利性。道教更是占据了非常广阔的民众市场。因而许多学者非常关心所谓"三教合一"的历史现象。除此之外，其他宗教也在旧中国得到广泛的传播。

如果从基督教的眼光来看，传统社会缺乏一套完整的信仰体系，各种宗教交织在一起，构成一种以世俗伦理为根本依托的多元文化的形态：不惟宗教名目繁多，神祇杂乱，就连礼俗语言也呈现出混杂的样态。道德、礼俗与宗教构成相互萦绕的网络，对人类社会构成正面或负面的影响。如果现时代试图重建孔教，就必须先从学理层面对其正反两方面的效应进行全面而客观的估计，避免盲目地进行崇拜活动，从而有效地维系孔教与现代社会之间的健康互动的关系。这不仅是儒家的美好期望，更是符合广大社会成员切身利益的善举。梁漱溟对宗教进行了全面而又精确的界定，认为大凡宗教都必须同时具备以下两方面条件：

> 甲，宗教在人的理智方面恒有其反智倾向即倾向神秘超绝，总要在超知识、反知识之处建立其根据；
>
> 乙，宗教在人的情感意志方面恒起着慰安勖勉作用，俾人们感情动摇、意志颓丧者，重自振作生活下去。如所云安心立命者是。[①]

这两方面条件缺一不可，否则便不是宗教。一切宗教在其核心内容中都贯穿了这两方面的因素。梁漱溟就主张"以道德代替宗教"，认为道德与宗教共同发源于人类生命的深处，归根结底都是"人心之深静的自觉"的产物。这种溯源并非一切人都能体验到的，而且无法付诸语言文字。追溯宗教的起源，恐惧可以看作是主要诱因。现实世界的痛苦难以根除，人们就虚构出一个宗教世界，借以寄托无尽的惆怅与向往。在政治生活中，宗教往往成为统治者实行精神控制的利器，把一套虚幻的东西灌输给被统治者，使其甘愿处于奴役地位。被统治者想要得到彻底解放，就必不可免地

---

① 梁漱溟：《人心与人生》，《梁漱溟全集》第 3 卷，山东人民出版社 1993 年版，第 693 页。

要求废除作为统治工具的宗教，"废除作为人民的虚幻幸福的宗教，就是要求人民的现实幸福。要求抛弃关于人民处境的幻觉，就是要求抛弃那需要幻觉的处境。因此，对宗教的批判就是对苦难尘世——宗教是它的神圣光环——的批判的萌芽"。①　然而梁漱溟却没有走上批判宗教的道路，而是主张"以道德代替宗教"。这中间隐藏着一种危险：如果"道德"不接受历史眼光下的审视与批判，就会很容易蜕变成一种极具暴力的崇拜对象，就会出现戴震批判的"以理杀人"的惨剧，更有甚者会重建一套全新包装的"吃人的礼教"。

梁漱溟在《中国文化要义》中将儒家视为"以道德代替宗教"的典范，认为道德偏重于理性，建基于个体的自觉与自律，而宗教强调信仰的力量，以明确的教条戒律束缚教徒的身心，从而确保道德伦理的稳定性。与西方社会重视宗教有所不同，儒家从孔子开始，就已经开始了"以道德代替宗教"的探索与实践。对比二者的实际效用，可以很清楚地看到"宗教道德二者，对个人，都是要人向上迁善，然而宗教之生效快，而且力大，并且不易失坠。对社会，亦是这样。二者都能为人群形成好的风纪秩序，而其收效之难易，却简直不可以相比。这就是宗教本身是一个好方法，而道德则否"，②　道德要求人们以是非之心判别自己的欲念与言行，并且按照自觉自律的原则开展具体的实践活动。道德不能脱离特定的礼俗而孤立存在，必须结合社会生活的基本内容发挥自身的作用。在社会生活中，礼俗具有相当大的约束作用，其源头在于宗教。梁漱溟的这一见解是对儒家在传统社会中所发挥的积极作用的高度概括。从其早年的学术活动来看，梁漱溟对儒学的理解建立在阅读王心斋著述的基础上——强调心性的巨大力量，同时以"乐"、"苦"作为判别儒、释的最终依据。这种观念一直延续到其晚年对吕澂著作的阅读。作为一名虔诚的佛教徒，梁漱溟在鼓吹儒家治世思想之余，着力于分判儒、释，避免出现不加鉴别的盲目会通。这在 20 世纪的学术界和宗教界都是难能可贵的。

---

①　马克思：《〈黑格尔法哲学批判〉导言》，《马克思恩格斯文集》第 1 卷，人民出版社 2009 年版，第 4 页。

②　梁漱溟：《人心与人生》，《梁漱溟全集》第 3 卷，山东人民出版社 1993 年版，第 108 页。

### 四　谨慎对待所谓重建儒教问题

重建儒教的呼声，在很大程度上是受了基督教广泛传播的刺激。在基督教世界里"被人杀死的上帝"，又被部分儒家从先秦经典中搜索出来，并赋予特殊涵义。无论在社会性、价值诉求，还是组织形态上，重建儒教的尝试都带有明显的基督教色彩。这不仅说明儒家在现代社会面临着严重的生存危机，而且反映了基督教力量的异常强大，以至于儒家不得不借用它的形式来发展自己的势力。模仿基督教的教义和形式，重新构建一个儒教，不过是东施效颦的举动。正如张君劢所说的，"吾以为孔子之教，以六经为基础，其性质为先代文献，其所以教之者曰博学笃行，切问近思，既非上帝之子，又非代上帝立言，宜仍二千余年来之旧，不必因西方之有宗教，而为东施效颦之举也"。① 仿照西方世界中的宗教尤其是基督教的形式重建儒教，虽然能够统合儒家的文化资源，但是很容易窒息义理学的生命，妨碍现代人对儒学的准确理解。

当然，我们不能盲目地推进所谓重建儒教的活动。这种"重建"活动以基督教作为重要的参照物，借鉴基督教的传播形式，甚至将基督教中的政治神学改装为政治儒学，将神学主义法学改装为儒教法学，进而鼓吹一套外表是儒家词汇、内部是基督教精神的政治观念和社会理想。这一点应当引起我们的重视。本来，基督教要解决的是一个信仰问题，以爱作为衔接人际关系的纽带。重建儒教在很大程度上也采取了这种形式，强调对文化传统的信仰，又从词源的角度重新发掘所谓"上帝"、"天"和"帝"的神圣意义，以此作为特殊符号对应基督教的说教。此外，又强调"仁"、"善"的抽象意蕴，对个体的生存状态进行剖析，极力从情感方面博得社会成员的认同。如果说基督教"本色化"强调了它如何有效利用儒家文化为自身发展开辟蹊径的话，那么重建儒教则属于以基督教精神重新整合儒家文化的历史残存，创造出一个中西混合的新型宗教——这种宗教既不是基督教，也不是儒教。只不过具备了基督教的形态，披上了儒家的外衣，讲述着一个特殊人群的价值观念和社会理想。重建儒教其实是对价值重估的反动，或者说是以保守主义的方式表达内心深处的激进想法。

不过，应该清楚的是，重建儒教只是传播儒学的一种特殊形式，而非

① 张君劢：《义理学十讲》，中国人民大学出版社 2009 年版，第 12 页。

唯一道路。宗教在人类历史上一直发挥着麻醉剂的作用，缓解人们痛苦的作用，给绝望中的人释放短暂的光明。如果按照任继愈先生的观点，将历史上的儒家视为宗教，那就不能忽视问题的本质，"宗教一旦形成，总要包含某些传统的材料，因为在一切意义形态领域内传统都是一种巨大的保守力量。但是，这些材料所发生的变化是由造成这种变化的人们的阶级关系即经济关系引起的"。① 从精神分析理论的角度来看，宗教之所以能够对自然界和经济界构成强有力的统治，原因在于它建立在人类对外部世界的恐惧与不安的基础上，试图构建一个超越自身能力的崇高力量作为依靠对象。在整个虚幻对象的支配下，人类才有信心去做那些超越个体局限性的事情。宗教其实是人类内心世界对外部世界的"倒错"，是对缺乏安全感的克服。马克思主义更能深刻地揭示宗教的本质——贯穿其中的是幼年对于成人的依赖。这种依赖有其现实的物质基础，那就是社会生产力与生产关系之间的张力，以及人在不平等社会中的遭遇。为了消除内心世界的紧张与不安，人们试图从颠倒的意识世界中寻求抚慰，此时作为"民族鸦片"的宗教就开始发挥麻醉作用，尤其是满足人们亟须的依赖感，"马克思主义更明确地告诉我们，不安全的感觉唤醒了幼年对于成人的依赖，而引起那种感觉的外界因素又是什么呢。它也指示给我们，怎样来克服那种不安全，因而怎样除去那恢复早年对于成人依赖性的客观因素，因而毁掉宗教的客观基础"。② 消除宗教赖以生存的客观基础，必须通过发展生产力，不断提高人们的思想觉悟，最终实现经济和精神层面的解放，才能取得根本性的突破。

令人担忧的是，重建儒教很有可能将传统社会的宗法制度与基督教的神权政治融为一体，这样一来，不但不能维护广大社会成员的福祉，反而会将儒学传统变成钳制自由思想和社会进步的工具。如果从这个层面来看待重建儒教的问题，那么就会很清楚地意识到我们应该继续遵循无神论的传统，对宗教问题保持警惕，不能盲目鼓吹所谓信仰。否则，将来只会作茧自缚。列宁在论述马克思主义对宗教的基本态度时指出，马克思主义不但坚持了唯物主义的起码原则，而且更近一步探求彻底解决问题的办法，"它认为必须善于同宗教作斗争，为此应当用唯物主义观点来说明群众中

---

① 《马克思恩格斯文集》第 4 卷，人民出版社 2009 年版，第 312 页。
② 奥兹本：《弗洛伊德与马克思》，生活·读书·新知三联书店 1986 年版，第 136 页。

的信仰和宗教的根源。同宗教作斗争不应该局限于抽象的思想宣传，不能把它归结为这样的宣传；而应该把这一斗争同目的在于消灭产生宗教的社会根源的阶级运动的具体实践联系起来"。① 如果儒家不能及时将自身改造为推动社会进步的积极力量，那么任何重建儒教的尝试最终都将归于失败。宗教是现实中的人的希冀的扭曲与重构。只有善于解决现实问题，改善现实中的人的生存境遇，才能增强一个学派的社会影响力。否则任何形式的宗教道德都将蜕变为彻头彻尾的谎言与愚民手段，都将被历史否定。

① 《列宁选集》第 2 卷，人民出版社 1995 年版，第 251 页。

# 第六章

# 儒学如何走出现代困境

在讨论儒学与世俗化的相关问题时，必须事先说明的是这是一个宗教学的问题。尽管儒家在很大程度上不被视为宗教，但是世俗化问题则是由基督教带给儒家的。从宗教与社会之间来看，现时代的最大特色就是世俗化。面对世俗化带来的许多问题，儒家应该保持清醒的头脑。世俗化对应的是神圣化，后者强调社会生活在神圣信条的支配下有条不紊地展开，前者则是指神圣性逐渐被世俗生活削弱，甚至完全湮没。这不仅仅是观念领域的变革，而且还涉及社会生活的各个方面。从概念的源头来看，世俗化是西方宗教，尤其是基督教世界面临的问题。这并不能说明具有"人文"、"文明"特征的儒家就不曾遭遇世俗化的问题。世俗化是对神圣性日益消退的概括，不等于所谓高深理论的平民化。平民化的学术取向与精英文化相反，它强调思想学术应该以民众的语言、思维方式、实际需求作为参照和目的，反对繁琐的义理架构与文本考证，主张通俗易懂、简洁明快的话语风格，进而适应民众的生活日用。儒家应该以谨慎的态度应对世俗化的危机，在现代社会中恢复神圣价值的应有地位，发挥儒家的教化作用，防止出现民粹主义倾向，在精英与平民之间搭建共通的桥梁，真正推进儒学的现代转化。此外，还应该避免盲目借用基督教普世主义的观念修正儒学，谨慎处理儒家与基督教之间的关系。

## 第一节　儒学应该慎重对待世俗化的挑战

世俗化问题在西方宗教学中占据着相当重要的位置。以基督教世界为例，不同宗派对于世俗化持有不尽相同的态度。从历史的角度来看，基督教在两千多年的发展历程中遭遇了很多挑战，世俗化对基督教的冲击最为强大。从严格意义上讲，"'世俗化'指'宗教领域'（'基督宗教'）的减少和'世俗领域'的扩大，也指宗教信仰形式的变化"。① 从词语的来源来看，世俗化一词最早出现在《威斯特伐利亚和约》中，经过欧洲"三十年战争"（1618—1648）的考验，新教诸侯战胜了天主教诸侯，罗马教会势力由此衰弱，不得不让出部分土地。世俗化一词的出现，充分反映了宗教改革之后，新教与天主教之间的深层矛盾以及世俗政权对教会的反抗。特别是启蒙运动以来，世俗化的力量渗透到社会生活的各个角落。宗教的社会职能在于教化世俗世界，要求世人培养自己的敬畏、虔诚、正义感、自我修养等美德，"因为神救众人的恩典已经显明出来，教训我们除去不敬虔的心和世俗的情欲，在今世自守、公义、敬虔度日"（《新约全书·提多书》第2章第11、12节）。从反对神权政治的立场来看，世俗化是一场轰轰烈烈的社会运动，其中蕴含着革命的力量。

霍尔巴赫通过对"俗有化"的解释，表达了自己对这场旷日持久的社会运动的欢迎，指出："俗有化是世俗政策的渎神运动，即从僧侣那里剥夺教会的财产，交到异教徒国王手中，这激起了天主教会的愤怒，因为它打击了至圣之父的神圣政策。"② 只有"神圣政策"被打破之后，人在现实中的地位和价值才能得到关注。法国大革命以后，世俗化的趋势愈演愈烈，出现了所谓"政权还俗主义"，那些支持天主教和君主制度的人始终与那些反对圣职人员和国王的人保持敌对状态。此后，世俗化的势头不可逆转，对整个西方社会都产生了深远的影响。

以基督教世界为例，不同宗派对于世俗化持有不尽相同的态度。天主教对于世俗化进行谨慎的批判，将道德领域、经济社会以及其他方面的许多痼疾视为世俗化的产物，并要求重新回到神圣的信仰世界，进而有效地克服世俗化带来的许多社会危机。这种激烈的反应并非空穴来风，因为世俗化曾经一度使得天主教丧失了许多特权。对于这一点，汉斯·昆看得十分清楚。他对世俗化的演进过程作出简要的分析，指出：

早先，"世俗化"主要是指教会财产在法律和政治的意义上转移给个人和国家使用的手续。但是，今天，看来不仅教会财产某些项目，而且人类生活的全部重要领域——知识、经济、政治、法律、国

---

① 雷立柏：《基督宗教知识辞典》，宗教文化出版社2003年版，第199页。

② 霍尔巴赫：《袖珍神学》，商务印书馆1972年版，第90页。

家、文化、教育、医学、社会福利——都已经脱离了教会、神学和宗教的影响，而且接受人的直接负责的控制，因而人自己也变得"世俗"了。①

也就是说，宗教不但失去了对社会生活的全面干预，而且逐渐萎缩为社会结构的一个小小的关节或者组成部分，变得可有可无，甚至是累赘。宗教的失势导致人的精神出现了蜕变。原先的道德说教已经让位于自由选择，整个社会呈现为多元化。

世俗化是一个过程。在这个过程中，基督教的宗教制度和宗教象征逐渐失去了对社会和文化的完全掌控。国家与教会脱离干系，甚至剥夺了教会领地。从教会一方来讲，教会权威在很大程度上丧失往日的威严。从文化和各种象征的角度来看，世俗化不仅是社会结构发生巨变的过程，而且还影响到了文化生活与观念世界的突变：宗教内容逐渐从文学、艺术和哲学领域淡出，科学异军突起，自主地掌握着自己的方向，并且以彻底世俗化的世界观作为自身的指导。从主观方面来看，世俗化还有另外的内容，"正如存在着社会和文化的世俗化一样，也存在着意识的世俗化。简言之，这意味着现代西方社会造就了一批数目不断增加的个人，他们看待世界和自己的生活根本不要宗教解释的帮助"。② 世俗化的汹涌浪潮对基督教的打击非常大，促进了西方文明的现代转化。

## 一　世俗化是基督教带给儒家的挑战

从近代的历史事实来看，西方列强带给儒家不是单纯的政治冲击，更是社会变革：旧的统治秩序、思维方式和社会形态遭到全面破坏，代之而起的是将儒家文化圈纳入资本主义的势力范围。以英国对晚清政局的影响来看，政治冲击与社会变革的力量非常强大，以至于当时的儒家学者无法从经典文本中找到应对时局的理论依据。恩格斯对 18 世纪的英国状况进行剖析，指出："18 世纪综合了过去历史上一直是零散地、偶然地出现的成果，并且揭示了它们的必然性和它们的内在联系。无数杂乱的认识资料

---

① 汉斯·昆：《论基督徒》，生活·读书·新知三联书店 1995 年版，第 5 页。
② 彼得·贝格尔：《神圣的帷幕：宗教社会学理论之要素》，上海人民出版社 1991 年版，第 128 页。

经过整理、筛选，彼此有了因果联系；知识变成科学，各门科学都接近于完成，即一方面和哲学，另一方面和实践结合了起来。"① 当时的儒家却无缘参与这场巨大的社会变革，只是停留在文化争论的层面，被陈旧的问题遮蔽了视野。

近代以来，随着西方势力对中国的不断入侵，世俗化的力量也伴随坚船利炮和基督教进入中国，对儒家文化构成严重的挑战。各种外部势力混杂在一起，对儒家文化步步紧逼，而儒家文化只能节节败退，退到无力还击的地步。如果谈论儒家的世俗化缘由时，应该明白这是一个外部力量推动的嬗变过程，而非自身主动要求的结果。世俗化构成现时代的一股劲流，试图吞噬一切与它不相容的文明。

儒家在近代以来遭遇了种种厄运。无论是质疑儒家的社会控制能力、推动物质文明的现代转化、最低限度的伦理道德，还是儒家自身的理论结构是否能够适应现代社会的要求，都成为现时代反思的重要内容。当"孔家店"被打倒之后，被层层包装的孔子及儒家文化究竟置身何处呢？这个问题必须得到认真的回答。尽管儒家的经典神圣性遭到怀疑，但是义理价值却在一些革命家和社会活动家那里得到了全新的解释。

圣人的远去，主体的模糊，话语的隔绝，民众的冷漠，商业文明的冲击，生活样式的变革，为儒学的现代转化设置了重重障碍。儒学从王官学的位置上跌落下来，至于能否构成新时代的诸子学也还是个未知数。面对世俗化的生存样式，旧有的道德学说显得无所适从、格调的调整、学理的转型、从业人员的自我认同等方面都要重新组合，否则只会换来民众的冷漠态度。儒家采取迎合世俗化的态度，并不能说明世俗化就等同于所谓庶民性或者儒学的平民化。

世俗化是对神圣性的削弱，必然涉及价值的重新估定，"价值重估——这是什么意思呢？必须是那些自发的运动全都在场，新的未来的、更强大的运动：只不过它们还带着错误的名称，受到错误的估价，而且还没有意识到自身"，② 儒学想要在这场"价值重估"的浪潮中保全自身，就必须全面审视自己。传统意义上的"四民不相兼"可以理解为伦理本位和职业分殊，但它已经无法应对纷繁复杂的现代社会。毕竟在神学家看来，

---

① 《马克思恩格斯文集》第 1 卷，人民出版社 2009 年版，第 88 页。

② 尼采：《权力意志》，商务印书馆 2007 年版，第 423 页。

"我们这个时代的共同体不是宗教的，既不是异教的也不是基督教的。它们肯定是世俗的，即是世俗化了的，并且仅仅就此而言还是基督教的。我们现代城市的古老教堂不再是高耸入云的城镇的生活中心，而是被商业区挤迫着的异物"。① 相比之下，儒家思想和文庙比古老的教堂更显窘迫。

儒家不曾在神圣性和世俗性之间划分界限，因而不能沿用基督教世俗化的基本路径。儒家并不是天启宗教，缺乏强烈的一元神信仰。尽管"帝"、"天"、"上帝"等观念在儒家经典中有所反映，但是儒家的重心在于内在的道德实践，"儒家内在的道德实践，总是归结于人伦。而落到现实上的成就，大体是从三个方面发展，一为家庭，二为政治（国家），三为'教化'（社会）"。② 在儒家社会中，超越层面的"帝"、"天"、"上帝"等问题距离百姓生活日用太远，属于悬而未决的事情。基督教文化中的此岸世界和彼岸世界在儒家文化中是混沌一片，并没有划分开来。精英群体进行的理论阐发最终必然以"极高明而道中庸"作为标准，不仅没有割裂神圣性与百姓日用之间的联系，而且还极力在百姓日用中发明神圣的义理。

因而，基督教世界里的世俗化问题在儒家这里不成问题，本来神圣与世俗之间就没有张力，更不必讨论什么神圣性削减、世俗性增加的问题了。正如潘光旦先生所说的那样，儒家思想的对象就是所谓人道，大致包括四个方面的内容，即"人对自身以外的各种本体"、"对同时存在的别人"、"对自己"、"对以往和未来的人"。这四个方面缺一不可。儒家所谓人道并不是抽象而笼统的，而是具体的。在很大程度上可以说，儒家思想可以和人文思想通用，这与西方文化传统中的人文思想大不相同，"西洋'文艺复兴'时代里所盛称的人道（humanity）似乎目的专在对付历代相传而畸形发展的神道（divinity），近时西洋人文主义者所盛传的人道（law for man），又似乎专门对付物道（law for thing），两者都可以说是很笼统的"。③ 儒家未曾出现以人文思想反对神道、物道的情况，因为西方文化传统中的这类问题在儒家那里不成立。儒家文化巧妙地将神圣性与世

---

① 卡尔·洛维特：《世界历史与救赎历史：历史哲学的神学前提》，生活·读书·新知三联书店 2002 年版，第 240 页。

② 李维武编：《中国人文精神之阐扬——徐复观新儒学论著辑要》，中国广播电视出版社 1996 年版，第 203 页。

③ 潘光旦：《潘光旦文集》第 6 卷，北京大学出版社 2000 年版，第 113 页。

俗性融为一体，这就像中国的阴阳学说一样，相互涵摄，不曾分割开来。探讨儒学与世俗化之间的关系无疑是一种解决问题的思路，但它将两种异质文明简单地对接在一起，缺乏内在精神的贯穿，无法准确地阐明儒、耶面对现代社会所采取的不同方法，故而是一个永远不能得出准确答案的谜题。

## 二　世俗化并不等于激发庶民性

儒学世俗化是一个将理论重心从神圣世界转向世俗世界的问题。儒学的平民化，或者说是激发儒学的庶民性，则是一个社会阶层的问题。二者各有侧重点。尽管不能将儒学的平民化等同于世俗化，但是二者之间却有千丝万缕的联系。以泰州学派为例，其中渗透着新的士大夫精神，掀起了狂热的庶民热情。士大夫与普通民众，尤其是许多贱民，共同享有体认圣人境界的权利。在这种令人振奋的平民化运动中，儒学不再是书斋中钩沉索隐的枯燥学问，而是真正渗透到百姓生活日用之中的生命精神。这种新精神将庞大的国家宗教信仰搁置起来，寻求个体内心的满足与欣喜，甚至神秘的宗教体验。泰州学派在很大程度上认可了个人的现实感受，却将个体引入直觉主义的漩涡，使人们将注意力从纷繁复杂的外部世界转向瞬息万变的心灵世界，"心"的作用被无限放大，个体的欲望、情感被无限激发，整个社会处于亢奋状态。岛田虔次将这种状态称为"暴力式的热情"，认为只有深切体会到这种状态，才能真正地理解明代，才能切实把握"中国近代精神史的真相"。这种精神是明代思想变化的动力。它促成了这样的转变——"明初朱子学→阳明学→泰州学派→李贽"，贯穿其间的是庶民性的不断兴起。

> 这种庶民性的抬头，是近世以来的大趋势，而决不是元明时代开始产生的现象。明代可以说是达到了其最高潮的时代。明学吸收了新兴社会的热量，作为被极大地扩张了其视野的近代中国精神的一个最高潮，它可以被作为近代中国精神的极限来理解。①

但是，这种"庶民性"并不等于世俗化。在整个明代，对于最高主宰的

---

① 岛田虔次：《中国近代思维的挫折》，江苏人民出版社 2008 年版，第 152—153 页。

信仰不但没有削弱，反而得到强化。道教在整个社会中扮演着信仰支柱的角色。各种外来宗教的教理和崇拜仪式也被本土吸收，不断强化神圣性的观念。平民化并没有发展成为战胜神圣性的决定力量，它依然积极寻求神圣性的支持，以获得强化信仰作为自身生存与发展的条件。岛田虔次所讲的"近代中国精神"是庶民精神的膨胀，但不能等同于神圣性的沦丧。泰州学派构建的神秘学说其实是变相的"复魅"，也就是说，将程朱理学已经澄清了的问题再次混淆，引导世人走上盲信的道路。即便欲望得到放纵，个体得到爆炸式的解放，但这一切仅仅是心学的强化，并没有从方法论层面改变朱子学与阳明学的性质。可以说，泰州学派以一种畸形的自我放纵取代了积极的理论建设，其历史作用仍然不能上升到打破中世纪的高度。庶民性只是一种身份问题，间或存在知识水平与理论思维的下倾，但从根本上并不能对神圣价值构成消解的作用。儒家真正进入世俗化时代应该是鸦片战争之后这一历史阶段，尤其是科举考试废除以至于帝制时代结束，整个社会才开始全面抨击儒学的价值与精神。

### 三　防止将儒学世俗化转变为民粹主义

在儒家看来，民众的意愿必须得到尊重，尊重不等于无原则的放任，因而必须以礼乐制度对民众的生活加以约束和规范，防止出现大规模的动荡。在处理民众与君主的关系时，儒家秉持"民本"思想，对那些"民贼"、"独夫"表示深恶痛绝。可以说，儒家不仅贬斥"乱臣贼子"，更厌弃"暴君顽父"。就经典文本承载的义理而言，儒家不惟正视人类的合理欲望，而主张以切实有效的手段满足这些合理的欲求。这一点是不容置疑的。但是不能因此断定儒家必须迎合民众的全部欲求。毕竟社会生活中的许多欲求是不合理的，很容易对群体生活构成严重的危害。儒家正视民众的欲望，却从不一味地迎合民众的欲望。尽管"天听"、"天视"必须从民众那里得到答案，即所谓重民主义，用陈焕章的话来说就是"孔子之治法，千条万绪，皆以重民为主。法无所谓善，民欲之即善；亦无所谓恶，民恶之即恶"，① 但是这只是强调民意是政权的合法性基础的重要组成部分，而不是说一切义理价值完全等同于民众。

在对民众的基本态度方面，儒家与民粹主义有着根本性的区别。民粹

---

① 陈焕章：《孔教论》，上海孔教会1912年版，第43页。

主义却极力寻求一个所谓"中心地区"，将一套具有强烈的排他性色彩的道德观念视为判别标准，并以此作为前提条件，对社会成员进行筛选，从中寻求一批能够满足构建强力组织要求的人员，以便推动剧烈的社会变革。民粹主义者极力在精英与民众之间制造紧张与冲突，将二者的关系对立起来，通过鼓吹民众具有最纯洁的道德来获取支持。与其说民众是道德的来源，不如说他们是被民粹主义者煽动和利用的工具。民粹主义的最大特点就是动摇，根据不同的政治环境，变换自己的策略，摇摆于领导阶层与人民大众之间，根据情势变化调整对二者的依赖程度，具有非常强的变动性，大致说来："当民粹主义依赖于政治领袖时，它要求这样的领袖必须具备非凡的才能以领导普通的民众。当社会矛盾丛生、危机四伏时，民粹主义表现出革命性，因而备受群众拥护。然而在实践中，它却还是人们所司空见惯的改革者，无力进行彻底的根本性的变革。"① 这是民粹主义永远不能根除的痼疾。

　　之所以对民粹主义倾向保持高度警惕，是为了明确儒家视野中的主体问题。一切实践哲学都有其主体问题，儒家有着自己的实践理论，不能忽视对主体问题的考察。尽管传统儒家主张"民本"学说，关注民众的生存与发展，在关键时刻甚至为民生问题献出宝贵的生命，但是这并不能说明儒家的主体是民众。儒家是一个特殊的社会群体：这群人恪守孔子开启的文化传统，尊崇圣贤经典，以经世致用作为实现社会理想的基本途径，顺逆进退，不改其心。从学理层面来看，如果脱离经典文本的具体论述，对"民本"进行过度诠释，很容易得出民粹主义的结论。民粹主义的最大缺憾就是变动性非常强，很容易对各种理论结构进行渗透，以五彩斑斓的民众色彩博取部分社会成员的同情与支持，进而推行狭隘的社会学说，对整个社会生活构成相当大的危害。这是目前研究儒学必须尽量避免的理论偏差。判别儒家与民粹主义的标准非常明确，那就是儒家是天道、礼制与心性的同一体。儒家在不同历史阶段有着形态各异的理论风格，但是却未曾放弃这个由天道、礼制与心性构成的同一体。三者相互贯通，有着特定的涵义，不能随意篡改。尽管儒家在现时代遭遇了前所未有的冷漠，但是这并不意味着儒家就要放弃"道统"，阉割"人道，政为大"的重要机能，盲目地走上民粹主义的道路，采用饮鸩止渴的方式换取一时痛快，博

① 　保罗·塔格特：《民粹主义》，吉林人民出版社 2005 年版，第 3 页。

得短暂的价值突显。儒家自有经世致用的才能与心胸，尽管"他山之石，可以攻玉"，但是不能因此抛弃自家之玉，一味艳羡"他山之石"！

### 四　儒学世俗化不能照搬基督教的模式

儒家在传统政治中并没有扮演教会的角色，不曾掌握"世俗财产"和"世俗权力"。教会在中世纪垄断世俗世界与神圣世界。儒家未曾享有如此殊荣，只不过扮演着师儒、臣子的角色。从中央到地方的各级文庙，属于朝廷的职能部门，并不享有王权以外的特殊权利，并不存在类似于基督教的教会财产。当儒家退出主流意识形态以后，文庙等财产的处境更为艰难，并不像基督教那样有一种明晰的过渡。

在基督教历史上，教会曾经控制着政治，教权高于王权，这种情况持续了很久。尽管教会对"世俗的东西"表示不屑一顾，但是却极力垄断世俗权力和财富。因为"世俗的东西"里面隐藏着许多奥秘。霍尔巴赫在揭示"世俗的东西"的奥秘时指出："世俗的权力是暂时的，应该服从永恒的宗教的权力。教会的世俗财产是不可侵犯的，因为它在僧侣手中就成了永恒的和神圣的。教会的供职者如此热心地维护它，就是因为它是属于上帝。虽然上帝是纯粹的灵魂，但总还非常珍视暂时的世俗财产，因为没有它，上帝的仆役是不能生存的。"① 因而教会非常重视对"世俗的东西"的控制与利用。与教会处于对立面的世俗化势力直接"侵夺"了"教会的世俗财产"。但是，这种"教会的世俗财产"其实是与原始基督教的精神相悖的，恩格斯曾经指出："最初的基督徒来自什么样的人呢？主要来自属于人民最低阶层的'受苦受难的人'，革命因素总是这样形成的。"② 随着贵族势力的不断渗入及其对原始基督教的扭曲，这个所谓"世界宗教"逐渐成为反动势力惯于利用的统治工具，不断对"受苦受难的人"进行精神和肉体上的压迫，最终成为革命的对象。

反抗教会统治，成为世俗化浪潮的标志性事件。在教会的支配下，世俗统治者必须遵循既定的规则，不能依据诸如合理、正义或道德等价值观念对教会的观点进行质疑，更不能擅自依据民众的需求而随意变更教会的指令。一旦世俗政权突破了这样的界限，那么它就成为渎神的、不合法的

---

① 霍尔巴赫：《袖珍神学》，商务印书馆 1972 年版，第 86 页。
② 《马克思恩格斯文集》第 4 卷，人民出版社 2009 年版，第 492 页。

政治还俗主义的随从，必然遭到教会的诅咒与惩罚。这是世俗化的一大特征。当我们回顾汉斯·昆对世俗化的界定时，就会发现儒家并没有在知识、经济、政治、法律、国家、文化、教育、医学、社会福利等方面起到统治或支配地位，充其量不过是王权的附庸罢了。在王权的干预下，儒家的生存状况日益窘迫，甚至丧失了自身的独立性，以至于今人仍旧讨论所谓士人品格扭曲等相关问题。当基督教世界宣扬"教皇管治整个教会"、"以教皇为元首、为至高无上的祭司和教牧、为教会的唯一和直接的统治者"等观念时，儒家却囿于忠臣孝子的名分，只能屈从于王权的支配，不敢越雷池半步。对比儒家与基督教在组织形态方面的差异，就会发现儒家很难出现那种"人类生活的全部重要领域"和"人自己"的世俗化问题。

当前的许多宗教派别都在讨论世俗化的问题，但是从严格意义上来讲，天启宗教尤其是基督教对世俗化的感触最深。然而，世俗化并不能彻底消除基督教赖以存在的基础。马克思对基督教世俗化的问题进行了深入剖析，在《论犹太人问题》一文中指出："宗教精神也不可能真正世俗化，因为宗教精神本身除了是人的精神某一发展阶段的非世俗化形式外还能是什么呢？只有当人的精神的这一发展阶段——宗教精神是这一阶段的宗教表现——以其世俗形式出现并确立的时候，宗教精神才能实现。"[1]从历史发展的角度考察基督教世俗化问题，就会发现，这不过是人类社会发展的特殊阶段在观念领域中"投射"的结果。只有生产力发展到足以彻底改变特定形态的宗教精神赖以存在的社会关系时，世俗化的问题才能得到真正解决。否则只是言辞层面的喋喋不休的争论。

我们回过头来考察世俗化与儒家之间的关系，不难发现，正是基督教这个媒介促成了二者的相遇，并推动了儒家的世俗化进程。如果不是近代以来基督教对儒家的大举进攻，那么世俗化也就永远无法与儒家发生直接的关联。即便儒家思想中隐藏着世俗化的潜质和内在要求，但是没有物质基础和客观环境的突变，也不会自觉地开启世俗化的大门。

儒学世俗化必须摆脱西方政治思想的不良干扰，走出一条符合自身情况的道路。儒家是积极参与社会实践的变革者。如何融入政治生活，为改善国计民生贡献自己的聪明才智，是儒家的社会职责。即便面对弊病丛生

---

[1] 《马克思恩格斯文集》第1卷，人民出版社2009年版，第36页。

的社会现状，儒家也应该保持积极向上的姿态，而不能放弃自身的道德理想与远大抱负。在传统社会里，君主与官僚操纵着权力运行机制，这是不容否认的事实。儒家只有遵循相应的游戏规则，才能获得话语权。如果将封建社会的弊病与缺憾全部归结为儒家的伦理道德与政治学说，而忽略特定历史阶段的实际情况，就会陷入文化决定论的误区，必然对儒家的合理成分视而不见、听而不闻。吴虞的最大失误就是以自己对基督教文化的狂热崇拜冲击儒家，将许多处于迷茫的青年人引入盲目否定民族文化的困境：一方面无法确立民族文化的优越感，处于极度的自卑状态；另一方面热衷于信奉并传播西方思想，却遭受西方人的鄙弃。当时的青年人身处尴尬境地，其实是对儒家命运的真实写照。一个古老的东方民族面临前所未有的危机，不惟民生艰难、危机四伏，就连圣贤的学问也遭受灭顶之灾。此时最需要追问的信条就是"我们的根基是什么？"

儒学世俗化是儒家试图摆脱现代困境的一种尝试或手段，而不是最终目标。儒家虽然具有世俗化的潜力，但是却不能听任自身陷入世俗化的漩涡而无法自拔。世俗化只是一种趋势，其前途与性质不能预先断定，因而不能骤然地将世俗化视为具有正面价值的取向。只有对世俗化保持高度的警惕，以审慎的态度对待儒学的世俗化问题，才能为儒家的未来发展创造有利的条件。否则，一味地迎合世俗化很容易使儒家丧失已经濒临消失殆尽的神圣价值。儒家在现代社会面对的最大难题是如何有效地恢复神圣价值的崇高地位，而不是如何取悦于日渐"物化"的世俗情趣。

从学术演变的历程来看，儒家使得上帝逐渐远去，世俗化的今天又使得儒家已然远去。儒家认为，最高的主宰只是理论上的设定，目的在于协调人世间的各种关系。今天的读者经历"启蒙"之后，恍然大悟，觉察到"根本没有上帝是为我们的罪而死的；根本没有什么因信得救；根本没有什么死后复活——这一切都是对本真基督教的伪造，而人们必须要那个不祥的古怪之人对这种伪造负责"，① 留给众人的"金规"（golden rule）在世俗化的今天是否还能发挥应有的作用？

---

① 尼采：《权力意志》，商务印书馆 2007 年版，第 793 页。

## 第二节　儒学与世俗化的结合并不能
## 推导出儒学普世化

以世俗化（Secularization）作为研究儒学的切入点，显然是受到基督教神学的影响，或者说是套用基督教史的术语对儒家的现状进行剖析，甚至希望能够由此寻求一条改造儒学品质的道路。这种探索式的研究方式，对分析儒家文化与基督教文明之间的冲突与融合有所裨益，但是它无法正确揭示儒家文化的真精神和真价值：（1）借用基督教的术语"世俗化"解读儒学，是否意味着将儒学视为一种天启宗教，或者说儒家的宗教领域逐渐丧失，而世俗领域不断扩大？如果坚信儒家能够走上世俗化道路，那就意味着必须扩大世俗领域，消解形上学的神圣性与崇高性，那么此时的儒学将在多大程度上发挥"善世化俗"的作用？（2）宗教的世俗化并不等同于平民化。它代表着一种价值诉求，而不是某一社会阶层的需求。如果强行将儒学纳入世俗化轨道，也无法保证其平民化路向，最终只会加速儒学的衰落。（3）援引世俗化进入儒学研究，并以此作为推动儒学"普世化"（universal utilization）的基本途径，可谓南辕北辙，既不能在工具理性意义上的普遍实用性和实践理性意义上的普遍主义，以及绝对主义向度的现代伦理学之间实现平衡，又不能信守儒家的仁学，最终混淆儒耶，为儒学的现代转化制造更多的麻烦。因而必须对儒学与基督教、世俗化、普世化等观念之间的关系进行重新梳理，避免进行盲目比附或者生硬的"援耶入儒"的理论冒险。

儒学与世俗化的结合是基督教文明向中国进入之后的一大产物，充分反映了"以耶解儒"的理论缺陷。本来，世俗化特指宗教失去了对社会生活的干预能力，世俗领域逐渐侵夺神圣领域的地盘，传统势力江河日下。而探讨儒学的世俗化问题则无异于将儒学视为一种关注彼岸世界的宗教，由于种种原因被民众忽视，因此必须借由世俗化的道路实现自己的社会理想。这不过是对基督教历史的生搬硬套，与儒学传统毫不相干。然而现实问题在于基督教对儒家文化步步紧逼，直接威胁到了儒家的生存，这才有了儒学世俗化的构想。

儒学可以完成自身的世俗化，但是这并不能说明儒家能够像基督教那样发展成为"普世化"的学说。基督教之所以能够将自身设定为普世宗教，就在于它依然保持了原有的社会性。尽管基督教世界不缺乏与世隔绝的神秘主义者，但是它仍旧凭借强大的社会力量在全世界范围内进行传播，从根本上消灭、瓦解或改造异质文明。通过不断战胜异质文明，基督教逐步实现自身的"普世化"。这就促使我们对基督教的社会性进行研究，正如某些基督教学者所说的那样，社会性在宗教的传播过程中发挥着相当重要的作用。

> 历史上的各大宗教都一直采取了宗教团体或教会的形式，不论是好是坏，一直都是强大的社会力量。在某些社会中，宗教团体事实上与公民组织无法分离。在现代社会里，宗教团体或社会通常是作为整体的社会组织内部的很多联合体之一。有时候它比较重要，有时候不那么重要，但对于它在社会生活中所起到的作用，应该作出某种说明。①

基督教的社会性在中世纪发挥到了极致，能够假借神权的名义将王权置于被干预的地位。儒家所能利用的社会力量却只能是服从王权统治的顺民。儒学传统中缺少公民意识，却有相当丰富的臣民意识。历史上的儒家团体与民众结合之后，以"忠"、"孝"作为社会教化的基本论调，将家庭伦理延伸到对国家生活的干预，结果是培养了一大批忠臣孝子，放任了许多暴君顽父。在儒家发挥作用的传统社会中，权力运作缺乏客观有效的监督机制，许多问题被简单地置于道德准则的绳治下，一旦遭遇权力滥用，就会出现"以理杀人"的惨剧。执掌权柄的人占领道德高地，被统治者处于劣势地位，很容易沦为被杀者。在这种情势下，杀人者有恃无恐，被杀者百口莫辩。这成为妨碍儒学现代转化的桎梏，必须加以突破。

就实际情况而言，基督教对儒家文化构成相当大的威胁，迫使儒家试图以世俗化的方式寻求一线生机。这就意味着儒学世俗化是一种无奈的选择，其目的在于赢得民众对儒学的好感，为儒学的转型做好社会性的准备。除此之外，别无他用。既然儒学世俗化是权宜之计，那么能否由此推导出类似于基督教的"普世化"呢？对于这个问题，我们应当保持清醒的头脑。基督教的"普世化"有其历史根源，是儒家无法照搬的。按照

---

①　约翰·麦奎利：《二十世纪宗教思想》，上海人民出版社 1989 年版，第 185 页。

保罗·蒂利希的说法，罗马帝国的强大与辉煌造就了罗马教会的扩张与荣耀，罗马帝国代表着普世的君主国，这个帝国促成了它所知道的世界的统一，罗马教会继承了这一观念，并将其运用在自己的领域，并将这个领域不断扩大，以求控制整个世界，从经典文本的记述来看：

> 《新约》的事件在其中发生的实际环境是罗马帝国的普世主义。普世主义有否定与肯定两个意义：在否定方面，它意指民族宗教与文化的崩溃；在肯定方面，它意指当时把人类作为一个整体而意识到的观念。罗马帝国与个别的民族历史相对立，产生一定的世界历史意识。世界历史现在不仅是一种在先知的意义上将在历史中实现的目的，与此相反，它已成为经验的实在。这是罗马的肯定意义。①

基督教发展到罗马教会阶段，成功地完成了普世主义的理论改造。这种改造已经不是保罗向外邦人传教那么简单了。普世主义背后隐藏着武力与征服。基督教与普世主义的结合，就产生出强烈的破坏力，力图消灭其他文明，实现自己对神圣世界和世俗世界的绝对统治。这样一来，凡是与基督教发生冲突的文化形态必将遭受灭顶之灾。基督教的普世主义具有非常强大的侵略欲望，在传播福音的外表下隐藏着不安的灵魂，它想要吞噬整个世界。从原始基督教发展成为所谓"世界宗教"，有着漫长的过程。恩格斯揭示了这一过程的内在逻辑："只是通过一神论的犹太宗教的媒介作用，后来的希腊庸俗哲学的文明的一神论才能够取得那种唯一使它能吸引群众的宗教形式。但找到了这样一种媒介以后，它也只有在希腊罗马世界里，借助希腊罗马世界所达到的思想成果而继续发展并且与之相融合，才能成为世界宗教。"② 当然，这个"世界宗教"凭借着军事和财政实力对其他国家和地区进行征服，直到被征服地区的民众接受它的价值观念。这种普世主义的思维方式有着非常深远的影响，一直延续到现时代。

　　与基督教的普世主义相比，儒家的天下观念显得非常温和。儒家认同文明的多样性，主张因地制宜，保持各自的生活方式和宗教信仰。即便政

---

　　① 保罗·蒂利希：《基督教思想史——从其犹太和希腊发端到存在主义》，东方出版社2008 年版，第 10 页。

　　② 《马克思恩格斯文集》第 4 卷，人民出版社 2009 年版，第 503 页。

治统一，也要尊重不同的礼俗，也就是说，"凡居民材，必因天地寒暖燥湿，广谷大川异制，民生其间者异俗，刚柔轻重，迟速异齐，五味异和，器械异制，衣服异宜。修其教不易其俗，齐其政不易其宜"（《礼记·王制》）。儒家教化民众，却不改变当地的习俗；儒家统一政治，却不违背因地制宜的原则。即便是与礼乐制度密切相关的衣服、器械和饮食，也一并保持多样性，这充分体现了儒家文化的开放性和包容性。在传教士的眼中，"儒家这一教派的最终目的和总的意图是国内的太平与秩序。他们也期待家庭的经济安全和个人的道德修养。他们所阐述的箴言确实都是指导人们达到这些目的的，完全符合心灵的光明和基督教的真理"。① 至于儒家的基本信念和社会理想是否与基督教相同，这是一个非常难以回答的问题。

不过，儒家并没有将目光停留在"国内的太平与秩序"，而是以"平天下"作为最终目标，这与基督教的普世主义构成一组不可调和的矛盾。二者的冲突不在于"普世宗教"和"平天下"的名目之争，而是究竟哪一种文明更具有引导人类走上幸福道路的资格，或者说究竟谁能够实现对全世界的改造？这个悬念只能由历史来回答，任何过分自信的预计都是缺乏现实依据的。

宗教能够将虚幻的东西作为安慰人生的工具，只要现实生活不能令人完全满意，宗教就有生存的空间，基督教的产生、发展与壮大证明了这一点。在某些神学家看来，"宗教乃是一种革命的势力，因为即于人生现在奋斗中，宗教却为人们所能想得出之最好的东西——最高理想——之表示。在命途舛逆困难交迫之生活中，我们迫得要前往寻找我们所可幻想得出的最好的东西"。② 然而世俗化却不断消解基督教所谓"最高理想"，侵夺神圣世界的领地，扩张世俗世界的势力，将原先津津乐道的信仰转化为日常生活的辅助品，迫使普世宗教不断走向衰落。宗教的虚幻性决定了它无法洗刷现实的罪恶。哲学家不仅需要解释世界，更要改变世界。人类社会不断进步，原先被视为神圣不可侵犯的宗教谎言逐渐被戳破，留下的是更为广阔的实践空间。人类理性每次突破原有的陈规陋俗，就赢得自身的进步。普世宗教的美妙话语被冰冷的现实打断，普世主义的高昂论调被

① 利玛窦、金尼阁：《利玛窦中国札记》，中华书局1983年版，第104页。

② 华德：《革命的基督教》，上海中华基督教文社1926年版，第98页。

实践的步伐摔在一旁。

在普世宗教的外衣下，形态各异的宗教力量相互冲突，主体消失了，共同一致断裂了……普世主义成为一句响亮的空话。基督教也试图挽回自己的命运。基督教以信仰作为统合"可见"（visible）与"不可见"（invisible）、"过去"（then）与"现在"（now）的基本途径，毕竟"信仰代表这样一种决定：在人的存在的核心深处有一点，这个点是不可能为可见和可触摸的事物所滋养和维持的；这个点与不可见的事物相遇，并且会感受到，那不可见的事物为这个点自身的存在来说是不可缺少的"。① 儒家强调践履，在现实社会中寻事去做，砥砺身心，成就圣贤人格。在儒家的观念世界中，"周虽旧邦，其命惟新"，历史文化有其亘古不变的义理价值，能够推动一代又一代的人不断完成修齐治平的事业。儒家理想中的君子能够把握所谓"费"、"隐"之间的关系。"费"是看得见的，"隐"是看不见的。从人道到天道，从看得见的到看不见的，贯穿着一套生生不息的道理，儒家对它保持最高的崇敬与信仰。但是儒家并没有像基督教那样鼓吹普世主义，这并不是说中国历史上没有出现过实力强大的帝国，而是说明儒家不希望以暴力作为后盾或者驱动力，去侵蚀其他文明的领地，剥夺其他文明的生存权。

任何真正主张仁爱的学派或宗教，都不愿意打着美丽的幌子，去推行那种夹藏着暴力的普世主义。这种普世主义擅长利用空洞的道德说教和抽象的仁爱的外衣，将一套特殊的价值观念和生活习惯包装起来，为滋生暴力和冲突创造了有利的条件。这种普世主义带来的不是永恒的福祉，而是福祉名义下的刀剑；创造的不是和睦与融洽，而是矛盾与激荡。儒家一旦踏上普世化这条不归之路，只会将自身置于非常尴尬的境地——主动参与文化霸权与文明冲突，力图在所谓"己所不欲，勿施于人"的口号下推行一套强力意志，这不仅是自取其辱，而是自取灭亡。尽管儒家经典文本对天下观念有着较为全面的论述，而且对后世学者产生过深远的影响，但并不能因此为所谓普世价值大开绿灯：只言片语的相似性不能掩饰理论架构、价值诉求和伦理道德的根本差异，用一句简洁明了的话来讲——儒家与普世价值貌合神离，根本不同！

---

① 约瑟夫·拉辛格：《基督教导论》，上海三联书店 2002 年版，第 13—14 页。

## 第三节　儒学义理价值的出场路径

我们当前处于"除魅"的时代，科学的光芒驱散了迷信的阴霾，人类的理性精神得到了高扬，以往笼罩在人们心目中的荒谬观念被逐个击破，科学赢得整个社会的普遍认同。马克斯·韦伯在讨论"科学对信仰所能做的贡献"这一问题时，指出："我们这个时代，因为它独有的理性和理智化，最主要的是因为世界已经被除魅，它的命运便是那些终极的、最高贵的价值，已从公共生活中销声匿迹，它们或者遁入神秘生活的超验领域，或者走进了个人之间直接的私人交往的友爱之中。"① 由于"除魅"活动的不断深入，人类逐渐将重心放在个体的生活体验中，不再像以往那样追求具有一致性的终极价值。从现实生活来看，价值呈现出多元化的样态，那些企图逆潮流而动、主张"复魅"的学者不过是在编织美丽的梦幻，幻想恢复封建主义的伦理道德，梦呓那早已被历史扬弃了的"王官学"。

一切学术都要经受理性的考验，而科学扮演着客观标准的角色。正如某些学者剖析的那样，"除魅"时代的最大特色就是"神圣事物"与"实际事件"之间出现了对立，"对神圣事物的无知在过去一直被认为是没有教养。对于实际事物的无知在现代也处于同样的境地。无知和传统被联系在一起，两者似乎都是可憎的欧洲旧秩序的组成成分"。② 当这种"除魅"的力量进入中国以后，儒家思想也卷入了新旧学术争斗的漩涡，在很长一段时期内被视为旧文化的代表，遭到了来自各方面的批判。批判促成学术的新生，儒家思想也是不例外。在很长一段时间内，儒家被视为封建社会的"权威"之一，遭到了严厉的批判。批判是必须的，也是必然的，批判旧社会旧思想的"权威"，目的在于构建新社会，发展新思想。正如恩格斯在《论权威》一文中指出的那样："这里所说的权威，是指把别人的意志强加于我们；另一方面，权威又是以服从为前提的。但是，既然这两种说法都不好听，而它们所表现的关系又使服从的一方感到难堪，于是就产生了一个问题：是不是就没有以另外方式行事的办法呢，我们能不

① 马克斯·韦伯：《学术与政治》，生活·读书·新知三联书店1998年版，第48页。
② E. 希尔斯：《论传统》，上海人民出版社1991年版，第6页。

能——在现代的社会关系下——创造出另一种社会状态来，使这种权威成为没有意义的东西而归于消失呢？"① 我们今天以批判的眼光研究历史问题，目的在于总结过去，开创未来，进一步讲，就是继承古人思想的合理成分，在综合创新的过程中自觉创造新时代的新思想，片面的否定性的研究是不可取的。

## 一　五四新文化运动促成了儒家思想的新生

随着西方文明的不断进入，"除魅"的力量也对儒家思想进行了全面的批判，清除了其中违反科学的成分。五四新文化运动充分展示了"除魅"的巨大力量。五四新文化运动对儒家思想提出了严正的理论挑战，从西方文化传统中衍生出来的"科学"、"民主"逐渐吞噬着儒家的领地，促使儒家反省自己的价值观念、理论架构与社会职能。从法治观念审视儒学传统，不难发现法律制度在其中并不享有独立地位，而是作为礼俗的辅助成分或者相应的组成部分，整个社会处于一种伦理本位与职业分途相互作用的状态。不惟如此，就连现代意义上的国家观念也无法在儒家文化中寻找到固定的支撑点——天下观念代替了主权国家的意识。

五四新文化运动遗留的历史任务有待于今人继续完成，正如辩证法揭示的历史演进过程一样，任何摧枯拉朽的文化运动都潜藏着深层次的矛盾，尽管对儒家思想中那些不合时宜的成分展开了激烈的批判。批判的目的在于发现问题，解决问题，继承旧事物的合理成分，推动新生事物的发展。张岱年先生曾经对五四新文化运动进行了较为全面的评析，认为它批判儒家的保守思想，尤其是"三纲"与封建礼教，有其合理的价值，"五四新文化运动宣扬民主与科学，但是在文化问题上却没有贯彻科学的精神。这在当时是难以避免的，却不能不说是一项缺憾"。② 可见，五四运动的最大弊病在于忽视对传统文化进行科学分析，盲目否定儒家思想的合理性。发扬民主、振兴科学不仅是五四新文化的要求，更是包括儒家在内的一切优秀学术团体高度关注的问题。解决问题的关键在于实践，而不是封闭的玄学思考，这就要求生活在现代社会的儒家积极发掘自身传统中的实践哲学的有效资源，以日新又新的实际行动推动历史的进步。

---

① 《马克思恩格斯文集》第 3 卷，人民出版社 2009 年版，第 335 页。
② 张岱年：《张岱年全集》第 6 卷，河北人民出版社 1996 年版，第 534 页。

　　儒家的治世理想与方案可以概括为王道，鼓吹王道是儒家的社会责任，王道的核心观念就是仁义，君主以王道治理国家、天下，就是在自己所能掌控范围内推行仁义，整饬吏治，安顿民生。王道既不是空洞的社会理想，更不是漫无边际的玄谈，而是真心实意地为民众谋取福利。如果执政者假借王道名义，以奸诈的权术与强劲的武力作为后盾，挟持民众，满足部分人的私欲，那么很快就会失去民心。中国人对民心有着深刻的认识，那就是"得民心者得天下"，民心向背，大势存焉。历代君主能够依靠武力夺取政权，即所谓"马上得天下"，却不能凭借武力治理天下，毕竟"马上治天下"无异于自取灭亡。夺取政权之后，最重要的任务是如何维护政权，维护政权的最根本途径在于善于安顿民生、取信于民。儒家对此有着一套成熟的治世方案，而且经过了历史考验，具有非常良好的操作性。

　　儒家讲求的"为德以政"有其崇高的治世方略，集中表现在对于"王道"的阐发。"王道"并非一姓一国的私有物品，而是孔子为万世立法的义理精髓。儒家的治世方案就是王道或者仁义之道，"万世之所常行，天下之所共由，民生之所日用也。今乃谓自天子至于庶人，皆得以行王道为非，果何理耶？"①"王道"中所谓的"王"并不是历史上存在过的某一位统治者，更不是寄希望于未来的类似于弥赛亚救世的全能者，而是代表着一种对于人类社会的自我调适的诉求。"王"是"三极之道"的代称。作为类存在的人，自立于天地之间，以其良知维系群体生活的基本秩序。儒家的积极作用就在于唤醒良知，使人知道"三极之道"是一个具有生命力的整体，而不是互不相关的逻辑设定。撇开儒家的谋生技能不谈，经世致用的价值诉求和实践方略是孔子"祖述尧舜，宪章文武"的真谛所在。如果从"以度数议德行"来看，取法天地的礼乐制度不过是对生生之德的具体化呈现，这些都可以看作是儒家的有形财富。至于无形财富则集中体现在不断推进心性学说的演进，为社会成员处理纷繁复杂的实际问题提供强有力的精神动力和智力支持。

## 二　构建"新礼俗"，走进文明时代

　　当西方列强不断侵略旧中国时，旧有的礼俗日渐暴露出致命的弱点，

---

　　①　余允文：《尊孟辨》，《丛书集成初编》第 499 册，第 25 页。

以至于节节败退，丧失了政治、经济、文化等方面的主导权。梁漱溟非常注重所谓周孔之教的合理性，将其核心内容概括为礼乐精神或礼俗，试图从中推演出未来近期的社会形态或儒家的社会理想，那就是以"新礼俗"作为乌托邦，激发广大社会成员的热情，以持续不断的实践活动推进社会变革的历程，从而完满地回答五四运动提出的问题。因为旧礼俗的最大弊端就在于家族性异乎寻常的强大，严重地阻碍了社会进步。历史将大任托付给了五四运动，借助"民主"、"科学"的力量对儒家文化进行一番"清血"工作，涤除那些阻碍社会变革的腐朽成分，为礼乐的再次振兴扫清道路。

从儒家与政治制度之间的关系来看，告别帝制时代之后，专制君主被视为野蛮世的首领，孔教不能随之消亡，因而必须实现自我转换。陈焕章重建孔教的首要任务就是将孔子定为"文明世之教主"。也就是说，孔子及孔教必须自觉告别野蛮世的政治制度与观念，积极朝向"文明世"发展，以"日新又新"应对社会达尔文主义的挑战，以发展的观念激发儒家固有的生命力。陈焕章指出："野蛮世之教主，犹专制之君主也，故惟我独尊；文明世之教主，犹立宪之君主也，故人皆平等，此固孔子之盛德，而亦由中国之进化独早也。吾故曰：孔子者文明之教主，而孔教者文明之宗教也。"[1] 这里所说的"中国之进化独早"其实就是梁漱溟所说的中国文化具有"早熟"的特质。这只是一种逻辑假设，并不能作为完整的历史进程的写照。梁漱溟粗略地将人类文明的发展历程分为"人对物"、"人与人相互间"这两个阶段。前一阶段是人类堪天役物、征服自然的时期，后一阶段是人类处理内部关系的时期。梁漱溟认为，周孔时代理应处于第一阶段，但当时的中国文化却大量涌现第二阶段的内容。从预设的逻辑来看，这已经成为方向性的转变。第一阶段的任务尚未完成，第二阶段的内容却已萌芽，因此称之为"早熟"。姑且不论梁漱溟的"早熟"观点能否成立，单就其立论的时代而言，进化论占据着上风，尤其是线性进化论影响着整个理论界。这迫使儒家必须以发展的眼光看待外部世界，从而寻求推陈出新的新举措，所谓"新礼俗"就是众多方案中的一项，它聚合了梁漱溟乡村建设理论的精华部分。从学术互动的角度来看，"新礼俗"其实是对五四运动的回应。

---

[1]　陈焕章：《孔教论》，上海孔教会1912年版，第7页。

### 三　伦理主义与经典义理的拼合

一些学者非常乐观地指出，儒家的经典义理在未来近期必然得到全面复兴，突出表现为"礼乐之兴"。在梁漱溟那里，"礼乐之兴"就是构建"新礼俗"而后达到改善社会生活的目的。从理论形态上讲，"新礼俗"超越了传统的个人主义与集体主义二元对待的局面。个人主义与集体主义都无法对未来近期的社会生活起到全面的干预作用，不能约束高度自觉自律的社会成员的言行。因为在"新礼俗"的化育之下，全社会已经呈现出物质文明、精神文明和政治文明高度繁荣的景象，无须个人主义、集体主义发挥消极的约束作用。梁漱溟将这一推论过程称为"伦理主义"的必然结果，并结合国家与社会的辩证关系对这一观念进行阐释，认为将来的社会必然会迎来礼乐兴盛的有利时机，那时候伦理主义将取代个人本位和集体本位，原因在于：

> 个人本位的权利思想，集体本位的权力思想，均属旧文化，已成过去之事。在协作共营的新社会生活中，凡相关之两方彼此都要互以对方为重要，自觉者觉此，自律者律此。而根于此伦理情谊以形著于社会上的种种风尚习俗，便是人们行为的准则，而为社会秩序、劳动纪律之所寄。这样以社会礼俗取代国家法律，乃体现了人类有社会而无国家之新局。而礼乐呢，则是随此礼俗以俱来而为其必不可少的具体内容者。①

梁漱溟以社会礼俗替代国家法律的社会形态属于人类社会发展的较为高级的阶段，这相当于他早年提出的"三路向"学说中的中国文化的路向，也就是儒家文化的道路。在这一预设的历史阶段中，国家作为阶级矛盾不可调和的产物已经不复存在，人类生活在没有畛域的社会中，所有的思想、言行都纳入社会礼俗的统摄之下，互敬互助成为维持人际关系的纽带，伦理本位的思想承载于儒家的经典文本。梁漱溟的伦理本位的社会构想其实是一种乌托邦学说，它与历代儒者的美好愿望如出一辙：永远期

---

① 梁漱溟：《中国——理性之国》，《梁漱溟全集》第4卷，山东人民出版社1991年版，第473页。

待，永远呼吁，永远无法实现。究其原因，伦理本位的构想，有意忽略了国家与社会的本质属性，企图悬置生产力、生产关系与阶级状况等实际问题，尝试一种伦理主义的社会变革，因而无法根除旧社会的弊病，甚至无法让农民"动起来"。梁漱溟构想的超越个人本位与集体主义的"新文化"听起来不错，但缺乏现实基础，因而只能作为一种重要的观点，而不是切实的指导思想。

对于儒家的经典文本，我们必须采取客观的研究态度，避免出现盲目否定和狂热崇拜的错误选择。五四新文化运动时期，有些学者以最激进的态度要求将"四书五经"扔到茅厕里去，极力贬斥传统文化的价值，忽略了儒家思想中的进步成分。这种武断的做法引起了熊十力先生的不满，他认为，儒家的中道思想能够推动人类朝向未来发展，不可盲目否决；并且坚信阐扬儒学能够为太平盛世的到来做好准备。然而儒学在现代社会的命运令人担忧，"三十余年来，六经四子几投厕所，或则当做考古资料而玩弄之，学者各习一部门知识或且稍涉杂乱见闻，而无经籍起其信守，无大道可为依归，身心无与维系，生活力如何立实？"[1] 熊十力先生为经典的义理价值被忽略而感到悲凉，同时又为现代教育缺失"信守"、"依归"表示无奈，希望能够择取经典中的合理成分塑造社会成员的精神。

儒家经典是否能够促成现代社会的发展，这是目前必须正视的重大问题，任何武断的回答都是不负责任的。无论反对读经，还是倡导读经，都必须对经典义理的基本价值作出一番界定，而后表明自己的态度。从历史材料的陈迹来看，经典文本中存在许多不合时宜的内容，亟须加以剔除，而那些能够促成民族文化发展的有效成分则必须加以弘扬，这种态度就是一般所说的隆杀损益。倡导读经，必须是有鉴别地传承那些经得起历史检验的，又能为现实社会提供正面引导的部分，而不是盲信盲从，甚至宣扬那些早已被历史否定的内容。反过来讲，反对读经，并不能将经典的一切内容和义理加以全部否决，而是应该反对那些特殊历史时期所赋予的特殊内容，而不是斩断民族文化的大根大本。因而可以讲，盲目反对读经，对经典内容加以全盘否决的做法是非常武断的，更是不可取的。这种貌似现代性的做法，其实是非常愚昧的。

---

① 熊十力：《十力语要初续》，《熊十力全集》第 5 卷，湖北人民出版社 2001 年版，第 23 页。

　　"除魅"使得圣人的形象从民众的视野中逐渐消失，崇高的精神境界与价值追求也慢慢淡去，留下的只是普通的日常生活。尽管这说明平民精神取代了圣人境界，整个社会开始走出迷信的阶段，但是却忽略了终极关怀与经典文本对塑造民族精神的积极作用。如果一个民族自甘平庸，沦落到只求日常生活的富足而忽略超越性的价值，那么这个民族将会蜕变为野蛮人。"除魅"的最大功用就是扫除迷信。扫除迷信就像用簸箕扬米去糠，糠被去掉之后，留下的就是米。经典的义理价值好比米，附着在义理价值外面的迷信成分犹如糠，扬米去糠，是"除魅"的功劳。如果把米和糠一同去掉，那么"除魅"就变成毁灭文化。因而有必要对"除魅"加以限制和引导，防止出现漫无边际、毫无章法地滥用。与"除魅"相对立的是"复魅"，我们不能因为"除魅"在客观上带来了一些较为棘手的问题，就完全否定，从而幻想通过恢复帝制时代的伦理道德来解决现代社会的问题，走上一条貌似"执古之道，以御今之有"的危险道路。这样的"复魅"或者"复古更化"其实是开历史的倒车，不仅无法赢得民众的支持，而且不能解决实际问题，充其量不过是三五清谈家自吟自唱的戏文罢了！

# 结　语

　　儒学在现代社会中的职能与其说是理论转型、话语转换和解释方式的转变，倒不如说是如何寻找自己与社会化大生产之间的契合关系，进而如何具体实践自身对仁的诉求。儒学必须再次完成实践转向，从维护帝制时代的公共生活规则与观念形态走向关注现代社会民众生存需要的具体问题，继承泰州学派开创的"百姓日用即道"的传统，避免陷入无休止的、漫无边际的文字游戏，防止用温情脉脉的情怀抒发替代对现实问题的讨论。应当以积极的实践态度投入社会生活，寻求儒家与现代社会的结合点，在社会转型阶段完成儒家在理论和实践层面的转换，丰富文化综合创新的开放意义，进一步强化马克思主义的主流意识形态地位，为文化改革发展作出积极贡献。

## 一　从士大夫之学转向平民之学

　　随着社会生产方式的不断转变，传统的"四民"，即士、农、工、商，早已无法细分目前的职业分殊。在现代社会中，部分人群通过传播知识、出售相关职业技能或者以相关研究成果换取生活资料，进一步取得相应的社会地位或者权力。这种生存方式只是一种客观的经济活动，与道德或者价值不能直接画等号。以儒学研究为例，撰写研究论文，开设儒家思想的课程，发表特定问题的论文，只能说明这样的活动是儒学从业人员的生存技能，而与儒家并没有太大的关联。深入研究儒学，对儒学抱有若干同情的理解，可能会使自己成为一个业务精良的儒学从业人员，但并不能说明该研究者已经成为儒家。因而，必须看清楚研究儒学的专家和儒家之间的差异，不能盲目地将儒学从业人员等同于儒家。从现实生活来看，即便口诵周、程、张、朱、陆、王的只言片语，畅谈"诚"与"诚之"、

"良知"与"良心",这只能说明儒家的话语或词汇在某些特定人群中盛行,而不能说明这些人就是儒家。从历史的眼光来看,历来精通濂、洛之学的人比比皆是,其中不乏乡愿之徒。

谁是真正的儒家?现时代的问题比以往时代更为复杂。大众传媒促成了传统文化的"虚热",各种民间团体浮出水面,大量学术著作相继问世,各种层面的儒学从业人员的总数也达到了历史的顶峰,从表面来看,这似乎象征着儒学迎来了复兴的时刻。但是,从"善世化俗"的社会效应来看,这些喧闹的场面不过是许多儒学从业人员在自说自话,与社会大环境没有太大的关系。可以说,在现代社会中,儒学从业人员是知识分子的一部分,与传统社会中的士大夫没有多少关联。罗庸对士大夫和知识分子进行了区分,指出:"因为士大夫所以为士大夫,在其全部的志事与人格,而知识分子仿佛只靠了有些知识分子可以贩卖。所以我们还是说士大夫,简称士,说士君子也好。"① 然而实际情况并不像文人雅士构思的那样美好,工业大生产的强大力量冲决了士大夫赖以生存的社会形态,情况发生了前所未有的变化。

随着工业时代的到来,知识分子内部出现了分化。依照葛兰西的观察,现代社会的知识分子至少可以分为两类,一类是城市型知识分子,另一类是乡村型知识分子,二者在谋生手段、知识结构、社会地位和价值观念等方面存在着明显的差异。大致说来,城市型知识分子相当于企业中的管理人员,负责协调企业家与工人之间的关系,在工业社会中扮演着相当重要的角色。葛兰西指出:"一般城市知识分子都是极其标准化的,而高层城市知识分子则与工业高级人员本身日益趋同。"② 工业大生产的不断推进,既产生了一支劳动者大军,其中以无产阶级作为主干,也为一部分管理人员提供了相当有利的就业机会。城市型知识分子不属于无产阶级范畴,而是生活条件较好的管理人员。与企业家的社会地位相比,城市型知识分子没有太多机会参与战略规划与部署,只能执行企业高层发布的命令。当然,这只是对一般的城市型知识分子的境况的概述,至于那些高级的城市型知识分子则另当别论。儒家如何解决工业化大生产带来的许多社会问题,或者说能否以实践优先的精神积极参与工业化大生产,并将其转

---

① 罗庸:《鸭池十讲》,辽宁教育出版社 1997 年版,第 26 页。
② 葛兰西:《狱中札记》,中国社会科学出版社 2000 年版,第 9 页。

化为群体福祉的保障，这恐怕不是简单的理论分析所能达到，而必须依靠儒者深入劳动者队伍，以践履的风骨改变许多不尽如人意的现实状况。如果儒家不能借鉴城市型知识分子的涵义，那么它将失去批判现实问题的资格。马克思强调的"解释世界"与"改变世界"的区别，对儒家理论的现代转化至关重要，因而必须加以认真思考。如果说颜元、梁漱溟等人是在农业社会鼓吹实践优先的重要性，那么今天的儒家是否能够深入工业生产，与广大工人共同感受工业的气息，毕竟"近今日世界首重合群，然必能容众而后能合群，必能如坤厚之载物而后能容众"，[①] 因而消除身上的文人积习，转变自己的职业偏见，从书本走向现实，自觉抛弃空谈义理的不良学风，以务实的精神促成儒学的现代转化。

与城市型知识分子相比，乡村型知识分子的涵义非常容易理解。近代以来，儒家的主要组成部分就是这一类人。大多数乡村型知识分子都生活在传统观念之中，与农民与城镇的小资产阶级有着密切的联系。这些人还没有经受资本主义制度的控制，具有较为宽松的生存环境。最为突出的例子就是近代以来中国农村的士绅阶层，他们在民众与官府之间扮演着中介的角色，发挥着职业中介与政治中介的双重职能：当地方秩序稳定时，这些人通过私人武装与特权迫使农民缴纳租税，对农民构成相当大的剥削；当社会动荡时，这些人又借助各种势力称霸一方，阻碍着现代化进程。乡村型知识分子的最大便利就是获取政治权力，提高自身的社会地位，改善自身的生活条件。这一点对广大农民构成相当大的吸引力。在传统社会中，许多农民总是希望自己的家庭能够出现一位通过读书入仕而改换门庭的士人，尽管这种可能性不大。帝制时代的科举考试为部分寒门的士子提供了改变命运的机会，而那些名登榜首的人往往出自豪门望族，普通人家的读书人只能担任一些品级较低的职务。农民对士人有着复杂的情感，一方面羡慕士人的生活条件，另一方面又厌恶他们对自己的欺压与盘剥。经济层面的问题占据着首要的位置，而教化退居二线。葛兰西在研究乡村型知识分子的过程中也发现了这个问题，指出："农民对知识分子的态度具有双重性，也是充满矛盾的。他羡慕知识分子和一般意义上国家官员的社会地位，但有时又蔑视这种地位，也就是说这种羡慕混杂着嫉妒和强烈愤

---

①　甘仲贤：《观象反求录》，《丛书集成续编》第4册，第7页。

怒的本能因素。"① 这一点足以看出乡村型知识分子的剥削本质和尴尬境遇。帝制时代一去不复返，工业化大生产逐渐向乡村渗透，儒家必须告别原先的谋生手段，自觉地告别"读书→入仕"的发展路径，重新塑造自己的社会形象。更为重要的是，必须对"主动"或者所谓"习行"作进一步的诠释，尤其发掘其中能够与"劳动的哲学"相契合的内容，因为"劳动的哲学"是一种从劳动自身的具体斗争中自然产生出来的哲学，在此基础上，一种新的辩证法得以问世。儒家应该深入研究并且实践这种辩证法，在现实层面发挥更大的作用。

　　解决实际问题的关键，不在于空喊所谓"政治儒学"、"心性儒学"、"人民儒学"等令人头晕目眩的新潮名词儿，或者滔滔不绝地罗列一堆大道理，而是如何在实践过程中自觉维护人民群众主体地位。一大堆滥用儒学名义的空谈抵不上一两件卓有成效的实事。

# 二　文化综合创新的开放意义

　　面对多元文明带来的发展机遇，我们必须以开放的胸怀容纳一切优秀的文化传统，汲取他人之长，巩固自己的实力，为中华民族的伟大复兴提供强有力的精神动力和智力支持。儒家强调"生生之德"的社会效用。乾坤交感，衍生万物，天地之间有阴阳、虚实，而没有善恶、真伪。善恶源于阴阳分立之后的末流，真伪源于虚实分别之后的杂处。如果要探求善恶、真伪的终极道理，就必须从易学角度加以考察。从究竟层面来看，最高的理是超越对待的一，统摄世间一切相对待的义理。各家在义理层面的争论，不过是仁智之言，都是在各自立场和角度对最高的理所作的推测。虽然孔子讲过："攻乎异端，斯害也已"，但这并不能说明与儒家立场相异的学派就失去了存在的价值。在方以智看来，孔子的话应该得到重新解释，也就是说："当听其同异，乃谓大同；攻之则害起耳。立教者惟在自强不息，强其元气而病自不能为害"。② 可以看出，方以智并不赞同前贤消除"异端之学"的看法，而是将孔子的话解释为：攻击异端之学，就会产生危害。因而，主张和而不同，使得同异问题各从其便，避免诱发深

---

① 葛兰西：《狱中札记》，中国社会科学出版社 2000 年版，第 9 页。

② 方以智：《东西均·容通》，庞朴：《东西均注释》，中华书局 2001 年版，第 237—238 页。

层次的矛盾。但是，这并不意味着儒家必须放弃自己的立场从而改信基督教。基督教并非强国之策，更不是所谓现代国家的根基。陈焕章对此有着深刻的认识，认为军国主义与工业主义是形成现代国家的主要要素，就连宗教革命也是文艺复兴的结果，而基督教在近代世界扮演的仅仅是辅助角色，并非强国富民的动力源泉；但是，基督教的积极作用也是不可忽视的，"我们确信，基督教在过去、现在均及其有益于基督教国家、有益于整体而言的世界，但是，没有理由认为只有信奉基督教才能使国家强大"。① 每一个民族、国家都有其特殊的国情和历史文化传统，必须在此基础上寻求适合自己的发展道路，而不能盲目地抛弃民族文化，更不能利用基督教的扩张性来否定本民族的优秀文化传统。

此外，应当妥善处理心性之学与具体科学之间的关系。现时代，科学与技术成为笼罩在大众与知识分子头顶的观念形态，心性之学在很大程度上丧失了应有的影响力。从学问的分类来看，心性之学与具体科学构成虚实关系。我们今天应该从人生观的角度重新审察心性之学的积极成分，一方面防止迷信思想沉渣泛起，干扰科学与技术的健康发展；另一方面必须结合社会生活的实际情况，对心性之学进行创造性转化，使其能够为现代人安身立命提供精神动力和智力支持。否则，心性之学很容易成为历史陈迹，彻底淡出现实生活。列宁的《哲学笔记》为我们勾勒出一条改造唯心主义哲学，发挥主观能动性的稳健道路。对于儒家心性学说，我们应该剔除其中的神秘主义成分，改变它偏于内证的方面，创造性地将它转化为促进主体实践的有效力量。这既是丰富唯物辩证法的要求，又是构建精神家园的有效手段。

从文明冲突的角度来看，儒学与基督宗教的全方位较量在所难免。经历了近百年来的考验，儒家已经成功地甩开了历史文化层面的消极因素，完成了自身形态的现代转换，重新开眼看世界，对比各大文明之间的优势与劣势，对自身的处境有着清醒的认识。有着强烈担当意识的儒家应该积极效法犹太民族的先知们，学习他们超乎常人的信念。在蒂利希看来，犹太民族的先知们具有"遗民（the remnant）的感觉"，自觉承担神对世人的承诺，也就是有着强烈的自我认同，将自己视为理所应当的"遗民"。当某一人或一群人将自身视为一大群人或一个国家的"先知"时，他们

---

①　陈焕章：《孔门理财学》，中华书局 2010 年版，第 469 页。

就满怀改变现状的信心、勇气与要求，尽可能抓住所有机会推行自己的想法。即便某个特殊个体放弃了自己的信念，其他个体也会及时补上空缺，确保这种"遗民的感觉"不会失落。蒂利希结合19世纪的思想界的情况，着重讨论"遗民"的特殊涵义，指出："这个词意思是指那些残留下来的人，这些人不拜偶像，不做不正义的事等。在广义上，这个词的意思是指在一个群体中的少数人，他们对形势有清醒的认识，因此成为未来发展的承担者。"[①] 与西方传统中的这些"遗民"相比，一些现代"大儒"积极鼓吹偶像崇拜，宣扬蒙昧主义，以此作为重建儒教的必要手段，是何等的怪异！面对这样的情况，我们应该擦亮眼睛，坚定信念，批判继承儒学的合理成分，不失时机地寻求儒学与现实的契合点。

当前的社会环境非常有利于文化综合创新，我们应该把握时机，汲取其他学术流派的合理成分，促成自身转换，不能盲目构建自我封闭的体系，以免错过再生的机会。同时应当立足本国，切实做好建设工作，避免任何形式的虚骄自大。只有将"父母之国"的事情办好，才能有实力和资格考虑所谓"平天下"，否则，一切都是不切实际的奢谈。不容否认，儒家有着丰富的政治思想资源，尤其是备受历代儒家推崇的"孟子之王政"。顾颉刚先生曾经对"孟子之王政"进行深入考察，指出："孟子的王政，只要教国君顺从民意，为了民去治国家；并不要一统天下。明人骂孟子，有诗云：'朝中尚有周天子，何事皇皇欲王齐？'这是不懂他的宗旨。看《公孙丑》首章，便可知道他只要把齐国境内与齐国臣民做成一个范围，办好齐国的政治。"[②] 这是对"孟子之王政"的最确切的理解。之所以称其为确切，因为它注重推动实践的有效范围和切实目标，而不是空喊口号。反思王权主义，提取民本成分，推动社会进步，是研究儒家政治学说的起码要求。任何试图将理论引向封建复古道路的尝试都将遭到人民群众的鄙弃，最终换来历史的否定。

在儒家的学术传统中，立言的目的和功用在于明道。这个道不是亘古不变的，而是与时俱进的。走出"天不变，道亦不变"的观念误区，以

---

① 保罗·蒂利希：《基督教思想史——从其犹太和希腊发端到存在主义》，东方出版社2008年版，第424页。

② 顾颉刚：《景西杂记》，《顾颉刚读书笔记》第一册，联经出版事业公司1990年版，第265页。

历史的实践的眼光考察古今之变，彻底消除帝制时代的主流意识形态的不良干扰，按照方克立先生指出的方法，"把作为封建意识形态的儒学与作为中华文化重要载体的儒学区别开来，对后者也要进行具体分析"。[①] 当中华民族走出近百年来的苦难之后，我们满怀信心地阐述儒家文化中那些能够促进民族复兴的优秀成分，不失时机地迎接外部世界的挑战，在具体实践中提高整个民族的竞争能力，真正地将"日新又新"落到实处。研究传统是为了创造未来，而不是留恋古代，更不是醉心于"复古更化"。李大钊在《今与古》一文中告诫我们："一般崇古的人，总是怀想黄、农、虞、夏、文、武、周、孔之盛世，但此是伪造，亦与西洋所谓黄金时代相同。他们已经打破黄金时代之说，我们也须把中国伪造的黄金时代说打破，才能创造将来，力图进步。这全靠我们的努力。这个责任我们都要负着。"[②] 世界是发展的，发展需要源源不断的动力。每一个优秀的民族都有自己的根，根扎得越深，越能汲取生长所需要的充足的养分，促使枝繁叶茂，造福后人。儒家文化就是中华民族的根，维系着海内外一切儿女的心，为构建和谐美满的精神家园创造有利的条件。

## 三　进一步推动马克思主义中国化的进程

就当前出现的与儒学相关的问题来看，我们亟须妥善处理马克思主义与儒学的关系。众所周知，马克思主义的普遍真理与中国革命和建设的具体实践相结合，成功地改变了旧中国和传统社会的落后面貌，形成了一套具有顽强生命力和实践精神的马克思主义中国化的理论体系。正如方克立先生所讲的："马克思主义与儒学的关系是主导意识与支援意识的关系。马克思主义的一元主导地位越明确、越巩固，就越能以开放的胸襟吸收传统文化和外来文化的精华为我所用，综合创新，与时俱进。"[③] 马克思主义中国化是一套开放的理论体系，它吸收古今中外一切优秀文化的合理成分，并对它们进行全面改造，使其能够符合中国社会的具体情况。应当指出的是，这里所说的优秀文化是特定历史阶段能够推动人们实践活动朝着

---

①　方克立：《关于马克思主义与儒学关系的三点看法》，《高校理论战线》2008 年第 11 期。

②　李大钊：《李大钊全集》第 4 卷，人民出版社 2006 年版，第 12 页。

③　方克立：《关于马克思主义与儒学关系的三点看法》，《高校理论战线》2008 年第 11 期。

前进方向发展的文化，而不是空洞的抽象的试图将自身上升为绝对真理的玄虚之学。马克思主义中国化与这些玄虚之学的最大区别就在于能够始终抓住实践的标准，避免出现文化决定论的错误倾向。从马克思主义到马克思主义中国化理论，可以说是一个普遍真理与"具体的历史的人"的社会活动相结合的过程。在这个过程中，马克思主义与儒学的关系占据着一定的位置，但不是全部。从中国传统文化的角度来看，儒学仅仅是众多学术派别中的一分子，马克思主义在吸收中国传统文化的合理成分时，并不局限于儒学一家；从马克思主义的立场来看，对儒学的彻底改造是必不可少的，因为儒学曾经长期扮演过"王官学"的角色，日益显示出自身的缺陷和弊端，如果不对这些腐朽的成分加以涤除，就无法促成儒学的现代转化。

以马克思主义改造儒学，必须建立在维护马克思主义理论体系的完整性的基础上，必须坚决捍卫马克思主义的主流意识形态的地位，必须在实践中不断加深对马克思主义的认识和理解。首先，必须旗帜鲜明地反对所谓"马克思主义儒学化"，持这种错误观点的人其实不愿意面对儒学早已失去帝制时代"王官学"地位这一客观现实，他们抱残守缺，从书本中搜寻出一套振振有词的说教，将其包装成能够包治现代社会一切疾病的灵丹妙药，信誓旦旦地高喊着那些与现代精神背道而驰的古语，但又无法否认马克思主义对中国革命和建设的积极作用，于是采取了以守为攻的策略：表面上承认马克思主义中国化的历史事实和未来趋势，暗地里顽固地信奉作为帝制时代"王官学"的儒学，不愿意解构它，更不愿意对它进行批判地继承，硬是将儒学说成传统社会的一切，似是而非地炮制出了一套所谓"马克思主义儒学化"的错误理论。这必须引起我们的高度重视。其次，必须深刻剖析"儒学马克思主义化"的理论误区。持有这种错误观点的人看到了儒学在理论和实践层面遭遇的困境，也认识到了马克思主义对现代社会的全面分析，更意识到了人类社会未来发展的趋势，但是他们却故意阉割了人民群众主体地位这一核心观念，企图继续维护士人的社会特权，走所谓儒家执掌教化民众权力的道路。其实它与前面批判的"马克思主义儒学化"是同一错误观念的不同表达而已。最后，必须彻底否定文化领域的"夷夏之辨"这一恶劣现象。在儒家的经学体系中，"夷夏之辨"有着非常复杂的内容，在历史上也起到了不同的作用，必须加以具体分析。但是有些人出于特殊的价值诉求，套用"夷夏之辨"的理论框架，偷梁换柱，将儒学描画成一个至高无上的自我封闭的文化形态，用来拒斥马克思主义，抵制马克思主义中国化的历史进程，奇谈怪论，甚嚣尘上。这种披着新时代外衣的"夷夏之辨"很能迷惑一部分人，激起一股狭隘的民族沙文主义的盲信与狂热，把拒斥普遍真理说成热爱传统文化，把消除封建主义的不良影响贬低为礼崩乐坏，把马克思主义中国化的成效视为"以夷变夏"，高树壁垒，混淆视听。持有这种"夷夏之辨"观念的人，大谈特谈"复古更化"，其实他们的"复古"是捞出一堆陈腐的古代社会的政治话语，用来包装自己的学说，他们的"更化"就是用这套经过精心包装的学说推动"西化"。这些人口口声声反对"西化"，是因为他们知道赤裸裸的"全盘西化"早已丧尽民心，无法赢得民众的情感认同，而传统文化中的丰富词汇很容易被组织成民众耳熟能详的语句，将这些语句点缀在"更化"的理论架构与操作方案中就能避免重蹈覆辙，为"西化"赢得生存空间。可以说，打着"夷夏之辨"幌子的现代"大儒"们苦心策划了一场"复古更化"的闹剧。这场闹剧有三处热闹：一是坚持所谓"民愚"的观念，否认人民群众主体地位，将自己扮演成教化民众的圣贤；二是采取移花接木的招数，将基督教世界里的"政治神学"改换为"政治儒学"，这就出现了以天启宗教模式重新构建儒教的尝试，接踵而至的是所谓"三重合法性"、"三院制"……如果说《翼教丛编》对康有为的种种"指控"可以概括为叶德辉所谓"其貌则孔，其心则夷"的话，那么这些现代"大儒"高高祭起"夷夏之辨"大纛的时候是不是已经忘记了历史？

作为帝制时代的"王官学"，儒学早已完成了服务王权统治的历史任务，业已退出了历史舞台，这是无可辩驳的事实。尽管一些学者试图凭借理论转换和社会活动激发儒学的生命力，使其重新登场，恢复往日的辉煌，但是历史给予了最明确的答复：任何旨在"复古更化"的理论和实践活动都是无济于事的。从意识形态理论的角度来看，帝制时代的"王官学"的角色是由儒学来扮演的，以士大夫作为实践主体，在统治阶层和人民大众之间构成一个缓冲地带，同时又是一个从上下两端攫取利益的中间群体。在这种观念体系中，人是不平等的，不惟生而不平等，有所谓天纵之才、生而知之的说法，更有一套完整的神秘的迷信观念萦绕在社会成员的心头，成为一种集体无意识，让大家不自觉地顺应王权统治，即便出现社会变动和权力更迭，最终的结果依然是不断加强王权的力量，只不过换一下字号和招牌而已。与现代社会相比，这是一种静态的封闭的统治形态，民智的水平很低，有待于进一步启蒙。启蒙既不是空谈，又不是照搬照抄西方近代的启蒙学说，而是结合传统社会遗留下来的具体问题，用马克思主义的理论武器武装民众的头脑，明辨是非，自觉消除各种理论误区，从而逐渐告别"人类的史前时代"。历史是发展的，尽管其间会出现一些波折，但是在实践中得到锻炼的社会发展的促成派会不断克服种种困难，走向胜利，走向未来。

总而言之，儒学必须完成两大转换，才能获得新生：

第一大转换就是从封建社会的君本位转向现代社会的以人为本的先进文化观念。这就要求儒学必须完成对礼乐精神的重新塑造。重新塑造必然引发阵痛，但它能够使儒学迎来新生。在现代社会中，制礼作乐不再是圣人的专利，而是人民群众在社会实践中的附带产物。礼乐的内涵发生根本性的变化，它再也不是等级制度的包装品了，而是列宁所讲的公共生活规则。

第二大转换是立场的转换，也就是"从哪里来，到哪里去"的具体说明。历史的辩证法告诉我们：引领社会发展方向的不是少数士，而是广大人民群众。只有关注生产劳动，切实融入人民群众的生产与生活，才能赢得真正的社会变革。因此，儒家必须转变自己的态度和立场，从依靠士转向服务人民群众，从空泛的道德说教转向自觉的社会实践，进而赢得尊重与信任。

# 后 记

这本《儒学传统与文化综合创新》是我十年来问题思考的总结。我缺乏哲学头脑，不具备完善的逻辑思维能力。平时喜欢读书，却又无法像专业人士那样有板有眼，只好根据自己的好恶进行取舍了。凡是自己觉得顺畅的，就反复读；凡是自己觉得实在读不懂的，就暂时放一放。读书已经这样，写文章更是外行。每写一篇文章，我都是在"集碎锦"，或者像米芾练习书法那样"集古字"，用自己喜欢的材料论证自己的观点，并没有遵循系统完备的写作方法，显得不伦不类。

苏州是个读书的好地方。姑苏民风细腻，人文荟萃。在苏州的十一年里，我饱览各大图书馆的藏书，眼界大开。读书岂为稻粱谋？自幼衣食无忧，并没有想通过读书改变自己命运的冲动。杨乃珍弹唱的《我的家乡在苏州》煞是动人，不仅饱览"人间天堂景色幽，古城春色山清秀，小桥流水泛轻舟"的景致，还能让人感受到"园林美景不胜收，亭台楼阁相辉映，犹如人在画中游"的意境，让我这位秦岭脚下长大的乡野之人也沾上了些许文气。文气不能停留在"蔬笋气"的层次。生活的闲适并不能抹去理论诉求。我一直在寻求儒家文化现代转换的基本路径，更重要的如何处理儒学与马克思主义之间的关系。这些困惑使我总是处在焦虑状态，久久难以释怀。

自从选择哲学作为我的兴趣点，我一直关注两方面的内容：一是经典马克思主义的基本理论，二是儒家的"《春秋》学"传统（侧重于公羊学与穀梁学）。我始终认为这个时代的一切实际问题都没有超出经典马克思主义的研究、批判和预见，由马克思开创的学术传统至今仍然发挥着无以伦比的积极作用。只要认真研读经典马克思主义的理论著作，结合实际，深化认识，就会发现其中蕴含着敏锐的洞察力、顽强的生命力、充沛的战斗力、永不停滞的改造力，永远为我们提供精神动力和智力支持。这是我深入基层，亲身参加劳动之后的感触，或许浅薄，却也真实。

至于儒家的"《春秋》学"传统，我从读大学开始就一直思索这个问题。苏州图书馆古籍部的丰富藏书和典雅环境，让我和挚友今生难以忘怀！曾记得，酷暑炎炎，我们带着茶杯，穿梭于粉墙黛瓦之间，每天早晨吃一碗苏式汤面，就做读书札记。一个暑期下来，落落大满，琳琅满目。就这样，我在不断深化对所谓"经术"的认识，以批判的方法研究问题，以同情的心态理解古人。推陈出新，尤为重要。

承蒙诸位师友襄助，这本小册子里面的很多内容已经在杂志和网络上刊登出来，在很大程度上发挥了"以文会友，以友辅仁"的功效。京口陈先生心系平民，践履实学，推动理论与实践的重新结合；上虞朱先生慧思卓尔，把酒临风，畅谈昆曲的"空谷传音"；陆良陈先生石臼杵椒，散馔时蔬，耳提面命。豪杰勇士讲过"大行不顾细谨，大礼不辞小让"，我们这些普通人缺乏这种魄力，难免落入窠臼。曾记得，与工友们把酒畅谈，睥睨诙谐，参详"真性情"一语，每每忆及，精神倍增，丝毫不敢懈怠，古人讲的"畏友"应当如此吧！学术研究，需要便利的条件与谐和的氛围。安徽工程大学的领导，为我提供了非常好的研究环境：不仅在工作方面帮助我，而且还在科研方面支持我，谨此致谢！

最应该感谢的是中国社会科学院王启发先生、罗莉女士，为出版本书所付出的心血。前辈提携，后学努力，定然能够推进相关研究。

夜深人静，一旁是《资本论》，一旁是"《春秋》四传"，灯火阑珊……

刘伟于青弋江畔寓所

2012 年 5 月 15 日